# 农业农村研究文集

翁 鸣 著

中国农业出版社
北 京

**图书在版编目（CIP）数据**

农业农村研究文集 / 翁鸣著. —北京：中国农业
出版社，2023.10
ISBN 978-7-109-31250-0

Ⅰ.①农…　Ⅱ.①翁…　Ⅲ.①三农问题－研究－中国
Ⅳ.①F32

中国国家版本馆 CIP 数据核字（2023）第 198405 号

中国农业出版社出版

地址：北京市朝阳区麦子店街 18 号楼
邮编：100125
责任编辑：闫保荣
版式设计：杜　然　　责任校对：吴丽婷
印刷：北京通州皇家印刷厂
版次：2023 年 10 月第 1 版
印次：2023 年 10 月北京第 1 次印刷
发行：新华书店北京发行所
开本：700mm×1000mm　1/16
印张：19.75
字数：314 千字
定价：80.00 元

# 目 录
## CONTENTS

## 五、农村建设与创新发展

## 六、国外农业发展经验借鉴

## 七、乡村振兴与全面发展

# 一、乡村振兴与粮食安全

# 中国粮食市场挤压效应的成因分析<sup>*</sup>

中国作为世界上人口最多的国家，始终把粮食安全放在一个极其重要的战略地位。2004—2014 年，中国粮食产量实现了连续 11 年增长，保证了 13.6 亿中国人的吃饭问题；但与此同时，出现了"两增一涨"新情况，即粮食进口量和库存量增加，国内粮食价格刚性上涨。从 2013 年 6 月开始，国内外粮食价格出现倒挂现象，即国内粮食批发价格高于进口粮食到岸完税价格，国内粮食市场挤压效应逐渐显现。在这样的背景下，需要科学分析国内外粮价倒挂的主要原因，解决显现的或潜在的隐患，以确保中国始终掌握粮食安全的主动权。

## 一、学术界对中外粮食价格变化的讨论

近年来，国内外粮食价格变化引起了学术界的关注和讨论。中国粮食进口数量总体上升；玉米等粮食品种积压严重，库存压力凸显，财政负担加重；国内粮食价格明显高于国际粮食价格，并且价差有进一步扩大的趋势。与此同时，以美国为代表的农产品出口国极力主张农产品进口关税大幅度下调，粮食进口关税下降是一个全球性大趋势。在这种情况下，中国粮食安全是否具有可持续性，粮食政策是否需要调整以及如何调整，理所当然地成为国内农经界和决策层讨论的热点话题。

一些学者阐述了自己的观点。从粮食价格比较看，国内粮价远超过国际粮价，形成了价格"天花板"，这对未来中国整个农业产业的安全构成一个非常大的威胁（陈锡文，2014）；农产品价格"天花板"封顶和生产成本"地板"抬升的挤压显现（韩俊，2015）。杜鹰认为，如果中国主要

---

* 本文原载于《中国农村经济》2015 年第 11 期。本文系中国社会科学院农村发展研究所创新工程项目"农产品市场与贸易"的部分研究成果。

农产品价格高于关税配额外进口完税后的价格，国外农产品大量进入中国将不可避免[①]。

从国内外粮价倒挂的原因看，国内粮食生产成本和最低收购价抬高、国际粮食价格下跌、人民币升值和国际能源价格暴跌导致货运价格下跌，是国内外价差扩大的四大推手（陈锡文，2015）；短期内全球粮食和石油价格正在发生重要的周期性变化，特别是石油价格下跌较多，对国际农产品市场的影响非常明显（韩俊，2015）。

从粮食政策调整看，现在更应关注粮食结构和粮食生产的可持续问题，要减少资源开发强度，在粮食结构上做文章，在粮食提质增效上下功夫（程国强，2015）；未来中国粮食安全不仅取决于粮食生产数量，而且取决于粮食国际竞争力（翁鸣，2015）。

上述学术界讨论大致可归结为：由于国际粮食价格下降和国内粮食价格上涨，国内外粮食价格之间的关系发生变化，其重要特征是：国内粮食价格上限下降、下限上升，导致国内粮食市场挤压效应逐渐显现，这是中国粮食安全面临的新情况和新问题。但是，目前对中国粮食市场挤压效应的深入研究尚显不足，已有相关文献基本上以定性判断为主，有些概念缺乏学术规范。例如，中国粮食市场挤压效应的作用机理尚未得到详细的剖析；又如，国内外粮食价格"倒挂"概念比较模糊，有待于准确定义。另外，有的学者认为，应该让粮食价格上涨得快一些，快过生产成本的上升速度，并能更好地反映农业资源的稀缺程度，这才是中国今后农业政策的长期目标（马晓河，2011）。显而易见，分析中国粮食市场挤压效应产生的原因和作用机理，有助于全面把握中国粮食安全及其政策调整方向。基于这样的考虑，本文拟从国内外粮食价格变化的特点、粮食生产成本及其结构差异等方面，探究中国粮食市场挤压效应产生的主要原因，以及它们未来可能对中国形成的潜在冲击。

## 二、国内外粮价变化与市场挤压效应

中国粮食产量"十一连增"的同时，粮食净进口总体上也在增长。以

---

① 资料来源：凤凰网资讯（http://news.ifeng.com/a/20150307），2015年3月7日。

谷物为例，2005—2014 年，中国谷物净进口量从 389.9 万吨增加至 1 874.7 万吨，10 年间增长了 380.8%。值得关注的是，现阶段中国玉米库存也达到了较高水平。粮食进口量与粮食库存量双增长，其中一个重要原因是国际粮食价格低于国内粮食价格，甚至进口玉米等的到岸完税价格低于国内玉米等的批发价格，进口粮食的价格优势成为加工和流通企业选择使用进口粮食的重要依据。

## （一）国内外粮价差距呈现扩大趋势

2004—2014 年，国际小麦、大米和玉米价格走势呈现明显的波动。2008 年，全球粮食危机导致国际粮食价格上涨，粮食危机后国际粮食价格总体下跌；同期，国内粮食价格基本上呈现刚性上涨，其中略有波动，但可忽略不计（表 1）。国内外粮食价差反映了国内外粮食价格的相对关系，粮食价差值越大，表示国内粮食价格超过国际粮食价格越多。例如，2012—2014 年，玉米和大米的国内外价差呈现明显扩大的趋势（图 1）。当国内外粮食价差达到一定程度，即国内粮食价格高于进口粮食到岸完税价格时，就出现国内外粮价倒挂现象。

表 1　中国与国际市场主要粮食品种价格比较

单位：元/千克

| 项目 | 2004 年 | 2005 年 | 2006 年 | 2007 年 | 2008 年 | 2009 年 | 2010 年 | 2011 年 | 2012 年 | 2013 年 | 2014 年 |
|---|---|---|---|---|---|---|---|---|---|---|---|
| 国际小麦 | 1.26 | 1.15 | 1.32 | 1.80 | 2.40 | 1.59 | 1.63 | 1.89 | 2.06 | 1.94 | 1.87 |
| 中国小麦 | 1.54 | 1.50 | 1.44 | 1.54 | 1.74 | 1.84 | 1.98 | 2.07 | 2.15 | 2.44 | 2.50 |
| 价差（%） | 22.22 | 30.43 | 9.10 | −14.43 | −27.50 | 15.72 | 21.47 | 9.52 | 4.37 | 25.77 | 33.69 |
| 国际稻米 | 1.85 | 2.10 | 2.13 | 2.26 | 4.21 | 4.01 | 3.38 | 3.43 | 3.45 | 3.22 | 2.56 |
| 中国稻米 | 2.36 | 2.27 | 2.30 | 2.43 | 2.82 | 2.92 | 3.13 | 3.52 | 3.80 | 3.94 | 4.00 |
| 价差（%） | 27.56 | 8.09 | 7.98 | 7.52 | −33.01 | −27.18 | −7.39 | 2.62 | 10.14 | 22.36 | 56.25 |
| 国际玉米 | 0.96 | 0.81 | 0.97 | 1.25 | 1.55 | 1.18 | 1.30 | 1.90 | 1.87 | 1.61 | 1.25 |
| 中国玉米 | 1.25 | 1.22 | 1.30 | 1.53 | 1.62 | 1.63 | 1.89 | 2.16 | 2.29 | 2.26 | 2.33 |
| 价差（%） | 30.20 | 50.61 | 34.02 | 22.40 | 4.51 | 38.13 | 45.38 | 13.68 | 22.45 | 40.37 | 86.40 |

注：①价差率＝[（国内粮食价格－国际粮食价格）/国际粮食价格]×100%；②小麦、玉米国际价格为美国海湾离岸价格，大米国际价格为曼谷离岸价格；小麦、稻米、玉米国内价格为全国平均批发价格。

资料来源：小麦、大米和玉米价格数据摘自中国社会科学院农村发展研究所、国家统计局农村社会经济调查司编写的《中国农村经济形势分析与预测》（2015），第 89 页。

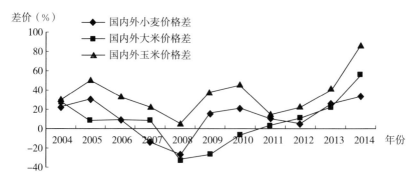

图 1　中国与国际市场主要粮食价格差距

## （二）国内外粮食价格倒挂现象显现

国内外粮食价格倒挂是指国内粮食价格高于进口粮食价格的现象。为了保证粮食安全，粮食进口国均设立较高的粮食进口关税，以冲抵出口国的粮食价格优势，使得国内粮食价格低于进口粮食价格。但是，如果国际粮食价格持续下降、国内粮食价格持续上升，国内粮食价格就可能高于进口粮食价格，即发生国内外粮食价格倒挂现象。

中国主要粮食品种（小麦、玉米、大米）的进口关税有两种：一种是配额外关税，税率65%；另一种是配额内关税，税率1%。关税配额内的粮食进口是有数量限制的。2015年，中国粮食进口关税配额量为：小麦963.6万吨，玉米720万吨，大米532万吨[①]。当中国主要粮食品种的国内价格高于关税配额内粮食进口价格（1%关税）、但低于关税配额外粮食进口价格（65%关税）时，主要粮食品种进口按照配额内关税税率征收，且其最大进口量不超过上述配额量，这时的国内外粮食价格关系可称为国内外粮食价格"相对倒挂"现象。当中国主要粮食品种的国内价格高于关税配额外粮食进口价格时，这意味着关税保护的作用已经发挥到极致，可能发生国外粮食大量涌入国内市场的情况，这时的国内外粮食价格关系可称为国内外粮食价格"绝对倒挂"现象。

从中国实际情况来看，2015年，中国不仅继续呈现国内外粮食价格

---

① 数据来源：《2015年粮食进口关税配额申领条件和分配原则》，商务部网站（http：//www.mofcom. gov. ）cn/article/b/gl）。

"相对倒挂"现象，而且该年有的月份还出现了国内外粮食价格"绝对倒挂"现象。以广州黄埔港到港的小麦为例①，2015 年 1—12 月关税配额内美国小麦到岸完税价格、国内小麦到港价格和关税配额外美国小麦到岸完税价格三者的关系如图 2 所示。国内小麦平均到港价格低于关税配额外美国小麦平均到岸完税价格 0.12 元/千克，高于关税配额内美国小麦平均到岸完税价格 0.98 元/千克。值得注意的是，2015 年 5 月，国内小麦到港价格高于关税配额外美国小麦到岸完税价格 0.12 元/千克。上述情况表明，关税配额外美国小麦到岸完税价格已经非常接近国内小麦到港价格，甚至有的月份还低于国内小麦到港价格。

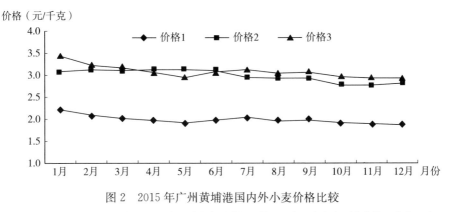

图 2　2015 年广州黄埔港国内外小麦价格比较

注：价格 1 为关税配额内美国小麦到岸完税价格；价格 2 为国内小麦到港价格；价格 3 为关税配额外美国小麦到岸完税价格。

再以广州黄埔港到港的玉米为例，2015 年 1—12 月关税配额内美国玉米到岸完税价格、国内玉米到港价格和关税配额外美国玉米到岸完税价格三者的关系如图 3 所示。国内玉米平均到港价格低于关税配额外美国玉米平均到岸完税价格 0.11 元/千克，高于关税配额内美国玉米平均到岸完税价格 0.78 元/千克。值得注意的是，2015 年 5 月和 6 月，国内玉米到港价格分别高于关税配额外美国玉米到岸完税价格 0.19 元/千克、0.17 元/千克。上述情况表明，关税配额外美国玉米到岸完税价格已经非常接

————————

①　为了便于在相同地点、相同时点比较，国内外小麦、玉米（见下文）价格均以运至广州黄埔港为准。资料来源：《农产品供需形势分析月报》，农业部网站（http：//www.moa.gov.cn/zwllm/jcyj），2015 年 12 月。

近国内玉米到港价格，甚至有的月份还低于国内玉米到港价格。

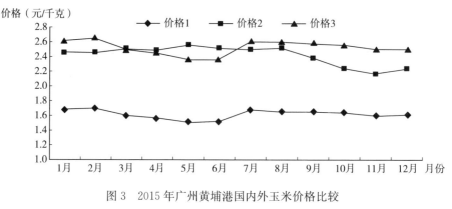

图3　2015年广州黄埔港国内外玉米价格比较

注：价格1为关税配额内美国玉米到岸完税价格；价格2为国内玉米到港价格；价格3为关税配额外美国玉米到岸完税价格。

### （三）国内外粮价倒挂形成挤压效应

从价格因素看，国内粮食价格与进口粮食到岸完税价格相比，如果前者高于后者，就形成国内外粮食价格倒挂，这种粮食价格关系变化引发了中国粮食市场挤压效应。所谓粮食市场挤压效应，是由粮食价格上限（也称粮食价格"天花板"）下降与粮食价格下限（也称粮食价格"地板"）上升共同形成的。

这种粮食价格"天花板"是指由粮食进口到岸完税价格形成的国内粮食价格上升限制，主要由国外粮食离岸价（FOB）、进口国关税和国际运输成本等构成。在不考虑非关税壁垒的情况下，如果国内粮食价格超过"天花板"，将发生国外粮食大量进口的情况。粮食价格"地板"是指由粮食生产成本等形成的国内粮食价格下降限制，在一般情况下，国内粮食价格不应低于"地板"，否则粮食生产者的种粮积极性就会受到严重损害，中国粮食平均批发价格可视为重要的国内粮食价格"地板"。

国际粮食价格持续走低，必然导致进口国粮食价格"天花板"不断降低，即在国际粮价下降的压力下，国内粮食价格上涨的上限随之下降，这种情况称为粮食市场"下压效应"。国内粮食生产成本和收购价格不断上涨，引发国内粮食批发价格连续上升，这种情况称为粮食市场

"上挤效应"。如果在一个时期内,粮食进口国同时发生上述"下压效应"和"上挤效应",则可将它们合并称为粮食市场"挤压效应",其后果是,国内粮食价格的调整空间和粮食政策的调整空间均被压缩。挤压效应基本机理及主要影响因素见图 4。

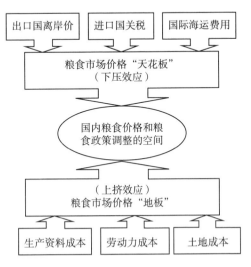

图 4  粮食进口国市场挤压效应的基本机理

粮食市场挤压效应的强弱程度,主要来自关税配额外进口粮食到岸完税价格与国内粮食批发价格之间的差值,该差值与挤压效应成反比,即差值越小,挤压效应越大。差值减小为零,说明挤压效应已使关税保护作用发挥到极致。为了使挤压效应的方向与其数值的方向一致,本文用上述差值的倒数来表示挤压效应①。2012 年以来,中国主要粮食品种市场挤压效应趋于增强(图 5)。2013—2015 年期间,这种挤压效应增强尤为显著,小麦市场挤压效应值从 0.745 上升至 3.333,玉米市场挤压效应值从 0.775 上升至 3.125,大米市场挤压效应值从 0.532 上升至 3.703。当中国粮食市场挤压效应达到一定程度时,就需要对国内粮食收储政策做出相应调整,以保证国内粮食市场免受国外粮食冲击。

---

①  挤压效应值=1/(关税配额外进口粮食到岸完税价格-国内粮食批发价格)。挤压效应值越大,表示挤压强度越大;挤压效应值越小,表示挤压强度越小。

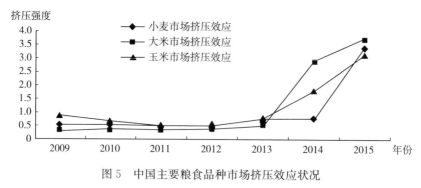

图 5　中国主要粮食品种市场挤压效应状况

资料来源：农业部网站（http：//www. moa. gov. cn/zwllm/jcyj/）；中国农业信息网（http：//www. agri. cn/V20/SC/jcyj_l/）；中国社会科学院农村发展研究所、国家统计局农村社会经济调查司（2015）。

## 三、粮食市场挤压效应形成的主要原因

本文分别从中国主要粮食品种（小麦、玉米、大米）生产成本、中美主要粮食品种生产成本比较和国际海运费用三个方面，剖析国内粮食市场挤压效应形成的主要原因。

### （一）中国粮食生产成本上升、收益下降

2003—2014 年，中国主要粮食品种的亩产值都呈现增长的态势（除2005 年、2013 年外）。与 2004 年相比，2014 年粮食亩产值实际增长了33.15％[①]；同期，每亩生产成本均比上一年增长。与 2004 年相比，2014年粮食每亩生产成本实际增长了 51.86％[②]。这表明，粮食每亩生产成本增长比亩产值增长更快，粮食生产成本增长较快是粮食价格上升的直接和主要原因。值得注意的是，在生产成本增长快于产值增长的情况下，自2004 年开始，三种粮食的亩收益率呈现徘徊和下降的态势，尤其是在2012—2014 年，三种粮食的亩收益率明显下滑（表 2）。

---

① 产值数据按照以 2003 年为基期的农产品生产价格指数进行平减，农产品生产价格指数来自国家统计局网站（http：//data. stats. gov. cn/easyquery）。

② 成本数据按照以 2003 年为基期的农业生产资料价格指数进行平减，农业生产资料价格指数来源于国家统计局网站（http：//data. stats. gov. cn/easyquery）。

**表2　三种粮食每亩成本效益的变化情况**

单位：元

| 项目 | 2003 年 | 2004 年 | 2005 年 | 2006 年 | 2007 年 | 2008 年 |
|---|---|---|---|---|---|---|
| 产值 | 411.2 | 592.0 | 547.6 | 599.9 | 666.2 | 748.8 |
| 成本 | 377.0 | 395.5 | 425.0 | 444.9 | 481.1 | 562.4 |
| 收益 | 34.2 | 196.5 | 122.6 | 155.0 | 185.2 | 186.4 |
| 收益率（%） | 8.3 | 33.2 | 22.4 | 25.8 | 27.8 | 24.9 |
| 项目 | 2009 年 | 2010 年 | 2011 年 | 2012 年 | 2013 年 | 2014 年 |
| 产值 | 792.8 | 899.8 | 1 041.9 | 1 104.8 | 1 099.1 | 1 193.4 |
| 成本 | 600.4 | 672.7 | 791.2 | 936.4 | 1 026.2 | 1 068.6 |
| 收益 | 192.4 | 227.2 | 250.8 | 168.4 | 72.9 | 124.8 |
| 收益率（%） | 24.3 | 25.3 | 24.1 | 15.2 | 6.6 | 10.5 |

注：成本包括物质费用、劳动用工和期间费用，其间费用包括土地承包费、管理费、销售费、财务费等；产值包括副产品产值；收益率＝收益/产值×100%。

资料来源：国家发展和改革委员会价格司编：《全国农产品成本收益资料汇编》（2009 年、2015 年），中国统计出版社。

## （二）人工、土地成本是引起粮食生产总成本上升的主要因素

从成本结构来看，在中国三种主要粮食（小麦、玉米、大米）的总成本中，人工成本、土地成本、机械作业费和化肥费分别占有较大比重。2014 年，人工成本、土地成本、机械作业费和化肥费分别占粮食总成本的 41.81%、19.09%、12.55%、12.39%，这 4 项费用合计为 917.19 元，占总成本的 85.83%（表3、表4）。从成本增加情况来看，2004—2014 年，上述 4 项费用分别实际增长了 87.35%、123.50%、151.58%、9.83%[①]。从总成本构成来看，2004—2014 年，化肥费占比从 18.06%降至 12.39%，表明中国粮食生产中科学施肥有所加强；机械作业费占比从 7.99%增至 12.55%，加之粮食生产中用工天数有所减少，表明中国粮食生产机械化程度不断提高，这有助于未来中国农业生产成本降低；人工成本不仅占粮食总成本的比重最大，而且其占比从 35.73%增至 41.81%，

---

① 成本数据按照以 2004 年为基期的农业生产资料价格指数进行平减，农业生产资料价格指数来源于国家统计局网站（http://data.stats.gov.cn/easyquery）。

表明人工成本增加是导致中国粮食总成本上升的主要因素之一；2014 年中国粮食总成本中，土地成本占比仅次于人工成本，2004—2014 年，该占比从 13.67％增至 19.09％，土地成本上涨是导致中国粮食总成本上升的另一个主要因素。由此可见，在中国粮食总成本不断上升的过程中，人工成本和土地成本是两个最主要的推动因素，进而推动粮食价格上涨。

表 3　三种粮食每亩成本及分项情况

单位：元

| 项目 | 2004 年 | 2006 年 | 2008 年 | 2010 年 | 2011 年 | 2012 年 | 2013 年 | 2014 年 |
|---|---|---|---|---|---|---|---|---|
| 总成本 | 395.50 | 444.90 | 562.40 | 672.67 | 791.16 | 936.42 | 1 026.19 | 1 068.57 |
| 种子费 | 21.06 | 26.29 | 30.58 | 39.74 | 46.45 | 52.05 | 55.37 | 57.82 |
| 化肥费 | 71.44 | 86.81 | 118.50 | 110.94 | 128.27 | 143.40 | 143.31 | 132.42 |
| 农药农膜费 | 13.18 | 18.25 | 22.98 | 24.73 | 26.01 | 29.00 | 29.96 | 30.61 |
| 机械作业费 | 31.58 | 46.73 | 68.97 | 84.94 | 98.53 | 114.48 | 124.92 | 134.08 |
| 排灌费 | 15.01 | 16.79 | 16.28 | 19.08 | 23.97 | 21.99 | 23.44 | 25.62 |
| 人工成本 | 141.30 | 151.90 | 175.00 | 226.90 | 283.05 | 371.95 | 429.71 | 446.75 |
| 土地成本 | 54.07 | 68.25 | 99.62 | 133.28 | 149.73 | 166.19 | 181.36 | 203.94 |
| 7 种成本之和 | 347.64 | 415.02 | 531.93 | 639.61 | 756.01 | 899.06 | 988.07 | 1 031.24 |

资料来源：国家发展和改革委员会价格司编：《全国农产品成本收益资料汇编》（2009 年、2015 年），中国统计出版社。

表 4　三种粮食每亩成本构成

单位：％

| 项目 | 2004 年 | 2006 年 | 2008 年 | 2010 年 | 2011 年 | 2012 年 | 2013 年 | 2014 年 |
|---|---|---|---|---|---|---|---|---|
| 总成本 | 100.00 | 100.00 | 100.00 | 100.00 | 100.00 | 100.00 | 100.00 | 100.00 |
| 种子费 | 5.32 | 5.91 | 5.43 | 5.91 | 5.87 | 5.56 | 5.40 | 5.41 |
| 化肥费 | 18.06 | 19.51 | 21.07 | 16.49 | 16.21 | 15.31 | 13.97 | 12.39 |
| 农药农膜费 | 3.33 | 4.10 | 4.09 | 3.68 | 3.29 | 3.10 | 2.92 | 2.86 |
| 机械作业费 | 7.99 | 10.50 | 12.26 | 12.63 | 12.45 | 12.23 | 12.17 | 12.55 |
| 排灌费 | 3.80 | 3.78 | 2.90 | 2.84 | 3.03 | 2.35 | 2.28 | 2.40 |
| 人工成本 | 35.73 | 34.14 | 31.12 | 33.73 | 35.78 | 39.72 | 41.87 | 41.81 |
| 土地成本 | 13.67 | 15.34 | 17.71 | 19.81 | 18.92 | 17.74 | 17.67 | 19.09 |
| 7 项成本之和 | 87.90 | 93.28 | 94.58 | 95.09 | 95.55 | 96.01 | 96.29 | 96.51 |

注：根据表 3 数据计算。

### （三）中美两国小麦、玉米生产成本变化对比明显

中国粮食市场挤压效应的产生，不仅源自国内粮食价格上涨，而且受到国际粮食价格下降的影响。对比分析中美两国小麦、玉米生产成本，有助于深入认识中国粮食市场挤压效应。尽管中美两国粮食生产成本分类并非完全相同，但是，中国国家发展和改革委员会价格司和美国农业部经济研究局（ERS）分别公布的统计资料，为中美小麦和玉米生产成本对比分析提供了依据和条件。

首先，从 2007—2014 年中美小麦生产成本比较可知（表 5、表 6）：第一，美国小麦总成本及生产价格有涨有跌，呈现波动状态；而中国小麦总成本及生产价格基本上呈现出单边上涨的趋势。2007—2014 年，中国小麦总成本的上升幅度远大于美国小麦，以 2007 年为基期，分别按照中国农业生产资料价格指数和美国 CPI 进行平减，前者实际上升了 31.89%，后者实际下降了 3.84%。第二，中国小麦总成本中人工成本占比最大，2014 年该项占比高达 38.55%；而美国小麦总成本中家庭劳动机会成本仅占 5.58%。2007—2014 年中国小麦人工成本增长 72.48%，美国则下降。这是两国小麦总成本差距拉大的主要原因之一。第三，中国小麦总成本中土地成本的增长幅度远高于美国小麦总成本中土地机会成本的增长幅度，按照可比价格计算，2007—2014 年，前者为 55.26%，后者仅为 7.02%。这是两国小麦总成本差距变大的另一个主要原因。

表 5　中国小麦成本变化情况（每 50 千克）

单位：元

| 项目 | 2007 年 | 2008 年 | 2009 年 | 2010 年 | 2011 年 | 2012 年 | 2013 年 | 2014 年 | 2014 年/2007 年实际增减（%） |
|---|---|---|---|---|---|---|---|---|---|
| 平均售价 | 75.58 | 82.76 | 92.41 | 99.01 | 103.95 | 108.31 | 117.81 | 120.59 | 29.78 |
| 总成本 | 58.79 | 62.23 | 73.03 | 81.58 | 89.19 | 105.60 | 119.48 | 110.53 | 31.89 |
| 种子费 | 4.53 | 4.76 | 5.20 | 6.04 | 6.59 | 7.29 | 7.95 | 7.47 | 15.68 |
| 化肥费 | 13.13 | 14.28 | 17.90 | 16.01 | 16.85 | 20.09 | 20.97 | 17.05 | -3.95 |
| 农药农膜费 | 1.28 | 1.27 | 1.51 | 1.77 | 1.73 | 2.07 | 2.29 | 2.04 | 11.83 |
| 机械作业费 | 9.32 | 10.56 | 10.95 | 12.41 | 12.90 | 14.64 | 15.98 | 14.79 | 17.37 |
| 排灌费 | 3.19 | 2.50 | 3.43 | 3.42 | 4.53 | 3.81 | 4.31 | 4.03 | -4.29 |

（续）

| 项目 | 2007 年 | 2008 年 | 2009 年 | 2010 年 | 2011 年 | 2012 年 | 2013 年 | 2014 年 | 2014 年/2007 年<br>实际增减（%） |
|---|---|---|---|---|---|---|---|---|---|
| 人工成本 | 17.33 | 17.15 | 19.26 | 24.16 | 29.00 | 38.07 | 45.92 | 42.61 | 72.48 |
| 土地成本 | 9.57 | 11.16 | 13.74 | 16.41 | 16.61 | 18.60 | 20.55 | 21.18 | 55.26 |
| 其余成本 | 0.44 | 0.55 | 1.04 | 1.36 | 0.98 | 1.03 | 1.51 | 1.36 | 116.91 |

资料来源：国家发展和改革委员会价格司编：《全国农产品成本收益资料汇编》（2013 年、2015 年），中国统计出版社。

**表 6　美国小麦成本变化情况**（每 50 千克）

单位：元

| 项目 | 2007 年 | 2008 年 | 2009 年 | 2010 年 | 2011 年 | 2012 年 | 2013 年 | 2014 年 | 2014 年/2007 年<br>实际增减（%） |
|---|---|---|---|---|---|---|---|---|---|
| 平均售价 | 73.40 | 100.36 | 68.01 | 59.08 | 87.23 | 88.02 | 80.63 | 72.64 | −13.31 |
| 总成本 | 87.75 | 89.04 | 89.93 | 71.03 | 89.25 | 78.52 | 91.22 | 96.32 | −3.84 |
| 种子费 | 3.65 | 4.95 | 4.91 | 3.06 | 4.18 | 4.38 | 4.70 | 4.83 | 15.92 |
| 化肥费 | 13.21 | 16.23 | 18.99 | 9.00 | 13.85 | 12.19 | 13.49 | 13.36 | −11.40 |
| 农药费 | 3.30 | 2.88 | 3.14 | 3.81 | 4.22 | 3.73 | 4.16 | 4.55 | 20.78 |
| 机械作业费 | 14.73 | 14.36 | 12.03 | 12.28 | 15.51 | 13.35 | 14.92 | 15.75 | −6.34 |
| 家庭劳动机会成本 | 8.42 | 7.12 | 7.40 | 4.43 | 5.11 | 4.47 | 5.08 | 5.37 | −44.13 |
| 固定资产折旧 | 20.08 | 18.23 | 19.54 | 20.26 | 23.87 | 21.30 | 24.25 | 26.20 | 14.29 |
| 土地机会成本 | 16.28 | 15.12 | 16.90 | 12.93 | 16.28 | 13.75 | 18.62 | 19.89 | 7.02 |
| 税金与保险 | 2.95 | 2.80 | 3.12 | 1.63 | 1.99 | 1.70 | 1.89 | 2.02 | −31.53 |
| 管理费 | 3.27 | 2.82 | 2.86 | 2.85 | 3.38 | 2.92 | 3.27 | 3.46 | −7.31 |
| 其余成本 | 1.86 | 4.52 | 1.04 | 0.78 | 0.86 | 0.73 | 0.84 | 0.89 | −58.08 |

注：美国小麦成本数据按照以 2007 年为基期的美国 CPI 进行平减。

资料来源：国家发展和改革委员会价格司编：《全国农产品成本收益资料汇编》（2013 年、2015 年，中国统计出版社），附录四：美国主要农产品成本收益情况；2007—2014 年美国 CPI 数据：国际货币基金组织（IMF，http://www.imf.org/external/data.htm）。

其次，从 2007—2014 年中美玉米生产成本比较可知（表 7、表 8）：第一，美国玉米总成本和生产价格有涨有跌，呈现波动状态；而中国玉米总成本和生产价格基本上呈现单边上涨的趋势。2007—2014 年，中国玉米总成本的上升幅度远大于美国玉米，以 2007 年为基期，分别按照中国农业生产资料价格指数和美国 CPI 进行平减，前者实际上升了 41.03%，后者实际下降了 7.75％。第二，中国玉米总成本中人工成本占比最大，2014 年该项占比高达 45.73％；而美国玉米总成本中家庭劳动机会成本仅占 3.59％。2007—2014 年中国玉米人工成本增长 76.17％，美国则下降，这是两国玉米总成本差距拉大的主要原因之一。第三，中国玉米总成本中土地成本的增长幅度远高于美国玉米总成本中土地机会成本的增长幅度，按照可比价格计算，2007—2014 年，前者为 46.01％，后者仅为 7.47％。这是两国玉米总成本差距变大的另一个主要原因。

表 7  中国玉米成本变化情况（每 50 千克）

单位：元

| 项目 | 2007 年 | 2008 年 | 2009 年 | 2010 年 | 2011 年 | 2012 年 | 2013 年 | 2014 年 | 2014 年/2007 年实际增减（％） |
|---|---|---|---|---|---|---|---|---|---|
| 平均售价 | 74.76 | 72.48 | 82.01 | 93.62 | 106.07 | 111.13 | 108.81 | 111.85 | 21.71 |
| 总成本 | 51.68 | 55.58 | 62.21 | 67.89 | 78.91 | 91.55 | 101.07 | 103.86 | 41.03 |
| 种子费 | 3.19 | 3.12 | 3.71 | 4.23 | 4.82 | 5.28 | 5.64 | 5.53 | 28.22 |
| 化肥费 | 10.48 | 13.19 | 12.69 | 11.97 | 13.71 | 14.50 | 14.56 | 13.05 | −7.90 |
| 农药农膜费 | 1.25 | 1.36 | 1.46 | 1.55 | 1.69 | 1.80 | 1.94 | 1.97 | 10.60 |
| 机械作业费 | 4.06 | 4.72 | 5.50 | 6.42 | 7.43 | 8.55 | 9.77 | 10.52 | 81.83 |
| 排灌费 | 1.48 | 1.06 | 1.41 | 1.34 | 1.51 | 1.47 | 1.45 | 2.17 | 11.07 |
| 人工成本 | 18.91 | 19.35 | 22.23 | 25.96 | 31.29 | 40.44 | 46.65 | 47.49 | 76.17 |
| 土地成本 | 10.79 | 11.28 | 13.66 | 15.12 | 16.97 | 18.40 | 20.18 | 22.45 | 46.01 |
| 其余成本 | 1.52 | 1.50 | 1.55 | 1.30 | 1.49 | 1.11 | 0.88 | 0.68 | −68.61 |

资料来源：国家发展和改革委员会价格司编：《全国农产品成本收益资料汇编》（2013 年、2015 年），中国统计出版社。

表 8  美国玉米成本变化情况（每 50 千克）

单位：元

| 项目 | 2007 年 | 2008 年 | 2009 年 | 2010 年 | 2011 年 | 2012 年 | 2013 年 | 2014 年 | 2014 年/2007 年实际增减（％） |
|---|---|---|---|---|---|---|---|---|---|
| 平均售价 | 48.99 | 59.65 | 48.27 | 58.64 | 72.87 | 84.25 | 56.17 | 42.79 | −23.48 |
| 总成本 | 46.51 | 50.30 | 47.11 | 49.90 | 55.08 | 67.28 | 52.84 | 48.98 | −7.75 |
| 种子费 | 5.13 | 5.70 | 6.80 | 7.65 | 7.94 | 9.46 | 7.62 | 7.18 | 22.60 |
| 化肥费 | 9.75 | 13.22 | 11.42 | 9.29 | 12.24 | 16.64 | 11.98 | 10.61 | −4.68 |

（续）

| 项目 | 2007年 | 2008年 | 2009年 | 2010年 | 2011年 | 2012年 | 2013年 | 2014年 | 2014年/2007年实际增减（%） |
|---|---|---|---|---|---|---|---|---|---|
| 农药费 | 2.55 | 2.39 | 2.43 | 2.47 | 2.47 | 2.89 | 2.23 | 2.08 | −28.55 |
| 机械作业费 | 6.01 | 6.55 | 4.89 | 6.07 | 6.77 | 7.71 | 5.92 | 5.49 | −19.98 |
| 家庭劳动机会成本 | 2.55 | 2.39 | 2.21 | 2.42 | 2.41 | 2.51 | 1.91 | 1.76 | −39.54 |
| 固定资产折旧 | 7.31 | 7.25 | 7.02 | 7.91 | 8.12 | 9.90 | 7.57 | 7.06 | −15.40 |
| 土地机会成本 | 10.18 | 10.40 | 10.01 | 11.70 | 12.63 | 14.78 | 13.10 | 12.49 | 7.47 |
| 税金与保险 | 0.78 | 0.79 | 0.82 | 0.77 | 0.81 | 0.98 | 0.72 | 0.67 | −0.15 |
| 管理费 | 1.45 | 1.35 | 1.25 | 1.36 | 1.41 | 2.03 | 1.53 | 1.41 | −14.82 |
| 其余成本 | 0.80 | 0.16 | 0.26 | 0.26 | 0.28 | 0.38 | 0.26 | 0.23 | −74.82 |

注：美国玉米成本数据按照以2007年为基期的美国CPI进行平减。

资料来源：国家发展和改革委员会价格司编：《全国农产品成本收益资料汇编》（2013年、2015年，中国统计出版社），附录四：美国主要农产品成本收益情况；国际货币基金组织（IMF，http：//www.imf.org/external/data.htm）。

## （四）海运费用下降扩大了中外粮食价差

2015年，国际石油价格大跌，导致国际粮食海运费用明显降低，进而使进口粮食到岸完税价格进一步下降。以美国墨西哥湾运至中国广州黄埔港的玉米海运费用为例，2015年，该航线的海运费用分别是2014年的68.03%、2012年和2013年的69.44%、2008年的30.39%（表9），尤其是2015年，这条航线的海运费用仅为2008年的1/3左右。这是因为国际海运费用不仅与石油产品价格的周期性波动有关，而且与国际粮食海运是否繁忙有关。由此可见，国际海运费用也是国内外粮食价格倒挂，进而中国粮食市场挤压效应产生的原因之一。

表9 国际粮食海运费用（美国墨西哥湾至中国广州黄埔港）

单位：元/千克

| 项目 | 2008年 | 2012年 | 2013年 | 2014年 | 2015年 |
|---|---|---|---|---|---|
| 国际海运费用 | 0.658 | 0.288 | 0.288 | 0.294 | 0.200 |

资料来源：中国玉米网（http：//www.yumi.com）。

## 四、主要结论与政策启示

### （一）主要结论

中国粮食市场挤压效应是由国内外因素共同造成的。从国际因素看，在全球经济不景气的背景下，国际市场上粮食、石油等大宗商品价格走低，国际海运费用明显降低，导致进口粮食运至中国的到岸完税价格处于周期性低位。从国内因素看，中国粮食生产成本持续刚性上涨，尤其是粮食生产成本中的人工成本和土地成本不断上涨，拉大了国内外粮食价格差距并成为国内外粮食价格倒挂的重要原因，最终产生了粮食市场的挤压效应。这种挤压效应的强弱程度，主要取决于关税配额外进口粮食到岸完税价格与国内粮食批发价格之间的差值，该差值与挤压效应成反比，即差值越小，挤压效应越大。

随着中国粮食市场挤压效应趋于增强，国内粮食市场面临国外粮食冲击的潜在危险也在增大。根据笔者对国内粮食贸易行业和粮食加工行业的调查分析，当关税配额外进口粮食到岸完税价格与国内粮食运至同一港口价格之间的差值达到一定程度时，即综合考虑海关通关、检验检疫等手续成本及相关风险后，企业就会选择以进口粮食替代国产粮食。假定上述中外粮食价差为 200 元/吨，并以 2015 年小麦、玉米进口到岸价格和国内小麦、玉米到港价格（广州黄埔港）为依据，选择进口关税为唯一变量时，可求得小麦、玉米进口关税税率分别为 47%、43%[①]，这是实际发挥保护作用的关税税率。计算结果表明：中国小麦、玉米配额外进口关税（税率为 65%）中，分别尚有 18 个、22 个百分点可供进一步发挥保护作用；这同时提示：未来中国小麦、玉米关税税率下调的空间非常有限，如果中国粮食市场挤压效应继续增强，进口粮食对国内市场冲击的潜在危险就会变为现实危险。

### （二）政策启示

本文研究表明：中国粮食市场挤压效应产生的主要原因之一，在于国

---

① 计算公式：国内粮食到港价格－[进口粮食到岸价格（1＋$x$%）＋增值税＋损耗＋装卸费]＝200（元/吨）。其中，$x$% 为实际发挥作用的关税税率。

内粮食生产成本持续刚性上涨。虽然国内粮价上涨激发了中国农民种粮积极性，但在国际粮价下行的压力下，必须综合考虑国内外市场变化，调整国内粮食收储政策，这是未来中国农业政策的长期目标。解决上述挤压效应困境的关键，应将一味强调粮食生产数量的政策导向，调整到粮食生产数量与生产效益并重的政策导向。

第一，探索不同经营主体在粮食规模化生产中降低粮食生产成本的路径。例如，一些农民专业合作社采取土地入股方式实现规模经营，而家庭农场、种植大户采取土地转租方式，前者的土地成本远低于后者。

第二，调整现有的粮食政策，改变粮价刚性上涨趋势。从改革的方向看，坚持粮食价格由市场决定，实行价格与补贴分离、福利性补贴与生产性补贴分离，生产性补贴应向粮食规模化生产倾斜，既有利于保护农民的正当利益，又有利于降低粮食生产成本。

第三，增强服务"三农"实效，有效降低粮食生产成本。要切实解决粮食价格下降与农民种粮收益之间矛盾，包括农村产业融合发展、农业技术服务、粮价信息发布、职业农民培训、基础设施和市场建设、生产资料供给等多种途径，既降低了粮食生产成本，又不影响农民种粮积极性。

## 参考文献

陈锡文，2015. 中国农业发展形势及面临的挑战［J］. 农村经济（1）.

韩俊，2015. 中国农业进入高成本时代　粮食补贴逼近承诺上线［EB/OL］. 中国经济网（http：//finance. ifeng. com），2015 - 03 - 21.

程国强，2015. 中国粮食安全的真问题［EB/OL］. 财新网（http：//opinion. caixin. com），2015 - 02 - 05.

马晓河，2011. 中国农业收益与生产成本变动的结构分析［J］. 中国农村经济（5）.

翁鸣，2015. TPP 将冲击我国农业［N］. 环球时报（国际论坛版），2015 - 07 - 21.

中国社会科学院农村发展研究所，国家统计局农村社会经济调查司，2015. 中国农村经济形势分析与预测（2014—2015）［M］. 北京：社科文献出版社.

# 确保粮食安全是乡村振兴的首要任务<sup>*</sup>

2019 年 3 月 8 日，习近平总书记在参加十三届全国人大二次会议河南代表团审议时，专门对粮食安全作出重要指示：要扛稳粮食安全这个重任。确保重要农产品特别是粮食供给，是实施乡村振兴战略的首要任务。由此可见，乡村振兴不仅仅是农村发展和农民富裕的问题，而且是关系到全国人民吃饭的大问题。"手中有粮，心里不慌"，我们党历来高度重视粮食安全，这是中国国情、民情和世界形势所决定的。作为世界人口最多的国家，粮食安全不仅是经济发展的基础，而且是社会稳定的根基。

## 一、新时期我国农业发生很大变化

新时期，特别是进入 21 世纪以来，中国农业发生了很大变化。一是农业生产能力有了较大幅度提高，特别是农业机械化程度明显提升，有力地促进了农业生产效率提升，这使国内农产品供求关系更加宽松，稻米、小麦和玉米等库存数量过多，需要调整产能和削减库存。二是中国加入WTO 以来，随着农业对外开放程度不断加大，国内外农产品市场进一步融合，两种市场价格互相影响的程度加大，这已不同于计划经济时期的粮食生产供给格局。在这种形势下，必须打破过去关起门来制定粮食政策的传统模式，要充分考虑国内外市场变化和遵守有关国际规则。

近几年，国内外粮食价格变化直接影响中国粮食安全，出现了前所未有的新情况和新问题。例如，2015 年，中国不仅继续呈现国内外粮食价格"相对倒挂"现象，而且这一年某个月份还出现国内外粮食价格"绝对倒挂"现象。所谓国内外粮食价格"相对倒挂"，是指国内粮食价格高于关税配额内粮食进口价格（1％关税），但是低于关税配额外粮食进口价格

* 本文原载于《乡村振兴》杂志 2019 年第 6 期。

（65％关税）的情况。当国内粮食价格高于关税配额外粮食进口价格时，这意味着关税保护作用已经发挥到极致，可能发生国外粮食大量涌入国内市场的情况。这时的国内外粮食价格关系可称为国内外粮食价格"绝对倒挂"现象。

值得重视的是，前几年出现了"两增一涨"新情况，即在国内粮食产量增加的同时，粮食进口量和库存量增加，国内粮食价格刚性上涨。这对粮食安全提出了新问题，如果任由这种情况发展，就会导致粮食进口不断增长。因为国内外粮食价格出现"绝对倒挂"，就难以发挥关税保护的作用。这将使国外粮食冲击国内粮食销售，最终导致国内粮食生产能力萎缩。虽然中央政府及时调整了粮食政策，扭转了这种不利情况，但是，新时期国内外形势变化，粮食安全出现了新问题和新挑战，需要我们认真研究和正确应对。

## 二、新时期粮食安全应有新的内涵

上述情况给我们提出了一个重要问题，即粮食生产量和库存量是否可以确保粮食安全？从传统的粮食安全理念来讲，粮食安全几乎等同于粮食产量和粮食库存量。但在对外开放并继续加大开放程度的条件下，国内粮食生产量和库存量并不完全能够确保粮食安全，前面的案例可以证实这种情况。这引申得出粮食安全的新内涵，即新时期粮食安全不仅要求粮食生产量和储备量，而且还要求具备粮食竞争力。如果一个人口大国缺乏粮食竞争力，同时粮食市场形势又超出粮食关税的有效保护范围，粮食安全防护大堤也会出现新的隐患。从这个意义上讲，新时期粮食安全不完全等同于原来的内涵，需要根据新变化增加和补充新内容。

中国粮食安全新内涵的出现，源于中国对外开放不断深化，以及国际形势的深刻变化。在闭关锁国年代，以及后来的计划经济时期，我们无须过多考虑国际粮食市场的变化。但是在对外开放时期，尤其是全球经济一体化形势下，两个市场两种资源相互融合相互影响，有时会产生新的隐患和危险，这不得不从更深更广的视角研究粮食安全问题。目前，中美经贸谈判已经进行十一轮，涉及技术转让、知识产权、非关税措施和服务业、农业、贸易平衡、实施机制等协议文本。中国在争取核心利益和重大利益的同时，必须放弃一些其他利益。其中，农业谈判值得认真思考，应该做好农业对外扩大开放准备。

深刻领会习近平总书记的讲话精神，必须从国内外动态出发，抓住新时代形势变化特征，研究粮食安全的内在规律。粮食安全的新内涵，实际上就是粮食安全的时代特征。如果不研究国际形势变化，不用创新思维研究问题，不联系现实经济情况，就会停留在传统的粮食安全概念，以至于对粮食安全的新隐患新问题采取视而不见和掩耳盗铃的方式，这无疑是对国家和人民不负责任。客观地讲，无论是否认可粮食安全的新内涵，其已被现实所证明，粮食安全的潜在危险也已显现。针对这种潜在危险，国家通过调整粮食收购政策予以消除，但是这种情况可能还会出现，因为主要因素并未完全消除。

## 三、实施乡村振兴，确保粮食安全

从实现乡村振兴的长远目标来看，我们不仅需要树立粮食安全新理念，而且要从更深更广的视角谋划农业发展战略，夯实农业发展的基础。只有实现农业现代化，从农业大国转变到农业强国，才能真正确保粮食安全。为此，应从以下几个方面入手：

构建财政支农的约束机制。农业作为国民经济的基础，需要投入大量的财政资金。形成约束性财政支农机制，保证在未来一段时期内，给予农业基础设施和装备较多的资金投入，不仅有必要而且完全可以实现。这对于鼓励农业生产发展，尤其是粮食生产，无疑会产生有效的激励效果。一方面，国家财政预算应安排相应的转移支付，鼓励农业大省种好粮多产粮，通过农业科技创新和农业机械装备，降低农业生产成本和物质消耗，提高粮食国际竞争力。另一方面，省级政府也要通过制度安排，通过科学种粮和改进生产组织方式，激励省内粮食主产区生产优质粮食。

建立自上而下的支农体系。无论是国际成功经验，还是国内已有实践情况，均已说明仅从农户组织改进生产体系对推进农业现代化是远远不够的，必须建立自上而下的，集生产、销售和金融为一体的支农体系。现阶段各级政府在制定和传达文件过程中，对如何落实政策和相关职责规定不具体。除上级要求的传达任务外，究竟要履行什么样的责任，完成什么样的工作，这些任务需要由政府赋予一定职能的专业性机构来承担和完成，如日本的农业协同组织（农协）。我们正缺少这种组织体制和支农体系。

构建城乡人才互动型机制。乡村振兴需要全社会人才支持，没有人才支持农村不会兴旺。人才支持是多方面、多层次的，不仅是农业技术和农业管理人才，还包括实用型人才、专业型人才、创新型人才、组织型人才和综合型人才。其中，实用型人才有种植、养殖、运输、加工能手，还有经营、农技推广、传统工艺等方面人才；专业型人才有教育、卫生、科技、文化、环境保护、区域规划、法律等方面人才；组织型人才有农村基层组织、农民专业合作组织等方面人才。从国际经验来看，欧洲合作社运动开始于19世纪初，既是空想社会主义者欧文、傅里叶理论与实践结合的结果，也是当时许多社会活动家和学者直接参与社会改革和启蒙教育实践的结果。我们可用体制优势、政策优势、市场优势和鼓励性措施，大力促进城市人才向农村流动，这样乡村振兴才有人力资源保障。

构建工农两大产业互相联接机制。乡村振兴主要依靠产业兴旺。一方面要促进农村内部一二三产业融合发展，利用第二三产业支持第一产业发展，如农村加工业和旅游业发展，可以弥补粮食种植效益不高的缺陷，保证农民家庭的总体收益，从而稳定种粮大户的积极性。另一方面，城市工业应有计划地发展农产品加工业，通过产业链条方式促成工农两大产业对接，解决农产品价格大幅波动和不稳定情况；农户从合作的加工企业获得部分返还利润，解决农产品原料价格过低的问题；加工企业则通过合约方式，确保农产品原料的质量安全，尤其是食品行业中农产品质量至关重要。农产品加工业发展不仅可以解决粮食供过于求的问题，而且可以稳定农民种粮的收益，并通过科学种粮、规模种植和返还部分利润，达到降低粮食种植成本的效果。

解决农村发展中的短板问题。目前，大多数乡村在医疗设施、教育设施、环境卫生、垃圾处理、园林绿化、文化娱乐、公共服务等方面，与城市相比仍存在很大的差距。这在一定程度上直接影响乡村居民留在乡村的意愿，也影响大学毕业生回家乡工作的积极性。要通过城乡融合发展，改变农村生活环境，吸引城市人群主动服务农村，共同参与乡村振兴。只有解决农村的短板问题，才有可能使农村集聚人才，促进农业农村大发展，保证粮食安全的可持续性。

# 国际市场变化对我国粮食
# 安全的影响及其思考<sup>*</sup>

进入 21 世纪，我国农业生产能力得到了很大提升。以粮食生产为例，我国粮食总产量连上新台阶，这为我国粮食安全提供了坚实的物质基础和供给保障。同时，国际粮食市场变化对我国粮食生产和供给的影响显著增强，甚至对我国粮食安全形成了潜在危险并有所显现。党中央始终强调粮食安全问题，2019 年 3 月 8 日，习近平总书记强调："要扛稳粮食安全这个重任。""确保重要农产品特别是粮食供给，是实施乡村振兴战略的首要任务。"① 研究粮食安全问题，要从中国的实际出发，站在世界格局变化及其发展趋势的高度，为未来我国粮食安全提供有价值的学理分析和政策建议。

## 一、国际粮食市场的新变化及其影响

21 世纪以来，国际形势发生了巨大变化，可谓是"世界百年未有之大变局"。随着新一轮科技革命和产业革命的大规模快速发展，区域内联合和全球性产业链、价值链和供应链不断深化和完善，加快了经济全球化进程和经济联动发展趋势，各国相互联系和彼此依存比过去任何时候都更频繁、更紧密。

### 1. 世界形势新变化影响全球粮食市场

从全球经济发展来看，传统发达国家和新兴经济体、发展中国家之间的差距不断缩小。按汇率法计算，新兴经济体和发展中国家的经济总量在全世界所占比重接近40%，对世界经济增长的贡献率已经达到80%。② 新

---

\* 本文原载于《中州学刊》2020 年第 5 期。
① 欧阳优：《扛稳粮食安全这个重任》，《经济日报》2019 年 3 月 10 日。
② 高祖贵：《世界百年未有之大变局的丰富内涵》，《学习时报》2019 年 1 月 21 日。

兴经济体和发展中国家加强协调，推动自身在国际社会的影响和地位提高的同时，也触动了国际霸权主义的传统理念和现实利益，多边主义与单边主义、和平发展与霸权主义之间的矛盾和冲突不断显现，尤其反映在大国博弈和市场竞争层面。

国际形势变化必然影响国际粮食市场。2008 年由美国次贷危机引起并演化成一场席卷全球的国际金融危机，引发了全球性粮食危机，主要表现为许多粮食出口国控制并禁止粮食出口，造成全球粮食供求关系失衡，国际粮食价格出现大幅飙升，尤其是有些依靠粮食进口的非洲国家，处于短期的粮食恐慌甚至社会动荡的失控状况。当时不属于全球性粮食供给严重不足，更多地表现为粮食资源分配不均。有学者指出，这是在金融及经济危机影响下的粮食市场结构和粮食贸易制度不合理造成的。[①] 其一，粮食能源化趋势增强。以美国为首的一些发达国家推行以生物能源部分替代石油能源政策，导致生物燃料"与粮争地，与人争粮"，使传统的粮食市场供求形势增添变数。其二，金融危机带来双重损害。美国次贷危机初露端倪时引起部分金融大机构的警觉，在危机未充分暴发前将大量资金投向包括粮食在内的大宗重要商品领域，把粮食当作规避风险和进行投资的对象。

国际金融危机过后，世界经济增长缓慢，需求不足尤为明显，石油等大宗商品回落到较低价格。同时，以粮食作物为原料的生物能源替代石油能源的现实需求不再存在，金融资本参与粮食市场炒作的资金撤离，这导致世界粮食市场供求关系趋于平衡，国际粮食价格回落并处于低价。在这种国际背景下，以美国为首的现代农业强国千方百计地推销其农产品出口，因为这些国家具有出口型农业的本质特征，需要国际市场帮助其农业生产发展和农民收入增长。例如，美国农业公司和农产品贸易机构依托粮食价格优势，极力向中国市场推销其谷物产品，对中国形成了较大的潜在冲击风险。

**2. 新冠肺炎疫情防控对粮食供求带来冲击**

2020 年，全球性新冠肺炎疫情大暴发，截至 2020 年 4 月 15 日，世界各国疫情患者累计超过 200 万人。这次疫情对经济发展造成了不小的冲

---

① 高铁生、安毅：《2008 年世界粮食危机的深层原因》，《中国流通经济》2009 年第 8 期。

击，为了应对新冠疫情防控产生的负面影响，一些国家宣布启动国库存粮计划，禁止本国粮食出口，现在至少有 5 个国家宣布停止或限制粮食出口。① 例如，全球第三大稻米出口国越南、第九大小麦出口国哈萨克斯坦均开始限制主要粮食出口，全球稻米主要出口国印度的大米出口陷入停滞。俄罗斯植物油联盟已经要求限制葵花籽出口。对此，有学者指出，疫情防控对全球粮食生产和需求造成全面冲击，加之部分国家蝗灾影响粮食生产，有可能会恶化全球粮食市场预期，形成各国抢购、限卖及物流不畅的恐慌叠加效应，导致国际粮价飙升。② 新冠疫情防控对全球粮食供求带来新的不确定性，如果未来非洲蝗虫灾害、发展中国家新冠疫情防控和美国西部干旱程度进一步加重，这些情况叠加产生的效应，有可能改变目前世界粮食供求关系，甚至有引发新的粮食危机的可能性。

综上所述，受国际形势的多种影响，世界粮食市场呈现出一些新的变化特征，其中，有发生原因的多重性，既有单个因素发挥主要作用，也有多种因素组合作用；变化过程的突发性，粮食价格变化较快并且显著；破坏作用的多样性，不仅在粮食供求紧张时影响粮食安全，在粮食供求宽松时也产生负面影响；背后操纵的趋利性，在国际粮食价格变化的背后，总能找出利益集团乃至国家层面的幕后操纵；由于多种因素和社会力量的综合作用，发展变化的不确定性远远超出了人们对自然灾害预期和控制的难度。

## 二、国际粮食市场变化带来的新挑战

我国改革开放 40 多年，粮食生产成绩尤为显著，特别是 2015 年达到 6.6 亿吨，并连续 5 年稳定在 6.5 亿吨以上水平，国内人均粮食拥有量增长至 474.17 千克，依靠自己的力量实现了粮食基本自给。③ 但是，我们

---

① 《受疫情影响，部分国家宣布限制粮食出口，全球或面临严重粮食危机！我国会受影响吗？》，搜狐网，https://www.sohu.com/a/384284553_658625，2020 年 3 月 30 日。
② 《多国因疫情限制粮食出口 我们的"米袋子"受影响吗？》，生活晨报网，http://www.shcb.net/html/2020-04-02/63913759.html，2020 年 4 月 2 日。
③ 此处数据根据国家统计局网站相关数据计算所得，参见国家统计局网站，http://data.stats.gov.cn/easyquery.htm? cn=C01。

也应该清醒地认识到，在粮食生产取得巨大成就的同时，国内经济发展和国际经济政治变化，也孕育了一些不利于我国粮食安全的危险因素，这些潜在危险有时甚至会变成现实危险，从而成为粮食安全的新问题。

**1. 国际市场低粮价带来冲击效应**

按照传统的粮食安全思维，全球粮食供求关系宽松有利于粮食贸易发展，对一些依赖粮食进口的非洲国家来说，其受益获利是十分明显的。但是，对于主粮品种自给自足的人口大国而言，则要具体问题具体分析。客观地讲，既存在有利的方面，也有不利的方面。从有利的方面看，我们拥有两个市场、两种资源，有更多的粮食资源可供选择，可以更加节约粮食生产和储备成本，用更经济的方式满足国内消费需求，改善国内生态环境。从不利的方面看，有的国家并未按照我们的愿望行事，为实现自身利益而不顾别国，要求其他国家大量进口农产品，这孕育了不利于我国粮食安全的潜在危险因素。

事实验证了上述分析。随着我国经济的较快增长，生产资料价格呈现较快上升态势，以及原来粮食收购政策的刺激，前几年国内外粮食价格差距进一步扩大，导致出现了"两增一涨"新情况，即粮食进口量和库存量增加，国内粮食价格刚性上涨。从 2013 年 6 月开始，国内粮食批发价格高于进口粮食到岸完税价格，甚至高于配额外关税进口粮食到岸完税价格。例如，2015 年 5 月，国内小麦运到广州黄埔港价格高于关税配额外美国小麦到岸完税价格 0.12 元/千克；2015 年 5 月和 6 月，国内玉米到港价格分别高于关税配额外美国玉米到岸完税价格 0.19 元/千克、0.17 元/千克。[①] 有学者指出，中国主要农产品价格如果高于关税配额外进口完税后的国外农产品价格，那么国外农产品大量进入中国将不可避免。由此可见，国外低价粮食曾经触及我国关税保护的底线，从而使影响粮食安全的潜在危险成为现实危险。如果不改变国内外粮食价格差距过大的情况，大量进口粮食就会进入国内市场，削弱国内粮食生产能力，进而破坏我国粮食安全的物质基础。值得注意的是，低价进口粮构成对我国粮食安全的危险，是在我国扩大对外开放条件下，特别是加入 WTO 后出现的新情况。

---

① 翁鸣：《中国粮食市场挤压效应的成因分析》，《中国农村经济》2015 年第 11 期。

**2. 国际市场粮价高涨导致财富流失**

按照传统的粮食安全思维，如果国内粮食生产和储备充分，可以不考虑国际市场粮食价格上涨。从粮食供给来看，在全球粮食供求关系紧张时期，我国完全可以依靠自己解决吃饭问题。但是，从经济研究来看，国际粮食价格高涨对我国经济发展也是不利的，尤其是短期内国内财富流失效应十分明显，即在国际高粮价的背景下，我国进口某些重要农产品时，因为受国际高粮价的相关影响，不得不支付比以往高昂的进口成本，从而使国内巨额财富流入跨国大粮商的口袋。由于受限于国内土地、水资源、生态环境和劳动力成本等因素，我国不可能完全实现农产品自给自足，重点是确保国内口粮安全，这就是造成经济损失的现实原因。从长期来看，国内财富流失将影响国家农业投资和经济建设，最终会削弱粮食安全的物质基础。

历史经验值得深思。2007年美国次贷危机开始暴露，最终引发了全球金融危机，并引发了世界粮食危机。这次粮食危机曾经对我国造成了一定的经济损失。从2006年、2007年我国进口大豆价格比较看，由于世界粮食危机造成了大豆价格飙升，2006年我国大豆进口平均价格为每吨265美元，2007年我国大豆进口的平均价格为每吨372美元，这两年进口大豆价格每吨相差107美元。[①] 如果以2006年进口大豆的价格为基准，以2007年我国进口大豆3 082万吨为总量，则多支付了约33亿美元。尽管当时国内主粮自给率较高，世界粮食危机并未造成国内粮食供求紧张，但是粮食危机造成国内财富巨额流失是客观事实，国内学者应对这一情况给予充分重视并加以深入研究。

**3. 关税税率变化影响"防洪墙"作用**

虽然我国主粮生产能够满足国内消费，但这是在关税保护的条件下进行的。如果将现有65%的进口关税下调至一定程度或者取消，就难以确保国内粮食生产正常进行。从这个意义讲，现在坚守配额外（粮食）关税税率，将粮食进口数量控制在配额限度内，能够确保国家粮食安全。但是，一些西方国家要求我国降低商品进口关税，他们认为中国已经是世界

---

① 农业部农产品贸易办公室、农业部农业贸易促进中心：《2008 中国农产品贸易发展报告》，中国农业出版社，2008 年 10 月，第 28 页。

第二大经济体，不能再享受发展中国家的待遇。例如，2019 年 7 月 26 日，美国白宫发布《改革世界贸易组织发展中国家地位备忘录》，明确表示对包括中国在内的一些世贸组织成员将自己定义为发展中国家不满，美国将公布其认为的不当声称为发展中国家并从 WTO 规则和谈判中不恰当地寻求灵活性和利益的国家名单。[①]

如果依照某些西方国家的要求，我国由发展中国家待遇变为发达国家待遇，粮食关税税率将会有较大幅度下降，我国关税"防洪墙"作用自然降低，这对我国粮食安全是一种损害和威胁。当进口粮食的配额外关税到岸完税价，仍然低于国内粮食价格时，就会发生进口粮涌入国内市场的可能。但要变成现实，还需要具备一些条件。行业内一般认为：进口粮与国产粮之间价差达到每吨 200 元时，进口商才产生进口粮食的赢利冲动，这是一个重要的经验判断。我们依据这个判断，测算粮食关税税率下降的临界点，即假定某时国内外粮食价格不变，配额外关税下降至何种程度时，进口粮食将大量涌入国内市场。

现以 2015 年进口粮与国产粮之间实际价差为设定条件，求解当进口粮与国产粮之间价差达到每吨 200 元时的配额外关税税率。计算结果表明，小麦的关税税率为 47%，玉米的关税税率为 43%。在上述假定条件下，我国小麦的配额外关税下调空间仅为 18%，玉米的配额外关税下调空间仅为 22%。选用 2015 年国内外粮食价格具有代表性意义，因为此后粮食收购政策发生调整，虽然通过市场和行政方式降低了国内粮食价格，释放了国内外粮食价差过大引发的粮食进口压力，但是毕竟影响了部分农民的收入，导致部分农民种粮积极性下降。

**4. 对国际粮食市场变化的几点看法**

第一，国际粮食市场变化不仅在供求紧张时影响我国粮食安全，而且在国际粮食供给宽松条件下，进口粮食可能以低廉价格突破关税"防洪墙"，冲击国内粮食供应格局和生产体系，破坏国家粮食安全的物质基础，这是国内外粮食市场变化带来的新问题。

第二，以美国为首的某些西方国家释放了危险信号，他们多次提出我国已是世界第二大经济体，应该从发展中国家身份转变为发达国家身份。

---

① 庞中英：《美国发起挑战"发展中国家地位"何去何从？》，《华夏时报》2019 年 8 月 5 日。

这种要求的后果之一，就是包括农业关税在内的我国商品关税大幅下调，而这无疑将会威胁我国粮食安全的长期稳固。

第三，国际粮食市场的复杂性、多变性和不确定性，客观上要求我国粮食安全应该具备四种能力，即粮食生产能力、仓储运输能力、粮食竞争能力和农业结构调整能力。粮食生产能力保证国际粮食供求关系紧张时的粮食来源，粮食储运能力保证粮食产区与销区、收获季节与日常供应的衔接平衡，粮食竞争能力保证足以抵御国外低价粮食的冲击，农业结构调整能力有效调节粮食生产与农民收入的关系。

## 三、我国粮食安全新内涵与现实问题分析

在我国对外开放不断扩大、国际粮食市场经常变化的条件下，不仅要保证国内 18 亿亩 * 耕地和粮食产量，而且要长远谋划、精准应对和低成本实施。为此，需要树立新时代中国特色社会主义的粮食安全观，提高粮食竞争力和农业结构调整能力，确保新时代我国粮食安全的可持续性。

### 1. 粮食安全新内涵

现在"粮食安全"概念出自 1996 年世界粮食峰会，是指"在任何时候，所有人都能买得起并能够买得到足够的、安全和营养的粮食，以满足人们日常饮食和需求偏好，保证人们积极和健康的生活"。这一概念有五个特性：供给角度的可供性、收入角度的支付性、需求角度的获得性、消费角度的营养性和全过程的稳定性。[①] 中国是一个拥有 14 亿人口的大国，世界上没有足够的粮食可以养活中国人，吃饭问题只能依靠自己解决。从这个意义上讲，粮食安全的可供性、支付性和稳定性尤为重要。

中国不仅要满足国际粮食安全的普遍性，而且要考虑基本国情的特殊性，基于这种考虑，中国粮食安全可以定义为：在任何时候，中国政府能够主要依靠自己力量，保证中国人买得起并买得到足够的、安全和营养的粮食，以满足国内消费者日常饮食和需求偏好，不断提高人民生活的质量水平。因此，中国粮食安全概念至少包括六个特性：供给角度的可供性和

---

* 1 亩＝1/15 公顷。
① 武拉平：《新时代粮食安全观的新特点与新思维》，《黑龙江粮食》2019 年第 12 期。

自足性、收入角度的支付性、需求角度的获得性、消费角度的营养性和安全角度的稳定性。其中，粮食供给的可供性是指粮食来源，包括国内生产和国外进口。粮食供给的自足性是指中国粮食供给主要依靠国内生产，把中国人饭碗端在自己的手里。安全角度的稳定性是指具有粮食竞争能力，可抵御国外粮食冲击国内市场的风险。

充实完善我国粮食安全的内涵，是国际形势变化的客观要求，也是我国对外开放不断扩大的必然要求。传统的粮食安全观不能完全适应国际形势变化的要求：一方面，我国主要粮食产量完全可以满足自给自足的要求，但并非意味我国粮食竞争力和农业结构调整能力较强，恰恰相反，有可能被国际大粮商和全球金融集团找到弱点和漏洞，利用自然灾害、国际形势、粮食供求变化等机会，运用现货贸易、期货市场等多种方式，实现谋求暴利的"合法"目的。另一方面，我国对外开放程度越来越大，已不同于计划经济时期，不能轻易拒绝国外粮食进口贸易。与此相反，即使我国主要粮食产量满足国内消费需要，也要遵守加入 WTO 时有关承诺，更何况要从国际政治、国家外交的大局出发，在不影响根本利益的前提下做出一些妥协和让步。这就要求粮食安全观与时俱进，更好地适应国内外形势变化的要求，为中国经济社会发展提供重要的基本保障。

**2. 我国粮食竞争能力有待提高**

应对国际市场变化，我国需要提高粮食竞争能力和农业结构调整能力。因为抵御国外低价粮食进口，国内粮食必须具备一定的竞争能力；应对国际粮食供求关系变化以及国际粮价高低交替变化，国内农业结构需要做出相应调整，以满足粮食生产与农民收入之间的平衡关系。显而易见，我国的粮食竞争能力和农业结构调整能力明显不足。

第一，我国粮食竞争力不足问题明显。以中美粮食竞争力比较为例，假定两国粮食产品质量相同，在同质的条件下比较价格的高低。2014 年中国小麦国内批发价比美国墨西哥湾离岸价高 33.6%，中国玉米国内批发价比美国墨西哥湾离岸价高 86.4%。[①] 从 2007—2014 年中美小麦生产成本比较可知，中国小麦总成本的上升幅度远大于美国小麦。以 2007 年为基期，分别按照中国农业生产资料价格指数和美国 CPI 进行平减，实

---

① 翁鸣：《中国粮食市场挤压效应的成因分析》，《中国农村经济》2015 年第 11 期。

际上前者上升了 31.89%，后者下降了 3.84%。中国小麦总成本中人工成本占比最大，2014 年该项占比高达 38.55%，而美国小麦总成本中家庭劳动机会成本仅占 5.58%，这是两国小麦总成本差距拉大的主要原因之一。中国小麦总成本中土地成本的增长幅度远高于美国小麦总成本中机会成本的增长幅度，按照可比价格计算，2007—2014 年，前者为 55.26%，后者仅为 7.02%，这是两国小麦总成本差距变大的另一个主要原因。[①] 从粮食和油料产品的质量看，在绝大多数情况下，美国小麦、玉米和大豆等产品的质量优于我国同类产品，即国内粮食价格竞争力和质量竞争力都弱于美国。例如，美国小麦、玉米和大豆具有品种统一、杂质少，大豆出油率高等优点，这与美国农业大规模生产、农业科技发达、农业生产标准化和专业化水平高等密切相关。

与世界农业强国相比，我国粮食竞争力不具备优势是多方面因素造成的，既有历史原因也有现实原因。从世界发展史看，传统型农业与新大陆型农业的发展路径有很大区别。美国现代农业根植于新大陆农业的基础之上，新大陆农业与西方殖民主义者的掠夺和侵占密切相关，具有地多人少和资源丰富的特征。19 世纪上半叶，为了加快西部地区开发，美国政府以低廉价格售卖大块土地，刺激美国人前往从事农业生产。为提高农业生产效率，美国政府鼓励研发和生产大型农用机械。美国政府采用土地赠予方式，鼓励和支持创办农业院校。农业院校不仅培养了具有大学文化的农场主群体，而且成为州政府农业科研的主要基地。比较而言，中国农业是在小农生产基础上发展起来的，农业基础设施薄弱，人均农业资源不足，农村人才缺乏，政策传导和农业投资的效率也有待提高。另外，美国工业化和城市化进程远远早于中国，这也是造成中美农业生产成本差距的重要原因。

从现实发展来看，美国现代农业发展相当成熟，制度安排、支持政策、农业科研、农场主群体、农业教育、销售体系、社会化服务、农机装备、农产品加工、质量检测等有机组合，已经形成了一个相互协调、高效运行的整体系统。这一系统不仅将各种生产要素投入高速、稳定运转的农业大机器，而且在市场变化的条件下，实现农业生产精细化、标准化和高

---

① 翁鸣：《中国粮食市场挤压效应的成因分析》，《中国农村经济》2015 年第 11 期。

效化。从制度安排来看，我国农业生产体系和支撑体系发育尤为不足，不仅农业体制不完善、不定型，而且有些制度尚未构建，结果是国家投入大量财政资金，但有时未能收到应有的实际效果。

第二，我国农业结构调整存在功能性问题。面对复杂、多变和充满风险的国际市场，我国需要根据形势和市场变化做出积极应变。当全球粮食供给紧张时期，应调动充足的农业资源支持粮食生产；当全球粮食供应宽松时期，特别是当粮食出现明显过剩时，需要将粮食生产中过剩的农业资源转移至其他农业领域。这不仅可以节约国家财政支出和粮食储备资源，更重要的是能够保护农民种粮的积极性。从长期来看，保障粮食安全的重要措施之一，是保护、调动和稳定亿万农民的种粮积极性。如果不能有效地调整农业结构，农民种粮收入就难以稳定甚至减少，农村劳动力就会流向非农产业，"藏粮于地"的战略措施就难以真正实施。

综上所述，农业结构调整能力间接地影响粮食安全。前几年国家出台新的粮食收购政策，有效地化解了进口低价粮的冲击风险，但是也使许多农民种粮收入减少。2016 年 9 月，国家取消玉米临时收储政策，即按照"市场定价、价补分离"的原则对玉米收储制度进行改革，将玉米临时收储政策调整为市场化收购加补贴的新机制，玉米价格由市场形成。同时，国家继续在小麦、稻谷主产区实行最低收购价政策，有计划地逐步调低主要口粮的最低收购价。2016 年、2017 年国产三等小麦最低收购价分别保持上年水平不变，2018 年国产三等小麦最低收购价比上年每斤[*]调低0.03 元。2016 年国产早籼稻比上年每斤下调 0.02 元，中晚籼稻和粳稻保持上年水平不变；2017 年国产三等早籼稻、中晚籼稻、粳稻最低收购价每斤分别比上年下调 0.03 元、0.02 元、0.05 元。[①] 作者曾在黑龙江、吉林、内蒙古、山东、河南等地农村进行调查，不少农民群众和基层干部反映种粮收入减少，其实质是我国农民调整农业种植结构的能力较弱，这与

---

[*] 1斤＝500克。

[①]《为市场托底　保粮食安全　着力推进粮食最低收购价改革——党的十八大以来粮食最低收购价改革纪实》，国家发改委网站，https://www.ndrc.gov.cn/xwdt/xwfb/201710/t20171022_954701.html，2017 年 10 月 22 日；《关于切实做好今年东北地区玉米收购工作的通知》，国家粮食和物资储备局网站，http://www.lswz.gov.cn/html/zcfb/2018-06/12/content_216613.shtml，2016年 9 月 21 日。

国内农业支撑体系的不完善密不可分。

第三，国内农业支撑体系建设滞后。我国粮食竞争力和农业结构调整能力不足，虽然涉及许多方面的问题，但是农业生产组织和支撑体系不完善始终是一个关键问题。从农业整体来看，它是由横向的农业基层组织与纵向的农业支撑体系共同构成的。从基层组织来看，我国改革开放初期废除了人民公社体制，形成了以农村家庭联产承包责任制为主体的农业生产模式，这种微观组织的特征是分散性、个体性和不稳定性。虽然其在特定的历史时期发挥过重要作用，但是后来问题和弊病不断显现。例如，小生产与大市场对接的矛盾日益暴露，农产品质量稳定性差和标准化程度低，农业经济效益低和抗风险能力弱等。近20年来，农业产业化和农民专业合作社、农业种养殖大户、家庭农场等新型农业组织不断出现，但与欧洲合作化运动相比，我国农民专业合作社大多是地方政府行政推动的产物，这些合作组织自我发育程度较低，更未形成有效的联合社形式。农业支撑体系和基层经营组织的不健全，无疑制约了我国粮食竞争力和农业结构调整能力的提高。

我国主要通过各级政府传导农业政策，缺乏集农业生产、流通、金融支持为一体的专业组织体系，其实际效果明显不如日本、韩国。以韩国为例，其农业协同组合（简称农协）作为农业支撑体系，在生产指导、组织合作、金融支持、市场销售、权利维护等方面发挥了巨大作用。农协既是韩国农业政策制定的主要推手，更是政策实施的独立法人和专业机构，这决定了韩国农协不仅要贯彻落实国家农业政策，而且要独立承担、有效实施农业政策的法人责任，并接受一系列监督、评估、奖惩等制度性安排。韩国农协在国家、省、县和乡镇层面参与农业经营活动，形成了系统性运作和专业化模式，这与我国现有的制度安排和运作模式有很大区别。我国缺乏类似日本、韩国的农协组织，这容易导致四个方面的问题：一是难以高质量地推进农民组织化建设，二是难以全面地、有效地指导农业生产和农业结构调整，三是难以有效地聚集农业人财物资源，四是难以从整体上解决农产品生产与销售的矛盾。我国缺乏一个自上而下并独立运行的农业支撑体系，无法形成统一、协调和有机的专业化运作，这是制约我国粮食竞争力和农业结构调整能力的深层次体制问题。

## 四、主要结论和对策建议

在新的历史时期，我国粮食安全具有新内涵、新要求，国际粮食市场变化不仅在粮食供求紧张时，而且在粮食供求宽松时，对我国粮食安全均可能产生负面影响，这要求我们更新粮食安全观，准确把握国际动向并积极采取应对措施。

### 1. 主要结论

对我国粮食安全产生影响的因素很多，本文讨论侧重于以下几点。

第一，新时代世界形势及其变化带来挑战。国际形势和粮食市场变化的复杂性、多变性和突发性，对我国粮食安全提出了新问题和新挑战。我们需要认真研究和面对这种挑战，做出有针对性、前瞻性和储备性的战略决策并采取具体的应对措施，确保国家粮食安全的长治久安。

第二，构建新时代粮食安全新内涵。按照习近平总书记有关粮食安全的讲话精神，结合世界形势和市场变化的特点，审视全球粮食供求紧张与宽松的交替变化情况，关注可能对我国粮食安全产生的不利影响。完善传统的粮食安全内涵，为我国粮食安全提供理念更新和思想指导。

第三，新时代粮食安全需要具备四种能力。出于确保粮食安全的长远考虑，我国需要具备粮食生产能力、仓储运输能力、粮食竞争能力和农业结构调整能力。我国已经具备了较强的粮食生产能力和仓储运输能力，解决了现阶段中国人的吃饭问题。但是从世界形势和市场变化考虑，需要提高粮食竞争力和农业结构调整能力。

第四，加强对世界形势和粮食市场的研判。针对世界形势复杂多变的特点，我国亟须构建科学、有效、灵敏的分析预测机制，加强对全球粮食供求、贸易政策和多种相关因素的监测分析，加强对国内粮食安全薄弱环节的调查研究，为重大决策和政策调整提供科学理论与现实素材。

第五，探索构建我国农业支撑体系。我国现代农业发展的最大障碍在于农业组织体系不完整，这也是制约粮食竞争力和农业结构调整能力的主要因素。从纵向组织看，缺乏专业化的农业支撑体系，无法吸引和集聚农业人力资源，难以形成专业化生产和产供销一体化格局。从微观组织看，缺乏整体性专业机构的扶持和指导，造成农业合作社、家庭农场等尚未发挥更大的作用。

**2. 对策建议**

第一，推动学术界对粮食安全的深入讨论。国际粮食形势的变化以及中央的高度重视，要求学术界加强对粮食安全问题的研究。根据新时代国际形势和市场变化新特点对粮食安全的影响、新时期我国粮食安全存在的薄弱环节，谋划和提出有针对性的政策措施，以确保我国粮食安全体系的长期稳定。

第二，形成新时代我国粮食安全观的共识。通过学术界与管理层的充分讨论，从多学科、多视角进行拓展创新，并在国内外经验比较的基础上，总结和提炼我国粮食安全的新思维新内涵，使粮食安全观更具有时代特征和实际意义，充分发挥其理论指导的重要作用。

第三，加强对粮食安全的监测预警建设。针对大国博弈、国际市场、经济形势、金融形势、自然条件、社会动荡等变化，汇集国内粮食生产、储存、调运和流通情况，特别是粮食生产成本、贸易条件变化等因素，构建以中国粮食竞争能力为主要目标的监测预警体系，把握粮食及其相关因素的实时动态和变化趋势。

第四，构建农业支撑性体系和组织架构。借鉴日本、韩国等成功经验，结合国内的现实情况，建立农业支撑性体系和组织架构，形成集农业生产、市场营销和金融支持为一体的整体优势，突出人财物聚集和资源高效利用的特征，充分发挥统一性、专业性、指导性和建设性的作用。

第五，创新和完善农业生产和营销组织。总结我国农业经营组织的正反两方面经验，分析其背后的制约因素和制度性障碍，遵循国际合作组织发展的内在规律，借鉴日本、韩国农协组织和欧美国家农业社会化服务体系建设，完善农业微观经营组织建设，提高中国粮食竞争能力。

# 进一步夯实我国粮食安全的生产基础<sup>*</sup>

2022 年 3 月，我国粮食安全再次成为全国"两会"代表热烈讨论的话题，"民以食为天"，作为世界人口大国和农业大国，时刻都不能放松农业生产和粮食安全。经过长期艰苦努力，我国以占世界 9% 的耕地、6% 的淡水资源，养育了世界近 1/5 的人口，从当年 4 亿人吃不饱到今天 14 亿多人吃得好，这一成绩来之不易，要继续巩固和拓展粮食生产的基础。

## 一、粮食安全始终要高度重视

党中央始终高度重视粮食安全，把粮食安全工作摆在突出的位置。民安重在粮安，粮食安全是经济社会稳定和发展的基础。习近平总书记反复强调，实现我国口粮高度自给，把中国人的饭碗端在自己的手里。近几年国际形势复杂多变，西方国家遏制中国发展的态势日益显露，粮食安全无疑是大国博弈的重要方面，也是中华民族伟大复兴的基本保证。民族要复兴，乡村必振兴。搞好粮食生产，确保粮食安全，这是乡村振兴的第一要务。

当前，国际形势日趋更加复杂，特别是俄罗斯与乌克兰之间冲突激烈持续，这导致两国小麦生产和出口受到明显的不利影响，并影响国际粮食市场的供求关系。为此，人们担心是否会影响国内粮食进口问题，并由此产生了热烈讨论。2021 年，在水稻和小麦高自给率的前提下，我国进口粮食 6 802 万吨（不计大豆），主要包括饲料粮玉米、大麦和高粱等，以满足畜牧业、酿酒业的生产需要。

---

 * 本文原载于《民主与科学》2022 年第 4 期。本研究获得河南科技智库调研课题"粮食安全背景下河南农业研究"（项目标号：HNKJZK - 2021 - 04A）的资助。

需要强调的是，现阶段我国人民的口粮是得到充分保障的，这也是长期坚持粮食安全的重要成就。但是这并不意味着我们可以放松粮食生产，有人认为中国成为世界第二大经济体后，可以用钱买粮解决吃饭问题。事实上，即使耗费再多的资金，也不可能解决人口大国的吃饭问题，因为国际市场没有可供 14 亿人吃饭的粮食数量，中国人吃饭问题必须依靠自己来解决。所以说，国内资源条件约束、自然灾害多发频发、国际形势复杂多变等因素，导致全球粮食生产和供应的不确定性大大增强，客观上要求我们更加重视农业和粮食生产。

我们应该承认，从传统农业转变为现代农业，我国还有很长的一个过程，包括农业发展观念、战略选择和规划方案，以及实施乡村振兴的基本队伍等，都需要有相当大的转变和提高。与美国农业现代化水平相比，我国仍然存在着几十年的差距，还需要深入研究和努力解决制约农业发展的障碍和顽症，包括提高农业基础设施质量、提高国家支农资金使用效率和建设高素质农民队伍等，这些问题的实质是国家主导的农业支撑体系建设，构建起自上而下直接服务"三农"的高效合理的组织体系。

## 二、粮食安全观念要与时俱进

在我国对外开放不断扩大、国际粮食市场不断变化的条件下，不仅要保证国内 18 亿亩耕地和粮食总产量，而且要长远谋划、精准应对和降低成本。为此，要树立新时代中国特色社会主义粮食安全观，提高粮食竞争力和农业结构调整能力，确保新时代我国粮食安全。

树立粮食安全新内涵。现在国际通用的"粮食安全"概念出自 1996 年世界粮食峰会，是指"在任何时候，所有人都能买得起并能够买得到足够的、安全和营养的粮食，以满足人们日常饮食和需求偏好，保证人们积极和健康的生活"。这一概念有五个特性：供给角度的可供性、收入角度的支付性、需求角度的获得性、消费角度的营养性和全过程的稳定性。中国是一个拥有 14 亿人口的大国，世界上没有足够的粮食可以养活中国人，吃饭问题只能依靠自己解决。从这个意义上讲，粮食安全的可供性、支付性和稳定性尤为重要。

中国不仅要符合国际粮食安全的普遍性，而且要考虑基本国情的特殊性，基于这种考虑，中国粮食安全可以定义为：在任何时候，中国政府能够依靠自己力量，保证中国人民买得起并买得到足够的、安全的和营养的粮食，以满足国内消费者日常饮食和需求偏好，不断提高人民生活的质量水平。因此，中国粮食安全概念至少包括六个特性：供给角度的可供性和自足性、收入角度的支付性、需求角度的获得性、消费角度的营养性和安全角度的稳定性。其中，粮食供给的可供性是指粮食来源，包括国内生产和国外进口。粮食供给的自足性是指中国粮食供给主要依靠国内生产，把中国人饭碗端在自己的手里。安全角度的稳定性是指具有抵御自然风险和国外市场风险的能力。

完善我国粮食安全的内涵，是应对国际形势变化的客观要求，也是我国对外开放不断扩大的必然要求。传统的粮食安全观已不能完全适应国际形势变化的要求。一方面，我国主要粮食产量完全可以满足自给自足的要求，但是并不意味我国粮食竞争力和农业结构调整能力较强，也不等于我国粮食安全基础没有漏洞和不足。恰恰相反，有可能被国际大粮商和国际金融集团，或被某些以中国为敌的国家政府，利用自然条件、国际形势、粮食供求等变化的机会，运用现货贸易、期货贸易、全球粮油预测展望等多种方式，实现谋求暴利的"合法"目的，甚至攻击我国粮食综合生产能力。

另一方面，我国对外开放程度越来越大，已不同于计划经济时期，不能轻易拒绝国外粮食进口贸易。与此相反，即使我国主要粮食产量满足国内消费需要，也要遵守加入WTO时有关承诺，更何况要从国际政治、国家外交的大局出发，在不影响根本利益的前提下做出一些妥协和让步。同时，要求根据对形势和市场变化的判断，灵活地进口适当数量粮食，增加储备量以应对突发事件。这就要求粮食安全观与时俱进，不能仅仅用粮食产量、储备量来评判粮食安全程度，还要增加补充一些新内容，如粮食竞争力、农业结构调整能力等指标，更好地适应国内外形势变化的要求，为中国经济社会发展提供重要的基本保障。

## 三、粮食安全要解决实际问题

粮食问题事关百姓生活和社会稳定，丝毫不能轻视和大意。在党和国家大政方针已定的前提下，确保粮食安全的关键在于落实到农村基层，切实解决粮食生产的诸多问题，即夯实我国粮食安全的生产基础。对照粮食安全的高标准要求，除自然资源禀赋不足和人口数量众多以外，我们还存在一些问题和障碍，需要深入农村进行调查研究，运用攻坚克难精神，坚持不懈解决问题。只有真正解决了实际问题，才能确实保证国家粮食安全。在我国农业生产领域，存在影响粮食安全的几个方面问题：

**1. 农业基础设施建设水平不高**

党和国家高度重视农业基础设施建设，国家财政投入了巨额资金，但是国家财政投入与实际建设效果并非完全匹配。以高标准农田建设项目为例，仅在 2019 年，中央安排高标准农田建设资金达 859 亿元。其中，中央财政安排农田建设补助资金 694 亿元，发改委预算内投资农业生产发展专项 165 亿元。据我们调查，近 10 年某地级市高标准农田建设资金达 110 亿元。高标准农田建设目标是旱涝保收、高产稳产，但并非全部达到原定的目标要求。某县农民合作组织领办人指出，他们所在的高标准农田不能有效排水，由此造成 2021 年粮食收成损失不小。进一步调查发现，有些地区高标准农田建设过程中，从工程设计、工程承包、建设施工、竣工验收和后期维护等环节存在诸多问题，甚至有些地方出现了腐败案件，某些干部将高标准农田建设工程视为"唐僧肉"。有的地方党委政府尚未高度重视，没有杜绝这种腐败现象蔓延，出现边查处、边重现的情况，实际上形成了国家财政高投入低产出的结果。

**2. 农业保险尚未发挥重要作用**

农业生产承受着自然风险和市场风险的双重风险，我国作为一个自然灾害多发频发的国家更是如此。以产粮大省河南为例，在历史上曾多次出现过严重的自然灾害。例如，1975 年 8 月，由于超级台风导致的特大暴雨引发淮河上游洪水暴发，造成板桥水库漫溢垮坝，6 亿立方米洪水咆哮而下，致使几十座小型水库相继垮坝溃决。2008—2019 年，河南省有 5 年受到旱情影响的农田面积超过 1 000 万亩，河南省有 7 年遭遇风雹受灾面积超过 200 万亩。2021 年 7 月，河南中部、西部和北部区域，遭遇特大暴雨带来的洪涝灾害，导致大面积农田出现洪涝灾害，国家统计局河南调查总队发布消息显示，当年粮食产量比上年减少 56.32 亿斤。上述情况表明，河南非常需要农业保险的有力支持，但是农业保险支持力度不足，明显落后于东部沿海地区。这主要表现为农业保险覆盖面不足和保险力度较小，农业保险公司过于强调自身经济利益，没有很好地提供强有力的保险支农作用。另外，河南省财政补贴采取农业保险四级政府出资方式，虽然这种方式有效地防范骗保的道德风险，但降低了农业保险的补贴效率。

### 3. 农民合作组织发育程度不足

从全国范围来看，农民合作组织发育不足是普遍性问题，其根本原因在于没有经历过社会合作化运动，而是采取地方政府行政化推动方式。虽然河南是农业大省，但是农民合作组织发展并非国内先进地区，大多数农民合作社发展水平并不高。虽然有的地级市农民合作社数量较多，但是国家级农民合作社、省级农民合作社数量占本地区全部农民合作社的比重低。少数农民合作社发展较好，得益于这些合作社领办人曾在大企业历练过，并担任过一些部门经理等工作，有较强的业务知识和管理经验，并具备一定的经济实力，这不同于未见过世面的普通农民。国际合作社经验证明，早期欧洲合作化运动是经历过自我创新、自我实践、自我教育和自我成长的社会化运动锻炼，合作社参与者的思想觉悟、实践能力和创办热情，在社会化实践中得到了极大的锻炼成长，这不仅激发了合作化实践的积极性，而且教育和培养了合作社实践者的管理能力。我国缺乏这样合作社发育的社会化运动实践锻炼，也没有开展系统的合作化专业知识培训，难以培养出满足合作社运动发展所需要的社会精英人才，以至于农民合作社处于低水平徘徊状态。

### 4. 农业支撑体系尚未真正建立

我国农业是典型的传统型农业，推动传统农业转型升级为现代农业，最根本的任务是培养大批高素质农民，引导和帮助农民走上农业现代化道路。只有将低素质的小农生产者转型升级为高素质农民，才能确保粮食安全的可持续发展。要完成这样艰巨的历史性任务，必须构建强大的农业支撑体系。因为只有强有力的支撑体系，才能实现把人财物聚集于农村基层，手把手地教授农民科学种田，有效地推进国家农业现代化。我国缺少日本、韩国等农协组织系统，这是由国家提出，并依据法律规定组建的自上而下体系。它与农业行政部门关联密切，但又具有掌管人财物的权限，能够独立履行其工作职责的法人单位。它的主要任务是直接为农民组织和农民群众服务，将国家支农政策及时转化为乡村振兴实践。该体系拥有专业技术人员和管理人员的优势，具有国家财政支农的优势资源，同时，受到国家主管部门、审计部门的严格监督，承担着支持和服务农业发展的重任。现阶段我国农业发展过程中，有不少问题产生的重要原因，归结于缺乏这样的农业支撑体系，无法将中央方针政策有效地贯彻落实至农村基层。

## 四、对策建议

以上是制约我国农业现代化进程，也是影响粮食安全可持续发展的重要原因。为此，我们提出如下建议。

### 1. 加快农业支撑体系构建

在国家乡村振兴局的基础上，建立农业支撑服务体系，重点是贯彻落实中央政策到基层，能够带领农村群众进行乡村振兴的日常性工作体系。将原有的临时性地方机构和人员，改变为长效性日常机构和固定人员。在农业项目建设、农民组织培育、农业技术服务、高素质农民教育等方面，全方位集中人财物等优势资源，全力打造农业现代化。

### 2. 加强农业基础设施建设

提高农田建设的投资效率，夯实粮食生产的物质基础。以高标准农田建设为例，借鉴国际高标准农田要求，提高工程项目的功能要求，提高农田建设的设计标准，提高工程质量验收标准。以农业支撑服务体系为主导，组建农业基础建设专业队伍，严格执行农业建设工程验收规定。完善农业基础设施建设监管全过程，压缩农业建设领域腐败行为的空间。

### 3. 加大农业保险支持力度

按照中央文件要求，实现三大粮食作物完全成本保险和种植业收入保险主产省产粮大县全覆盖，确保农民种粮得到合理收入。只有农民愿意种粮、专心种粮，才能确保粮食安全可持续发展。按照地方财政实际情况，适当免除粮食主产省产粮大县的农业保险分担部分，以鼓励粮食主产区多产粮多做贡献。

### 4. 加强农民合作组织建设

构建农业支撑体系和优化农业社会化服务的同时，加快农民合作组织提质升级进度。关键是加强专业技术和管理培训，由专业化人员传授农业经营知识，不断满足农民生产的实际需求，解决农业技术支持不足的问题。优化农业技能培训队伍，发挥高级专家的特殊作用。建立引导激励和能力提升机制，不断提高农民合作组织建设水平。

# 二、国际贸易与农业竞争力

# 中国农产品质量与国际竞争力[*]

世界农产品市场竞争的一个重要特征，就是从以往的价格竞争为主，转变为以质量和技术含量为主的全方位竞争。一个国家农产品竞争力的强弱，不仅取决于农产品的价格优势，而且还取决于农产品的质量优势。提高我国农产品竞争力的一个非常重要方面，就是要注重提高农产品质量，将我国农产品已有的比较优势充分地转化成竞争优势。本文从农产品质量是农产品竞争力的组成部分的角度，分析制约我国农产品竞争力提高的质量因素。

## 一、农产品质量是农产品竞争力的重要组成部分

从广义上讲，农产品质量主要包括能够满足消费者要求的营养成分、卫生安全、口感等特性，正是这些特性的存在，构成了农产品的使用价值。消费者购买农产品，首先是选择农产品的使用价值，而质量内容则是农产品使用价值的具体体现。因此，农产品质量是农产品竞争的重要内容。只有符合消费者质量要求的农产品，才会被消费者认可，这样的农产品才有国际竞争力。

农产品质量要求是随着人们生活需求和满足程度的变化而提高的。随着经济的发展，人们的收入水平和消费能力不断提高；农业生产水平稳步上升，为人们生活提供了更加丰富的食品，也为人们提供了较大的食品选择空间。与此相对应，人们对食品消费的水平和结构也在不断提升。人们除了对农产品的营养需要和口味要求之外，更加关注和重视与自身健康关系密切的食品安全性，特别是近几年部分国家出现"疯牛病"等一系列疫病疫情以及农产品内农药、化肥残留等有害物质超标，更引起人们的恐慌

---

＊ 本文原载于《中国农村经济》2003 年第 4 期。

和警惕，这是食品安全性成为农产品质量中突出问题的主要原因。

在农产品国际市场上，消费者对农产品质量的要求，必然会反映在各国农产品质量竞争中。一些国家的部分农产品虽然具有价格优势，但因缺乏质量优势而没有竞争力，甚至由于某些疫病原因而遭到国际社会的封杀，农产品质量的"一票否决"作用越来越突出。我国是一个农业大国，农产品总产量居世界第一，但从 1996 年以来，我国农产品出口总额一直未能进入世界排名前十位。从农产品比较优势的角度来看，我国大多数劳动密集型农产品具有比较优势，但是，部分劳动密集型农产品的比较优势并没有真正地转化为竞争优势，从而制约了我国农产品总体竞争力的提高。猪肉出口是一个典型例子。我国猪肉产量占世界第一，2000 年猪肉产量约占我国肉类总产量的 70％，约占同期全世界猪肉产量的 45％，但因疫病和药物残留等问题，我国猪肉出口受到极大的限制，使具有较强生产能力和比较优势的猪肉产品失去竞争力，猪肉出口额仅占世界猪肉市场的 1.75％。同样，我国是世界上第二大禽肉生产国，仅次于美国，但禽肉出口仅占生产量的 3％左右。很明显，有一些农产品因为质量安全性问题，导致农产品竞争力不足。从某种意义上讲，我国是典型的农产品生产"巨人"和出口"矮子"。

农产品国际市场竞争的现实状况表明，农产品质量在市场竞争中的作用越来越明显，它是农产品竞争力中不可缺少的重要组成部分。研究我国农产品竞争力，不能仅仅从农产品成本方面进行解释，也无法回避农产品质量这一重要因素，否则就不能解释具有比较优势的农产品出口受阻等现实问题。要提高我国农产品竞争力，就必须设法解决制约我国农产品竞争力的质量瓶颈问题。

## 二、农产品质量制约我国农产品竞争力的提高

我国农产品质量水平总体上不高，一部分生产量很大的水果、畜产品等农产品，其出口量在国际市场所占份额却很小，生产量与出口量之间比例失调，使这些农产品所具有的比较优势无法转化为竞争优势；还有一些农产品在国际市场上占有一定份额，但面临因质量等问题导致竞争优势下降，这些情况在相当程度上阻碍了我国农产品国际竞争力的提高。

**（一）农药、化肥残留超标是影响我国农产品质量的突出问题**

**1. 农药残留问题**

在我国水果、蔬菜等农产品中，农药残留超标是一个普遍现象，即使在食品安全监控比较严格的大城市，这种情况仍然存在。1999 年，农业部对北京市地区市场上农产品进行检测，结果有害物质超标率为：水果 18.7％，蛋品 33％，肉类 17.6％；从市场抽查的 36 种蔬菜样品中，有机磷超标的占 67％。2001 年，农业部对北京市农产品市场抽查，蔬菜不合格率为 51％。2002 年 9 月，北京市质量监督局对蔬菜、水果的农药残留和有害重金属抽查结果表明，蔬菜合格率为 84.6％。其中，查出了国家标准规定不得检出的甲胺磷、氧化乐果两项农药。国内一些地方曾经多次发生消费者因误食农药残留超标的蔬菜、水果而严重中毒的事件。

我国农产品出口经常因农药残留过高而严重受阻。以茶叶为例，由于欧盟对农药残留标准比我国严格，我国茶叶对欧盟出口屡屡受阻。从 2000 年 7 月 1 日开始，欧盟对进口的茶叶实行新的农药最高限量标准。按照新规定，部分产品农药残留的最高允许残留量仅为原来的 1/100～1/200。欧盟对从中国进口的茶叶的检测结果表明，农药残留超标呈逐年上升趋势。1997 年，我国出口欧盟茶叶中氰戊菊酯的超标率，红茶为 16.4％，绿茶为 27.5％；1998 年，红茶和绿茶中氰戊菊酯超标率分别是 42.7％和 37.9％。茶叶是我国传统的出口商品，而欧盟又是我国茶叶出口的主要市场之一，若不采取积极措施，我国茶叶将被迫退出欧盟市场。

**2. 化肥残留问题**

虽然农作物中化肥残留一般不会使人立即中毒，但仍会对人体健康造成危害。我国农作物中化肥残留的一个主要问题是施肥不科学，造成部分农作物的硝酸盐含量超标。硝酸盐在一定条件下会转化为亚硝酸盐，而亚硝酸盐是严重影响人体健康的有害物质。京津唐地区共 170 多个农田地下水测量点的测试结果表明，这些地区农田地下水的硝酸盐含量普遍超标，因此，这些地区的农作物中硝酸盐含量可能也是超标的。

**（二）兽药残留及其他有害物质超标影响我国畜产品质量**

我国畜产品出口受阻的主要原因之一，是畜产品中兽药残留、重金属等超标而导致质量下降。加入 WTO 后，由于我国的饲料成本和劳动力成本较低，猪肉、牛肉等畜产品生产成本相对低廉，具有一定的比较优势。但是，一些发达国家宁可进口荷兰、丹麦等国的高价猪肉，也不进口我国的低价猪肉，质量问题已成为中国猪肉进入国际市场的主要障碍。

**1. 兽药残留问题**

在我国畜产品中，兽药残留问题比较突出。例如，我国猪肉生产中药物残留比较严重，近几年最突出的是盐酸克伦特罗（"瘦肉精"）残留问题，国内发生过消费者因误食含盐酸克伦特罗的猪肉而中毒的事件。又如，在肉鸡生产中，为预防疫病大量使用抗生素所造成氯霉素含量超标。我国许多动物产品就是因为氯霉素含量超标而遭遇出口受阻。

**2. 重金属残留问题**

我国一部分畜产品中重金属含量超标，其中包括铅、汞、铬、镉、砷等重金属。造成这一问题主要有两个方面原因：一是环境污染，二是饲料添加剂。例如，工厂废气、汽车尾气引起污染造成铅含量超标，化工厂排放物造成汞、铬、镉含量超标，饲料添加剂引起砷、铜含量超标。

### （三）动植物疫病是影响我国农产品质量安全的重要因素

某些动植物疫病是影响我国农产品质量安全的重要因素，也是制约我国农产品出口的重要方面。例如，一些国家认为中国是口蹄疫病区，因此不从我国进口牛羊肉等畜产品。当欧盟部分国家发生"疯牛病"后，从理论上讲，我国牛肉出口特别是出口欧盟是个绝好的机会，但实际上我国出口到欧盟的牛肉并没有明显的增长。又如，我国南方某些省份存在柑橘黄龙病、柑橘溃疡病等。柑橘黄龙病是危害柑橘生产的最危险的一种传染病，柑橘树受黄龙病原侵染后，轻则树势衰退、产量骤减，果实品质下降；重则植株在 3 至 5 年内枯死。柑橘溃疡病是柑橘的另一种重要病害，它危害叶片、枝梢和果实。成树发病常引起大量落叶、落果，降低树势；未脱落的轻病果形成木栓化开裂的病斑，严重影响果品的外观和品质。由于柑橘黄龙病、溃疡病的危害作用，许多国家禁止从发生柑橘黄龙病、柑橘溃疡病的国家（地区）进口柑橘。因此，我国柑橘很难进入日本等国家市场。另外，日本将我国列为橘小实蝇和瓜实蝇疫区，使我国许多水果（如苹果、草莓、葡萄、梨、桃等，以及瓜类蔬菜如黄瓜、南瓜、番茄等）无法出口日本，严重影响了我国水果国际竞争力。

### （四）我国农产品的商品品质总体上有待提升

**1. 在我国农产品中，优质品、专用品所占比重较小**

我国的优质稻播种面积只占水稻总面积的20%。"双低"（低芥酸、低硫苷）油菜播种面积只占油菜播种面积的30%，而西方发达国家占有90%以上。我国优质专用小麦的年产量仅占消费量的24%，而普通小麦却大量积压。我国小麦专用粉、特质粉品种只有十几种，产量只占面粉总产量的10%；而西方发达国家小麦的专用粉有上百个品种，产量占面粉总量的90%以上。我国生猪瘦肉率在40%～50%之间，而发达国家在65%以上。以农业大省四川省为例，1999年四川优质水稻种植面积仅300万亩，只占水稻总播种面积的10%左右；优质果品面积只占果品种植总面积的20%；优质茶种植面积占茶叶种植总面积不足30%；优质油菜播种面积占油菜总播种面积的30%；三元杂交猪的出栏数只占出栏总数的10%。

与西方国家农产品比较，我国部分农产品的品质明显不如国外。例如，国产大豆出油率低于美国等国家生产的大豆；我国水稻的赖氨酸含量低，精米率和口香程度不如泰国大米；我国小麦的面筋强度弱，不能用于制作高档面包和其他高档面点；我国花卉的保鲜度、色彩亮度及保持时间等，无法与一些发达国家相比；部分国产水果的口感口味明显不如进口产品；我国牛肉的鲜嫩程度和肌间脂肪丰富程度不及一些西方国家的牛肉。

**2. 我国部分农产品的整齐度、纯净度及外观性较差**

西方国家对农产品的整齐度、纯净度及外观性有较高要求，而我国农产品在这方面存在着不足。我国一些农产品的纯净度不高，以大豆和棉花为例，国产大豆和棉花中经常混有杂质，影响国内大豆榨油加工和棉花纺纱加工。一些油脂加工企业、纺织企业为提高其原料的纯净度，更愿意采用进口原料。我国一些水果的整齐度和外观性较差。例如，水果个体不均匀、色彩不够鲜艳及果形不正而导致出口受阻，或出口价格不得不降至低于国外同类产品，从而影响了我国农产品国际竞争力。出现上述情况的主要原因是我国农产品分检分级管理工作滞后。

### 3. 我国有机农产品发展尚处于起步阶段

有机食品是 21 世纪最有发展前景的行业之一，有机食品被公认为高品质的农产品及其制品。据统计，从 1989 年开始，美国有机食品的市场规模一直以年均 20% 速度增长，销售额从 1992 年的 15 亿美元快速增加至 2000 年的 80 亿美元，成为全球最大的有机食品市场。2000 年德国有机食品的销售额是 25 亿美元，市场份额为 2.7%，婴幼儿食品基本上都是有机食品。1999 年欧洲市场上有机食品和饮料销售额为 63 亿美元，2000 年达到 90 亿美元。2000 年日本市场上有机食品的销售额约为 63 亿美元。2000 年全球有机食品销售额已高达 200 亿美元，而我国有机食品销售额仅为 1 200 万美元。这说明，我国有机农产品发展尚处于起步阶段，与发达国家相比差距甚远。提高我国农产品质量，发挥劳动力价格优势，进而提升我国农产品竞争力，大力发展有机农产品是一个重要的方面。

## 三、影响我国农产品质量的因素分析

任何一个国家农产品质量的提高，都是与该国经济发展和对外开放程度紧密联系在一起的。我国是一个发展中国家，在很长一段时期内农业发展的主要目标是解决农产品供给不足的问题，特别是解决全国人民吃饭的大问题。随着我国经济迅速发展，尤其是我国粮食产量自 1996 年突破 5 000 亿千克后已连续几年稳定在这一水平，解决了长期困扰我国的农产品供给不足的问题，主要农产品产量实现了总量平衡、丰年有余。我国对外开放进程不断加快，特别是加入 WTO 后，要求我国经济发展融入全球经济一体化之中。因此，提高农产品质量，进而增强我国农产品国际竞争力已成为我国农业发展的主要目标之一。虽然影响我国农产品质量的相关因素很多，但笔者认为，以下一些因素是影响我国农产品质量的主要因素。

### （一）我国尚未建立起一个完整的农产品质量监管体系

#### 1. 管理体制不健全

我国食品质量和安全是由多个部门同时管理，但又缺乏一个权威的协调机制，容易造成职权不清，管理效率低下。以我国畜产品安全管理为例，它分别由农业部、卫生部、国家工商行政管理总局等进行分割执法，没有考虑到畜产品安全控制是涉及从生产部门到加工部门到流通部门直到消费者这一完整链条，缺乏部门之间的认证配合。这样，既出现重复检验、重复收费的情况，也出现服务不到位的情况。

**2. 法律法规不完善**

从总体上看，我国农产品安全管理的法治建设是滞后的。一是有关的法律法规大多是以部门（起草）立法的，这会带来一些弊端。二是有关法律法规之间不衔接，有的法律法规与国际组织有关规定和大多数国家的法律不接轨。例如，《动物防疫法》规定，屠宰和加工部门对其产品实行自检，这与世界大多数国家的法律不接轨。加入 WTO 后，我国在制定、修改和完善农产品质量安全控制有关法律法规时，都存在与国际标准衔接的问题。

**3. 技术标准不配套**

我国农产品技术标准不配套主要表现为：我国现有的农产品质量标准只是从各个行业的角度提出和制定的，因此，相关行业、领域之间衔接不够，没有从整个食物链的角度进行系列标准化工作。同时，我国的农产品质量分级标准、检测方法标准等也很薄弱。加入 WTO 后，我国农产品标准制定，不仅要考虑能够指导国内农产品生产和消费，而且还应使标准适应国际贸易的需要。

**4. 检测体系不完整**

我国过去对农产品侧重于常规检测，近几年才加强对有毒残留的检测工作。因此，农产品质量安全检测工作尚处于初创阶段，设备落后、人才短缺问题十分突出，不少有毒残留检测项目尚未开展，一些检测项目因缺乏先进仪器和技术方法而停留在感官评价阶段。这与我国加入 WTO 后面临的形势和实际需要极不适应。

**5. 认证体系未建立**

目前，我国农产品质量认证体系还处于筹建阶段。质量认证是国际上对产品质量和企业管理水平进行评价和监督的通行做法。我国在动物产品质量方面仅完成水产品质量认证中心的组建工作，畜禽产品的质量认证体系尚在筹建之中。缺乏产品质量认证体系的弊端直接表现为企业生产管理不规范，产品质量参差不齐，优质不能优价，不利于我国农产品市场的良性发展。

## （二）我国农产品质量标准体系尚不完善

虽然我国已制订和发布了涉及农产品、食品标准 2 100 余项（其中，国家标准 1 032 项，行业标准 1 125 项），但无论从标准的技术水平，还是从标准的数量来看，远不能满足我国农业生产发展和消费水平升级的需要，尤其是不能满足农产品出口贸易发展的需要。目前，我国还没有一套较为完整的既符合中国国情，又能与国际接轨的农产品及其加工产品质量安全标准体系。大量的农产品还处于无标准生产、无标准上市、无标准流通的混乱局面，而且由于缺少分级标准，优质农产品不能优价，严重制约了我国农产品质量的提高。我国农产品质量标准体系存在的主要问题如下：

### 1. 不能适应市场经济发展的需要

随着我国经济发展和人民生活水平的提高，人们对农产品质量提出新的要求，对无公害食品、绿色食品、有机食品的消费需求不断增加，但我国缺乏相应的技术标准，不利于促进农产品质量提高和优质农产品发展。我国对进口国外转基因农产品需要加强检验，但目前缺乏相应的技术标准，不利于对国内市场的保护。

### 2. 不能适应国际市场竞争的需要

我国农产品及其加工制品的质量标准偏重于国内市场，采用国际标准和国外先进标准的比较少，而国内标准与国外先进标准之间存在着一定的差距，因此，不能适应农产品出口贸易及国际市场竞争的要求。例如，国际食品法典委员会（CAC）对 176 种食品规定了 2 439 条农药最高残留限量标准，与此相比，我国的有关标准差距甚大。又如，欧盟制定的己烯雌酚残留的最高限量标准是 1ppb，而我国国家标准是 250ppb，后者是前者的 250 倍。

### 3. 不能适应农产品安全监控需要

目前，我国主要农产品及其加工品质量安全标准严重滞后于同类国际标准，滞后于农产品国际贸易的需要。主要农产品（粮食、油料、蔬菜、水果和茶叶等）的农药残留仍存在许多无标准可依的现象；同样，畜产品、水产品、禽产品的兽药、重金属残留也存在许多无标准可依的现象，成为我国农产品质量安全保障体系中的漏洞。

**4. 农产品技术标准水平普遍偏低**

我国农产品技术标准水平偏低表现为：第一，缺少必要的技术内容。例如，菜籽油质量标准中缺少抗氧化剂和增效剂使用量指标，无脂肪酸组成与含量范围规定。第二，已有的技术标准落后。例如，我国黄曲霉菌素检测标准仍采用国外早已淘汰的薄板层析法，导致检测数据低于国际先进方法检测的结果。第三，标准数量少，体系不完整，特别是缺少生产和加工全过程的质量控制技术标准。第四，部分标准内容实用性不强。例如，我国小麦质量 5 个等级标准中对杂质的规定是相同的，而美国 5 个等级标准中对杂质有不同的指标。显然，我国小麦标准指导收购的实用性不强。

**5. 动植物检疫标准体系不健全**

动植物检疫是一项重要的技术性贸易壁垒措施，不仅可以有效地防止外来有害生物和疫病传入，而且成为被各国用来保护本国市场的一种手段。联合国粮食及农业组织负责国际植物检验标准的制定，到 2002 年已发布了 17 项国际标准，而我国目前仅有 4 项国家标准，远远不能适应我国加入 WTO 后形势的要求。

## （三）农业生产组织方式落后，农民技术培训严重不足

**1. 我国农业生产组织化程度较低**

我国农业生产组织方式大多是一家一户的分散经营，而且经营规模很小。这种落后的传统小农生产方式，不仅不利于提高农业生产者的产品质量意识，而且给农业生产过程管理带来了许多困难。例如，由于农户分散经营，无法统一购买种子、化肥、农药等生产资料，无法按统一的标准组织生产，即无法控制和把握农业生产过程的主要环节，所以难以保证最终形成的农产品质量和安全性。显而易见，目前我国传统的小农生产方式与发展优质农业不相适应，限制了优质农产品发展。

**2. 我国农民技术培训严重不足**

虽然我国农民技术培训工作取得一定成绩，但与提高我国农产品质量的要求相比，仍然是严重不足。以水果、蔬菜中农药残留超标为例，一是国家规定甲胺磷等高毒农药不得用于水果、蔬菜，但市场抽检中经常发现甲胺磷等残留，即农民仍在果菜种植中使用甲胺磷等农药；二是对果菜喷

洒农药后必须有一个安全隔离期,以便让农药的有毒成分在安全期内充分地自然分解,但我国有的农民尚未等到安全期结束便采摘农产品上市;三是农药使用有一定的剂量限制,过量使用就会影响消费者的健康,但我国农药过量使用时有发生。上述情况说明,我国水果、蔬菜农药残留引起的中毒事件,与农民使用农药不合理有直接关系。而农民使用农药不合理,又与所受技术培训严重不足密切相关。农业部全国农业技术推广中心在某两省的专项调查结果显示:39%的农民读不懂农药标签或不能正确理解农药标签内容,40%的农民在使用农药时凭估计确定使用量,33.3%的农民靠经验来选择农药品种,仅8.3%的农民在使用农药时考虑农药的毒性。

### (四) 我国农业科技投入严重不足,技术储备比较薄弱

**1. 农业科技投入严重不足,农业科技力量不够强**

从农业科研投资强度来看,各国平均农业科研投资约占农业总产值的1%,一些发达国家已超过5%,而我国只占0.2%左右,不到发达国家平均水平值2.37%的1/10。从农业科技力量来看,近几年,一些地方的农业技术推广机构和队伍不稳定,不仅一些地方基层农业推广机构被撤并,而且相当多的农业技术推广机构由于经费紧张而难以开展工作,造成科技人员流失,推广队伍不稳定。从农业科技成果来看,常规性科技成果多,高新技术成果少;一般科技成果多,突破性、具有重大开发价值的应用性科技成果少;科技成果鉴定的多,但在生产中转化率高和应用范围大的成果少。

**2. 农业科技储备比较薄弱**

由于我国农业科技及教育投入不足,农业科技、教育设置不够合理,重复、分散研究的现象比较严重,协作攻关能力不强,使有限的投入未能产生应有的效果。从长期来看,这种状况使我国农业科技储备不足,影响农产品质量和安全性关键技术的突破。例如,在农产品质量快速检测方面,我国技术手段还不太多,其中,缺少快速筛选法是制约检测技术的瓶颈。

## 四、提高我国农产品质量安全水平的对策措施

**1. 理顺农产品质量安全监管体系**

根据我国农产品质量安全管理的实际,参照国际通行做法,由国务院

明确农业部在农产品质量安全管理中的主导地位，建立起完整、有效的行政管理机构，实行"从田头到餐桌"的全过程质量管理。要逐步实行食品安全的行政垂直领导，逐步理顺动植物内外检体系，减少不同部门的重复设置，打破地方保护主义，提高质量管理效率。

**2. 健全农产品质量安全法律法规**

针对我国目前农产品质量安全方面法律法规不足的状况，应加快立法步伐，尽快形成我国食品安全法律体系，覆盖生产、加工、流通和消费领域。在相关法律比较完备的基础上，建立和加强食品安全检测、执法机构及队伍建设，强化检测与执法工作，严厉打击违法行为，建立农产品安全工作程序。

**3. 健全质量标准、认证、检测体系**

尽快制定和修订有害有毒物质残留限量及检测方面的标准，使检测系统具有完整性和可操作性，满足农产品质量安全管理的需要。借鉴国外成功经验，推行农产品分等分级标准，实行优质优价，促进农产品市场的良性发展，逐步建立起既符合我国国情，又与国际接轨的农产品质量安全标准体系和检测体系。

**4. 利用"绿箱"政策，加大农业科技投资**

充分利用 WTO 的"绿箱"政策，加大对动植物疫病防治、良种繁育、草地生态和饲料安全工程等的财政支持。加强对有关疫病、农药、兽药和有毒有害物质残留检测技术的研究和投入，为应对日趋增多的国际农产品贸易壁垒纠纷提供技术支持。

**5. 加强动植物防疫体系，加快无规定疫病区建设**

加快我国动物无规定疫病区建设进程，尽快启动我国植物无规定疫病区建设项目。把我国畜禽、水果、蔬菜等农产品出口基地建设与无规定疫病区建设有机结合起来，推行联合国粮食及农业组织制定的有关疫情管理规范，增强我国农产品竞争力，逐步消除一些发达国家对我国农产品出口的有关禁令，促进我国农产品出口贸易发展。

**6. 鼓励农业生产组织创新，强化对农民教育培训**

积极鼓励农业生产组织制度创新，发展外资农业企业、农业产业化龙头企业和农民合作组织，积极探索在现有土地制度条件下适度农业集约经营的模式。同时，发挥农业科技推广机构和农业科技人员的作用，加强对农民的教育和培训工作，增强产品质量意识，普及正确使用农药、化肥、兽药的方法，从源头上控制农产品质量及其安全性。

**7. 加强信息服务体系建设，为企业提供准确、快捷服务**

目前，我国一些出口企业因不了解国外技术标准和技术壁垒，经常发生农产品出口受阻情况，而有关部门的服务又不到位。因此，向出口企业提供准确、快捷的国外技术和市场信息，帮助外贸企业出口农产品，有助于提高我国农产品的竞争力。

**8. 加强国际合作与交流，积极参与有关国际组织工作**

为了促进我国农产品出口贸易发展，应与主要进口国开展农产品质量安全方面的全方位技术交流与合作。研究和引进国际先进标准，逐步实现我国标准与国际标准接轨。积极参与国际标准的制定工作，研究发达国家在国际贸易中实施的技术壁垒，为提高我国农产品竞争力，破除国外技术壁垒以及调整进出口贸易政策，提供科学、翔实的政策和技术依据。

# 我国农产品期货及其实物交割<sup>*</sup>

期货交易最早是从农产品开始的，逐步发展到矿产品、工业品、金融期货等。期货交易始于农产品期货合约，这是由农业的重要性及特殊性决定的。我国作为农业大国，这一基本特征决定了需要发展期货市场。本文将对我国农产品期货市场及其实物交割进行分析。

## 一、农产品是期货交易的基础性品种

农业的重要性在于它是社会经济赖以存在和发展的基础，人类生存所需要的食物主要来自粮食生产，国民经济发展所需要的各种资源大部分出自农村。农产品是人类生存和发展的基本生活资料，具有不可替代性。同时，农业又具有区别于其他产业的特殊性，具体表现为：①农作物的生长属于生物性生产，不同于工业的机械性连续生产，其生长过程有特定的自然条件要求，呈现出生产周期性，即季节性特点；②农作物抵御自然灾害能力较弱，其产量易受气候、地理、病虫害等自然条件的影响，具有相当程度的不确定性；③农业生产的地域跨度大，离散程度大，对农产品运输和供给带来一定困难。农业深受不稳定的自然环境的影响。

农业除了受自然环境的不确定性因素影响之外，还受到经济上不确定性因素的影响。经济上不确定性主要是价格的不确定性。由于农民无力控制总需求与总供给的短期变动，农产品市场价格从来就是不稳定的。价格不确定的根本原因是农民不能预测农产品价格的变化。虽然市场价格与总供给水平成负相关关系，即当供给短缺时价格上升，供给过多时价格下降，但是单个生产者没有理由深信市场价格碰巧在他遭到歉收的年份是有利的。因为造成农作物歉收的原因可能是局部性的，以致在同一市场供给

---

* 本文原载于《中国农村经济》1997 年第 12 期。

区域，有的地方受灾减产，而另一些地方却获得丰收。所以，尽管会出现某些生产者的歉收，但总供给却可能处于正常水平甚至更高水平，从而对市场价格产生明显的影响。同样，市场价格也受需求变动的影响。对于消费者来说，在可接受的替代品充分供给的条件下，某项农产品的总供给短缺并一定会引起该农产品的价格上升。对于非粮食品种，如蔬菜、水果以及某些畜产品而言，需求的交叉弹性是相当高的；而对于主要粮食品种，如稻米、大豆、玉米和小麦而言，需求的交叉弹性可能小些。更为复杂的情况是，国内市场价格受进口供给与出口需求变动的影响，这种情况加大了生产者所面临的价格不确定性。落后的交通条件也会加剧价格的可变性与不确定性。

由此可见，农业的重要性要求保证农业生产正常进行，而自然环境和经济不确定性因素所造成的价格风险又给农业生产带来损失。这种反映在农业经营上的矛盾，促使人们去思考和探索如何保证农业生产正常进行并回避农产品价格风险。期货市场就是人们反复探索和实践的结果。因此，现代期货交易的产生是与农业的重要性、特殊性有着内在的、必然的联系。农产品期货不仅伴随着现代期货市场的诞生，成为最早的合约品种，而且经过百余年的发展，至今仍然在期货市场中占有重要地位并保持活跃的势头，这充分证实了期货市场与农产品之间有着内在的、必然的联系和不解之缘。由此我们可以说，农产品是期货交易的传统商品和基础性品种。近年来，西方国家农产品国际贸易自由化和政府降低对农业的补贴使农产品生产和经营风险加大，导致农产品期货与期权合约的成交量增长幅度不断超过金融期货与期权合约的增长幅度。

## 二、我国农产品期货市场

我国是世界上人口最多的国家，同时又是一个农业大国，农业人口占全国总人口的 75.7%，农产品生产总量居世界各国的前列。在国家取消农产品统购统销政策和放开大多数农产品价格之后，市场对农产品生产、流通和消费的调节作用越来越大。但随着市场作用的增强，农产品价格出现了较大的波动。80 年代后期，中国粮食市场的议价粮有 700 多亿千克。议价粮的交易基本上是买卖双方直接成交，既没有规范化的批发市场，又缺乏一定的计划指导，市场时常处于失控状态，"卖粮难"与"买粮难"

的问题交替出现，农民和城镇居民深受农产品价格风险的困惑，政府管理部门也承受着巨大的压力。在这种情况下，引入期货市场机制，发挥其回避价格风险和发现价格功能，成为解决我国农产品价格波动问题的客观要求。中国期货市场研究工作小组于 1989 年 1 月完成了第一份研究成果——《试办农产品期货市场初步方案》。该方案提出在我国首先试办农产品期货市场，进行某些农产品，特别是粮食产品的期货交易。1990 年 10月，郑州粮食批发市场作为第一个国家级农产品交易场所正式开业，为我国农产品期货市场的建立奠定了基础。1993 年 5 月，以农产品为主的郑州商品交易所正式成立。由此可见，中国期货市场建立与西方国家期货市场的历程基本相似，都是从农产品期货开始，再次验证了农产品是期货交易的基础性品种。我国期货市场经历了期货交易所组建、发展和规范整顿的过程，至 1995 年经中国证监会审批，全国共有 15 家期货交易所被确定为试点单位。在这 15 家交易所中有 12 家专做或兼做农产品期货交易，被中国证监会确认上市和试运行的农产品期货共有 25 个品种，具体情况见表 1，成交量、成交金额见表 2。

**表 1    全国 15 种期货交易所及农产品期货试运行品种**

| 交易所 | 上市品种 | 试运行品种 |
| --- | --- | --- |
| 北京商品交易所 | 绿豆 | 玉米、花生仁 |
| 郑州商品交易所 | 绿豆 | 小麦、玉米、花生仁、豆粕、芝麻 |
| 上海粮油商品交易所 | 大豆 | 玉米、白小麦、籼米、绿豆、红小豆、黄麻、啤酒大麦、红麻 |
| 大连商品交易所 | 玉米、大豆 | 干海带 |
| 海南中商期货交易所 | 棕榈油、天然橡胶 | 咖啡、可可、啤酒大麦 |
| 广东联合期货交易所 | | 籼米、豆粕 |
| 苏州商品交易所 | | 红小豆、羊毛、豆粕 |
| 沈阳商品交易所 | | 落叶松加工原木、白松加工原木、水曲柳加工用原木、花生仁、高粱、啤酒大麦 |
| 天津联合商品交易所 | 天津红小豆 | 大豆 |
| 长春联合商品交易所 | 玉米、大豆 | 红小豆、白小麦、豆粕 |
| 成都联合期货交易所 | 玉米 | 红小豆 |
| 上海商品交易所 | | 天然橡胶 |

资料来源：根据《中国期货市场文件汇编》（二）、（三）、（四）整理。

**表 2  农产品期货品种成交量及成交金额**

| 品种 | 交易所简称 | 成交量（万手） | 成交金额（亿元） |
|---|---|---|---|
| 绿豆 | 郑州商品 | 2 242.42 | 10 092.50 |
| | 北京商品 | 997.61 | 4 172.47 |
| | 合计 | 3 240.03 | 14 264.97 |
| 天然胶 | 海南中商 | 884.47 | 6 368.08 |
| 咖啡 | 海南中商 | 1 921.13 | 4 590.03 |
| 大豆 | 大连商品 | 1 126.38 | 3 650.57 |
| | 上海粮油 | 35.39 | 59.36 |
| | 合计 | 1 161.77 | 3 709.93 |
| 红小豆 | 天津联合 | 527.49 | 1 926.77 |
| | 苏州商品 | 866.27 | 832.24 |
| | 合计 | 1 393.76 | 2 759.01 |
| 豆粕 | 广东联合 | 256.07 | 794.25 |
| | 苏州商品 | 0.16 | 0.47 |
| | 合计 | 256.23 | 794.72 |
| 籼米 | 上海粮油 | 300.95 | 374.23 |
| | 广东联合 | 57.36 | 146.98 |
| | 合计 | 358.31 | 521.21 |
| 高粱 | 成都联合 | 458.24 | 480.11 |
| | 沈阳商品 | 0.70 | 0.90 |
| | 合计 | 458.94 | 481.01 |
| 啤麦 | 沈阳商品 | 153.10 | 454.50 |

资料来源：摘自《中国期货》，1997 年 4 月刊。

表 1 反映了我国农产品期货市场的基本情况，也反映了我国期货市场存在同一品种在几家交易所重复上市的问题。从表 1 中，我们可以看到，有 6 家交易所从事玉米期货交易，有 4 家交易所从事大豆期货交易，有 4 家交易所从事豆粕期货交易。尽管这是对期货市场进行清理整顿（重新审批期货交易所，重新确认上市期货品种）后的情况，但这样安排仍然没有摆脱对各交易所之间利益均衡的考虑，或者直截了当地说是对各地区之间利益均衡的考虑，这是与我国国情分不开的。我国期货市场产生和发展不同于西方国家，西方国家期货市场是商品经济发展到一定阶段后自然形成

的，其交易所基本上是民间组建的。例如，美国芝加哥商品交易所就是在1848年由82位谷物交易商自发组建的，政府按市场原则进行管理和监督。虽然我国期货市场也是商品经济发展的产物，但在很大程度上是由政府部门出面组建而成的。因此，我国期货市场初期组建的交易所是带有相当行政色彩的半官方组织。例如，郑州商品交易所是由原商业部和河南省政府联合组建的，曾被定为副厅级单位。一些地方政府也想利用期货市场来"集聚资金、活跃金融"，促进地方经济发展，这是当时我国期货交易所数量过多的重要原因。交易所数量过多就会导致几家交易所在同一品种上竞争，这无疑使得交易过于分散，降低市场流动性，增加了交易成本，其结果必然是降低期货价格的权威性，即削弱了期货市场的价格发现功能。因为期货交易具有交易便利等特点，能够将买卖双方集中在某个交易所进行期货交易，大大缩短了时空差距，所形成的价格是建立在几乎所有买方和卖方都参与竞争的基础上，这样的价格才能集中地反映交易者对未来价格走势的预测，因而具有集中性和包含真实信息量大的权威性。然而，几家交易所在同一品种上竞争分散了交易量，破坏了买卖双方集中交易所形成期货价格的权威性，也就是削弱了价格发现功能。西方国家期货市场发展经验表明，如果出现同一品种在数家交易所上市的情况，只能是一、二家交易所交易活跃，其他交易所则变得清淡。我国农产品期货市场比较突出地反映了同一品种重复上市的问题。

我国农产品期货市场的另一突出问题是小品种异常活跃而大品种相对不活跃。表2为1996年国内农产品期货主要品种成交情况统计（单边计算）。表2说明，绿豆虽然并非我国主要农产品，却是农产品期货中最活跃的品种，而主要农产品大豆、籼米远不及绿豆活跃，小麦、玉米因成交量较小而没有被列入表内。很明显，无论是成交量还是品种数量，都是小品种占据优势。我国农产品期货市场存在这样一个问题：小品种交易比大品种交易活跃，交易结构失衡，形成这种局面的主要原因是国家对一些主要农产品的管控较严。我国农产品中的小麦、大米、玉米、大豆、棉花等几个大宗产品都符合期货交易的一般条件。但上市品种只有小麦、玉米、大豆和籼米，其中小麦期货交易清淡，粳米期货交易已被停止，棉花尚未开发。

我国政府对农产品期货上市品种及期货交易的管理遵循这样的指导思想，即根据农产品本身在国计民生中的地位和作用以及供求状态来决定对农产品管理的松紧程度，并根据对农产品管理的松紧程度来确定农产品上市品种及农产品期货交易的管理。具体政策是：①专管产品不上市。例如，棉花购销实行不放开市场、不放开经营、不放开价格的政策，这类农产品不能成为期货品种。②双轨制产品部分上市。粮食价格和购销政策是实行合同定购和议价收购，前者要求稳定定购数量和价格，后者坚持按市场价格收购。小麦、玉米、大豆和大米均属于这类情况。③由市场调节的产品只要符合期货交易的一般条件，都可以选定为期货品种。现在豆类、麻类、杂粮、土特产等都实行市场调节，其中相当多的品种已经在期货市场上交易，如绿豆、红小豆、花生仁、黄麻、红麻、咖啡等，这类产品都属于小品种。

对于已经上市的农产品期货品种的管理，国家的政策是期货交易必须有利于现货市场的稳定，有利于宏观调控政策的顺利实施。这一政策在中国证监会暂停粳米和菜籽油期货交易的决定中得到充分体现。当关系到国计民生的重要商品的期货价格波动幅度过大时，不利于现货市场的稳定，中国证监会就要停止这些商品的期货交易。国家对某种农产品现货价格的控制程度同样对该产品期货交易状况影响很大。以小麦为例，小麦既是主要农产品，又是关系到国计民生的重要商品，小麦曾经是期货市场的活跃品种。自90年代以来我国小麦产量一直徘徊不前，而需求却迅速增加，每年进口小麦达数百万至上千万吨。为保证小麦现货市场的稳定，国家一方面对小麦现货价格实行控制，另一方面对城市居民的基本口粮恢复部分定量供应制度。所以，小麦期货交易的一些必要条件受到限制，交易量便自然下降。

从理论上讲，期货交易应该选择大宗产品为交易对象，小品种只能作为大品种的补充，这样的期货市场才能充分发挥其功能。否则，农产品期货市场大小品种的交易结构失衡，就会影响期货市场的健康发展。目前我国农产品期货市场上大品种交易不活跃的情况，使得大量资金流入小品种期货，造成小品种农产品期货交易异常活跃，逼仓事件不时发生。其中绿豆期货曾被视为期货市场上交易最为活跃的品种之一。有关资料表明，有时郑州商品交易所和北京商品交易所两个交易所一天的绿豆期货成交量就超过绿豆现货市场年销售量的几倍，这容易使得实物交割机制功能丧失。期货市场交割机制正常发挥作用的边界条件，是期货市场所需的实物交割量（期货合约到期未平仓量）必须小于现货市场上相应商品的最大可供给数量。当小品种期货异常活跃并具有较大的交易量时，期货市场就不可避免地会出现各种各样的问题。要使我国期货市场健康发展，就必须改变期货品种交易结构失衡状况，形成正常的期货品种交易结构，这已成为我国期货界人士的共识。

## 三、农产品期货合约的比较分析与实物交割

期货合约既是期货市场上的交易对象和媒介，同时期货合约又规定了具体交割内容，构成交割制度的基础部分。因此，对不同交易所的同一品种期货合约进行比较分析，我们不仅可以找出不同合约之间的差别，而且通过分析这些差别对交易、交割的影响和作用，来深化认识期货交易的本质。这里，我们选择上海粮油商品交易所和大连商品交易所的大豆期货合约作为比较对象。

大豆是黄豆、青豆、黑豆的总称，是重要的粮油兼用作物。大豆富含蛋白质、脂肪，是一种高蛋白、高脂肪、高能量的食物。在我国种植大豆主要供应食用，包括用作油料榨油和用于豆腐、豆浆等豆制品及豆芽、豆瓣酱等副食品生产。目前世界上的大豆品种有 150 多个，但用于商业的主要品种是黄豆。从品种上来说，黄豆以美国产品和中国产品最具有代表性。中国产的黄豆粒大、含油率高、蛋白质丰富，品质优良，是国际贸易和期货市场交易中很受欢迎的标准质量品种之一。

大豆是一种价格波动较大的农产品。由于在国际期货市场上大豆、豆粉、豆粕、豆油的期货交易同时存在，从而为交易者提供了保值机会和套利机会。1936 年大豆期货首次被引进期货市场，当时其交易量不足 5 亿蒲式耳*，现在大豆期货已成为主要的农产品期货，其交易量达几百亿蒲式耳，美国、日本、意大利、中国等均有大豆期货交易。国内有上海粮油商品交易所、大连商品交易所等进行大豆期货交易。现将上海粮油商品交

---

\* 1蒲式耳大豆＝27.1千克。

易所、大连商品交易所有关大豆期货合约及其附则的主要规定列入表3，现将这两个合约的主要内容进行比较。

#### 表3  上海粮油商品交易所、大连商品交易所有关大豆期货合约及其附则的主要规定

| 期货合约规格内容 | 交易所名称 | |
|---|---|---|
| | 上海粮油商品交易所 | 大连商品交易所 |
| 交易单位 | 5 吨 | 10 吨 |
| 合约月份 | 1、3、5、7、9、11 | 1、3、5、7、9、11 |
| 交易时间 | 每周一至四上午 9：00—11：00<br>下午 1：00—3：00<br>每周五  上午 9：00—11：00 | 每周一至五上午 9：00—11：30 |
| 交割等级 | 标准品：国标三等黄大豆<br>质量符合 GB 1352—86<br>替代品：国标一等、二等、四等黄大豆<br>质量符合 GB 1352—86<br>一等黄大豆升水率为 3%<br>二等黄大豆升水率为 2%<br>四等黄大豆贴水率为 3% | 标准品：国标三等黄大豆<br>质量符合 GB 1352—86<br>替代品：国标一等、二等黄大豆<br>质量符合 GB 1352—86<br>一等黄大豆升水率为 2%<br>二等黄大豆升水率为 1% |
| 交割地点 | 上海粮油商品交易所定点仓库（地址）<br>①上海市粮食储运公司定点仓库（上海市区）<br>②良华实业股份有限公司粮食定点仓库（上海市奉贤县）<br>③浙江省嘉善省级粮食中转库（浙江省嘉善县）<br>④苏州市恒昌工贸公司定点仓库（江苏省苏州市）<br>⑤江苏省昆山市粮油经营公司定点仓库（江苏省昆山市） | 大连商品交易所定点仓库（地址）<br>①大连糖酒副食品集团公司糖库（大连市）<br>②大连市第二粮食储运工业公司仓储库（大连市）<br>③大连中商接运公司仓储库（大连市）<br>④黑龙江省粮食局大连中转站仓库（大连市）<br>⑤辽宁省粮油进出口公司综合库（大连市）<br>⑥大连商业转运公司（大连市）<br>⑦大连震强仓储公司（大连市）<br>⑧大连国臣通产仓储公司（大连市） |

资料来源：根据《中国期货市场文件汇编》（二）整理。

（1）交易单位。上海粮油商品交易所大豆合约的交易单位为 5 吨，是大连商品交易所大豆合约所规定交易单位的 1/2。就交易单位而言，上海粮油商品交易所大豆合约更能吸引散户参与大豆期货交易，有利于活跃市场。

（2）交易时间。上海粮油商品交易所的大豆交易时间多于大连商品交易所。就交易时间而言，交易者在上海粮油商品交易所进行交易的时间比大连商品交易所更充足，这有利于吸引交易者和活跃期货交易。

（3）交割等级。两个交易所的交割标准品相同，都是国家标准 GB 1352—86 规定的三等黄大豆，但替代品不完全相同。上海粮油商品交易所规定的替代品范围较大连商品交易所更为宽松，允许四等黄大豆作为替代品用于交割。就交割等级而言，上海粮油商品交易所大豆合约更有利于实物交割，因为替代品范围扩大，相当于可供交割量增加。

（4）交割地点。上海粮油商品交易所定点仓库分布在上海、江苏和浙江，而大连商品交易所定点仓库集中在大连。虽然大连商品交易所定点仓库的库容量较大，但仓库布局不如上海粮油商品交易所。所以，在库容量满足交割量的情况下，上海粮油商品交易所的定点仓库更方便交易者进行实物交割。

上述分析表明，同一种农产品的期货合约，由于在内容设计上不同，会导致期货市场活跃程度的不同。期货合约的内容设计合理，适合交易者的需求，则有利于期货交易活跃，市场繁荣；反之，则交易量少，市场冷清。需要说明的是，期货合约内容只是影响期货交易活跃程度的重要因素之一。

农产品期货市场的主要功能是发现价格和回避风险，因此绝大部分期货合约在交割期未到之前就以对冲平仓方式结束交易，但最终仍有一部分期货合约需要实物交割。为了使农产品实物交割顺利进行，完善期货市场功能，对农产品实物交割的地点设置及流程管理提出下列要求。

（1）农作物的生长属于生物性生产，不同于工业的机械性连续生产，其生产过程有特殊的自然条件要求，呈现出生产周期性，即季节性特点。因此，农产品在某一时间大批量集中上市，这就要求设置交割仓库时，应在产区设置一部分，以利于在农产品集中上市时，及时贮存农产品，减少运输、贮存的中间环节。另外，交割仓库库容应满足农产品收获季节的最大贮存量，保证农作物交割品顺利入库。

（2）农业生产的地域跨度大，离散程度大，给农产品运输和供给带来一定困难。这就要求交割仓库布局要兼顾主要产地和销区，并在交通运输线附近。这样做一方面能够计算和确定较为合理的异地升贴水标准，另一方面能方便交易者进行实物交割。

（3）农产品与工业产品相比，其贮存效果差距明显，即农产品质量随贮存时间延长而发生较明显的变化。这不仅要求交割仓库应选择在主要产地、销区以及交通运输线附近，而且有些农产品的贮存有一定气候条件要求，如豆粕的保存应适宜在气候较为干燥的北方，如果在潮湿地区豆粕容易发生霉变，这就对交割仓库的选择和管理提出一定的特殊要求。

（4）农产品质量及其检验。尽管农产品期货合约明确标明每一种农产品的质量标准，但在实际检测过程中却难以真正做到准确无误，这也与农产品及其标准的特点有关。以大连商品交易所的大豆品质技术要求为例，文件中纯粮率指标规定为：标准品三等黄大豆不低于91%；替代品一等黄大豆不低于96%；替代品二等黄大豆不低于93.5%。种皮指标规定，黄大豆应达到黄色混有异色粒限度为5%。杂质指标规定为1%。水分指标为13%。气味色泽指标规定为正常。其中有的指标是以检验员的目测和嗅觉判断为准，有的指标本身会随贮存时间变化而改变，如水分指标等。所以农产品质量不同于工业产品那样严格和确定，这就要对农产品出入库检验，做到认真、严格、客观和公正，以消除各种人为因素所造成的随意性，减少交割品出入库的麻烦。

（5）农产品价格相对工业品较为低廉，做农产品期货比其他期货占用的资金少一些，这就容易吸引投机者参与农产品期货交易，同样原因也吸引着过度投机者。另外，农产品除了受市场价格波动因素影响之外，还受到自然灾害因素的影响，农产品更具不确定性。因此，农产品期货市场容易被过度投机者操纵，形成逼仓事件等。这就要求整个实物交割流程的管理要做到合理性、规范性、公正性及可操作性。

## 四、农产品期货交割风险及应对措施

实物交割是期货市场与现货市场之间的联系通道。这种可兑换性体现了实物商品在期货市场与现货市场之间互相流通的性质，它为保证期货价格与现货价格变化的一致性，乃至在交割期的趋合性起到至关重要的作用。

### 1. 基差反映实物交割的风险变化
基差是现货价格与期货价格之差，其变动反映了两种价格差异的变动。当实物交割通道畅通时，基差趋近于某个合理值；当实物交割通道阻塞时，基差就会出现异常变化。因此，基差成为实物交割机制及其运作的重要指标。基差是持仓成本与交割成本之和，持仓成本、交割成本分别是由一些经济和非经济因素所构成。如果受到上述因素的影响，可能导致实物交割的困难，甚至出现无法交割的特殊情况。

为了对实物交割状况进行判断，我们分析临近交割期时基差、交割成本和交割量之间关系。当期货合约临近交割时，由于持仓成本减少，期货价格逐渐趋向于现货价格，基差值呈现递减趋势。交割成本随交割量呈现递增趋势，基差、交割成本与交割量的关系如图 1 所示。

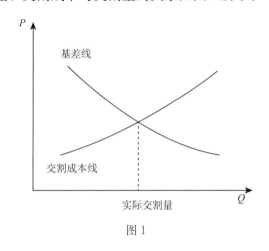

图 1

当基差 $|B|\leqslant$ 最低交割成本（这种情况一般不存在），交易者出于经济原因考虑，一般是以对冲平仓结束期货交易，期货市场上实物交割量趋于近于零。

当基差 $|B|>$ 交割成本，一部分交易者出于各种原因以实物交割方式平仓，这时期货市场上存在一定的交割量。基差、交割成本和实际交割量三者之间的关系是：交割成本随交割量增加呈现上升趋势，基差因交割量增加使得供求矛盾缓解而呈现下降趋势。如果基差线与交割成本线的相交点所对应的实际交割量落在现货市场可供给的最大交割量范围之内，则该交点就是相应商品的基差、交割成本和实际交割量三者的均衡点。如果基差线与交割成本线在达到现货市场可供交割量的最大值时仍未相交，那么随着期货市场所需交割量的增加，交割成本和基差同时急剧上升，逼仓

等行为随之发生，如图 2 所示。

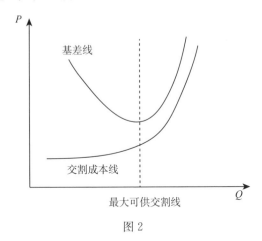

图 2

在临近交割期，当实物交割量（期货合约到期未平仓量）超过鲜活商品的最大可供给数量，市场供求关系可用图 3 表示。由于供给已固定或者说完全无弹性，而期货合约买方不愿对冲平仓甚至有意继续加大持仓量，那么需求曲线会继续向上移动，即 $DD$ 曲线移至 $D'D'$ 曲线，供给数量不会改变，其结果就是提高价格，价格上升正好等于需求向上移动。这是一种"暂时的均衡"，实质上反映了市场供给与需求不均衡的状况。

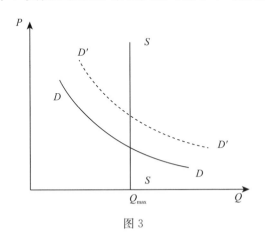

图 3

综上所述，期货市场的交割机制正常发挥作用的边界条件，是期货市场所需的实物交割量（期货合约到期未平仓量）必须小于现货市场上相应商品的最大可供给数量。这一边界条件即为实物交割机制的基本实现条件，其他实现条件均可通过市场供求变化并集中反映在边界条件之中。

**2. 实物交割的风险形成及来源分析**

交割风险是指在期货交易中，到期的未平仓合约与实物商品之间能否进行兑换及其难易程度的不确定性。交割风险的产生有其客观原因，如现货商品存量、交割仓库布局、交通运输等问题。但在许多情况下，则主要表现是人为的主观因素。最明显的例子就是市场操作，即期货交易中的逼仓行为，由此造成巨大的交割风险，使得期货市场原有的回避价格风险和发现价格功能丧失殆尽。

交割风险的第一个来源是市场参与者。现代期货市场是极具投机性的交易场所，交易者往往处于投机目的进入期货市场，在行情变动对自己有利时获利平仓，一旦判断失误或行情发生逆转，往往因不愿承担逐渐加大的亏损而迟迟不肯平仓，最终被迫进行实物交割。另一类投机者则是最危险的，即以垄断或寡头垄断形式来操纵价格，其目的在于制造市场的公平性和流动的困难性，实际上是制造交割风险，并从中获取暴利。

交割风险的第二个来源是市场组织者。以交易所为例，作为市场组织者，当交易所设计合约标准化程度达不到一定的水准或交易所制定法规、制度、政策的公平合理性达不到一定的水准，就会形成或多或少的交割风险。合约的标准化包括交割品种、等级、质量和交割方式规定，以及每日价格最大波动限制和保证金等。合约的标准化有利于减少交割风险，鼓励正常交易，限制过度投机。交易所健全有关法规、制度和政策以及公正地处理交易纠纷，都有利于减少交割风险。只有当期货合约的标准化程度达到一定水准，并且交易所的法规、制度健全程度达到一定水准后，以至于交割风险降到最小程度时，期货市场才能充分交易并实现套期保值和发现价格的功能。

交割风险的第三个来源是国家的法规和经济政策。某种商品由于国家政策性或战略性的变化而不能正常交易时，商品市场的商业风险（即这种商品能否进行买卖的风险）就会增加，这在经济上和市场上不一定有其逻辑性，但在政策上、战略上、利益上有国家的逻辑性。所以，市场能够依赖的是法律上、经济上正常的秩序和连续性，应尽量地减少政策性、法规性的随机性。

上述风险来源与某些客观原因相结合就造成了交割风险，其中，市场参与者试图垄断或操纵市场是形成交割风险的主要原因，最具典型意义的是逼仓行为。逼仓是指投机者买入或威胁要交割其早已买入或拥有的商品，他们在市场上运用其所占垄断地位来扭曲正常状态下均衡价格的行为，其目的在于获取超额利润。当存在逼仓时，即意味着价格已完全被人为控制，实物交割机制失效。

**3. 实物交割问题及其对策思路**

在现货市场充分供应的正常条件下，商品的期货价格高于现货价格，这时期货市场对现货市场表现为升水，称为"正常市场"。此时，实物商品的期货价格大致等于当前的现货价格加上从现在至交割月份持有和储存商品的费用，这称为"持仓费用"或"持仓成本"。与"正常市场"相反的是"倒置市场"，即一个现货价格高于期货价格的市场，这是因供给短缺而形成对商品即时交割有大量需求的结果。

当期货合约临近交割日时，持仓成本为零，交割成本决定基差，影响交割成本的因素包括：①现货市场上可供交割的商品数量。期货市场所需的实物交割量（期货合约到期未平仓量）必须小于现货市场上对应商品的最大可供数量。②交割制度完备程度。如果交割制度存在缺陷或不足，容易被过度投机者利用，从而引发逼仓等恶性事件。③交割仓库布局及交通运输。如果交割仓库分布不合理以及交通运输不能满足交割商品的货运要求，则交割成本就会上升。④交割仓库的管理。交割仓库是期货市场与现货市场的"中转站"，如果交割仓库出现人为障碍时，就会造成实物交割困难，交割成本会相应上升。

目前，我国期货市场实物交割环节存在着许多问题和缺陷，主要问题有：交割制度不规范不完善，交割仓库分布不合理，交割仓库管理不严格不规范，交割品质检验的随意性等。这些问题的存在既有交割环节本身的原因，也有我国经济体制方面的深层次原因。

我国期货市场发展只有短短几年，实物交割制度不可避免地存在大量问题。例如，有的交易所不同品种交割规定所用原则不尽相同，而且交割规定变动频繁，使人难以适从。某些交易所为刺激交易量、获得丰厚的经营利润，利用交割制度来制造所谓"题材"，造成价格大幅度波动；有的交易所对交割品控制过严，不是选择现货市场流通量最大的产品等级为标准品，相反以流通量不大的产品等级为标准品。

我国实物交割制度对实物交割总量进行限制。即限仓制度，对超出交割总量范围的部分不允许实物交割，这极大地阻碍了商品在期货市场与现货市场之间互相流通，导致经常发生逼仓事件。例如，天津联合商品交易所红小豆交易中的屡次逼仓行为，与其实物交割总量规模小有密切关系。对此，中国证监会在《关于加强期货交易实物交割环节管理的通知》（证监期字〔1996〕12 号）中明确指出，"凡对实物交割实行总量控制的交易所，自无持仓合约月份或新推出的合约月份起，一律取消对实物交割总量控制的有关规定。"

进一步探究得知，原来限量交割规定是针对国内市场多头垄断行为出现而制定的。从理论上讲，限制各合约的总持仓量可以减少期货市场出现逼空的可能性。但这导致一些动机合理的交易者无法参与期货交易。特别是当有相当资金实力的垄断者联手占满总持仓量后，该合约便成为"围城"，垄断者在此合约交易中可随心所欲地操纵价格，取消实物交割总量限制就成为改进交割制度的一种必然结果。

我国实物交割申请程序复杂、要求过严。例如，对于卖方要求提供开户合同、风险揭示声明书、上级主管批文、营业执照、税务登记证、法人身份证、申请表、现货购进合同、发票、铁路运输单、银行付款证明等11 份资料。如获批准，还要开出入库联系单才可与交割仓库联系是否准许入库，这增加了实物交割的难度。

我国交割商品审验制度不够完善，主要表现在实物商品检验中的准确性、权威性、公正性不足。目前，交割品入库一般由交割仓库负责检验或审核。由于交割仓库不是专业商品质量检测机构，并有自身的经济利益，其检测结果的准确性和权威性必然受到影响。现在我国尚无专门用于期货交割的仓库，现货仓库兼作期货交割库，以及交割仓库布局不合理，这使得期货交割库"先天不足"。

实物交割机制运行状况和期货市场是部分和整体的关系，解决实物交割问题的思路与对策，也应该从期货市场整体出发。

（1）加快期货市场法治建设。我国期货市场产生不同于西方国家，是计划经济向社会主义市场经济转变过程中，由中央部门和地方部门出面组建，带有条块分割的行政管理色彩以及地方或部门利益。为此，尽快颁布《期货交易法》《期货交易管理条例》。

（2）确定我国期货交易所的最优数量。现有 14 家试点期货交易所，这不是市场竞争所形成的结果，而是在各种因素作用下的关系平衡的不合理结果，应对商品交易所整合和压缩。

（3）规范商品期货交易和交割制度。确立我国期货交易和交割制度的总体框架，对不同交易所的相同上市品种，要统一交易、交割规则，消除人为造成的分割状态。

（4）逐步活跃期货的大品种商品。目前我国现货市场不发达，国家对大品种商品控制较为严格，大品种期货不活跃主要是政策因素所决定。根据现货生产和市场供求，适当恢复若干大品种作为试运行期货。

（5）加强交割仓库布局和管理。根据商品的产地、销地及集散地，组建一个合理的交割网络，以形成一个有效的流通体系，便于期货交易的实物交割。

（6）建立商品期货的标准仓单交换市场。我国大部分交易所允许仓单在其会员之间流通和转让，但不同交易所的同一品种仓单不能转让流通或交割。考虑建立全国统一、可互通的仓单市场。

# 中国农产品出口面对国外
# 技术壁垒的挑战<sup>*</sup>

加入世界贸易组织后，中国享受世贸组织成员待遇，这有利于推动中国农产品出口贸易发展。但是，我们应该清楚地看到，作为世界上最大的农业国，中国已经具备了相当的农业竞争力，并且在水稻、蔬菜、水果、畜产品、水产品、茶叶等方面具有较大的比较优势，这就使其他任何一个国家都不敢轻视中国农业潜在的和现实的竞争能力，并与中国在国际农产品市场上开展激烈的竞争。一些发达国家对中国农产品实施技术壁垒，削弱中国农产品竞争力，就是其中一个重要的竞争手段。

## 一、发达国家对中国农产品出口实施技术壁垒

### 1. 技术壁垒的指标要求越来越严格

为了削弱中国农产品的竞争力，一些发达国家不仅设置了技术壁垒，而且技术壁垒的指标要求也越来越高，甚至达到了苛刻的程度，对中国农产品出口构成的阻力也相应增大。例如，欧盟自 2000 年 7 月 1 日开始实施茶叶农药残留新标准，部分新标准的指标比原标准提高了 100～200 倍。欧盟对氯霉素残留量的标准规定为 0.1～0.3 微克/千克，远超过日本标准（50 微克/千克）、美国标准（4～5 微克/千克），以至于欧盟国家自己的产品也常常达不到这个标准。日本为了阻拦中国菠菜对其出口，2002 年 4 月公布菠菜中农药毒死蜱残留限量为 0.01 毫克/千克，这项明显针对中国的技术壁垒措施，既远远严于日本蔬菜中其他有机磷农药的残留限量（其他有机磷农药残留限量比毒死蜱高 10 倍以上），又大大超出美国、欧盟及国际组织标准（美国、欧盟和 CAC 标准为 0.05 毫克/千克）。

---

* 本文原载于《世界农业》2003 年第 4 期。

**2. 技术壁垒涉及产品范围越来越大**

一些发达国家对中国出口农产品实施技术壁垒的范围不断增大，现已包括粮食、水果、蔬菜、畜产品、水产品、禽产品、茶叶等大部分农产品。2002 年 1 月，欧盟以中国出口的小龙虾所含氯霉素超标为由，宣布全面禁止中国动物源产品进口，这不仅使中国水产品、畜产品、禽产品难以出口欧盟国家，而且使蜂蜜等与动物有关的产品也无法出口欧盟，中国共有 10 多亿美元的农产品无法进入欧盟市场。而日本对蔬菜、水果、稻米等农产品实施技术壁垒，对中国农产品出口影响较大的包括菠菜所含毒死蜱限量、水果病虫害（橘小实蝇疫区和瓜实蝇疫区）。

**3. 技术壁垒的禁令往往引起连锁反应**

一个发达国家或几个发达国家对中国实施技术壁垒，往往会引起其他一些国家对中国也实行技术壁垒。2002 年 1 月，欧盟宣布全面禁止中国动物源产品进口后，瑞士、日本、韩国等国家相继采取措施，加强对中国动物源性产品的检测，德国、荷兰等国提出更高更严的要求，沙特阿拉伯暂停了中国此类产品的进口。2002 年 1 月，日本实施"中国蔬菜检测强化月"，对中国出口蔬菜实行每批检测，这些技术壁垒措施对中国农产品出口造成较大的不利影响。美国始终保持着较高技术壁垒，使中国农产品出口美国市场十分困难。

## 二、发达国家对中国实施技术壁垒的主要原因

**1. 发达国家设置技术壁垒，为了保护本国利益的需要**

首先，发达国家为了巩固其农业在国民经济中的重要基础地位，保护和扶持农业成为政府的一项重要的长期政策。美国、日本和欧盟等都投入巨额资金支持农业发展，例如，美国政府在农业上长期采取支持价格和稳定收入政策，对外实行农产品推销政策。其次，发达国家是为了保护本国农场主的经济利益。由于这些国家已达到很高的经济发展程度，整个社会平均收入水平普遍很高，要保证农场主收入达到与社会平均收入相协调的水平，必须采取相应的措施。最后，一些国家政府或政党为了其政治需要，积极推行贸易保护主义。以 2001 年中日农产品贸易争端为例，当时日本政府宣布：对从中国进口的大葱、鲜蘑菇、蔺草席实行超过限额部分

分别征收 256％、266％和 106％的关税。日本政府采取贸易保护主义这一行动，被认为是自民党为日本参议院选举而争取农民选票的一种有效方式。

**2. WTO 有关文件为技术壁垒的"借题发挥"提供了空间**

TBT 协议和 SPS 协议是为了减少技术壁垒的变相限制和推动贸易自由化而制定的，并对实施技术壁垒做出了一些原则规定。但是，现实的技术壁垒却对正常的国际农产品贸易构成了相当大的障碍，这与世界贸易组织的 TBT、SPS 协议等文件有很大关系。SPS 协议最基本的概念是实施有关措施必须"以科学原理为依据，如无充分的科学依据则不再实施"，但是科学依据的基础究竟是何种标准或准则，就连 SPS 制定者自己也无法解释其准确的含义。这种情况为各成员随意选择适合自己利益的科学观点提供了空间和方便，即这些观点可能导致某国标准高于或低于国际标准。正是 WTO 难以对"科学基础"做出令人信服的解释，以至于发达国家利用其先进技术及操纵标准制订的优势，根据自己国内生产发展需要而轻易地为发展中国家农产品出口设置障碍，以达到占领和控制国际农产品市场的目的。

**3. 中国农产品质量存在某些不足，容易受外国技术壁垒阻拦**

与西方发达国家相比，中国农产品质量管理体系尚未建立，中国农产品质量还存在一些不足，因此发达国家能够利用这些农产品的不足，比较容易地制订针对性较强的技术壁垒来限制中国农产品出口，客观上使中国农产品出口容易受到外国技术壁垒的阻拦。同时，一些发达国家提出部分农产品进口条件之一，是出口国应具备质量认证体系和药物残留监控体系，而中国农产品质量认证体系和药物残留监控体系不够完善，这也是影响农产品出口的一个重要因素。

**4. 中国农产品出口贸易发展，容易引发外国设置技术壁垒**

中国是世界上最大的农产品生产国，也是发展中国家中最大的农产品出口国。随着中国经济较快增长，中国农产品生产能力得到较大地提高。特别是中国加入世界贸易组织，中国对外贸易的国际环境得到较大的改善，有利于推动农产品出口贸易进一步发展。但这将使得农产品国际市场竞争更加激烈，容易引发一些国家对中国实施技术壁垒。从中国农产品出口市场结构来看，亚洲地区仍占中国全部农产品出口比重的 70％以上，显然出口地区过于集中。从农产品出口品种和出口时间均衡性来看，中国农产品出口品种和出口时间比较集中，在短时间内容易造成进口国市场受冲击的现象。

# 三、破除国外技术壁垒，提高农产品出口竞争力

**1. 加强农产品出口基地建设，全面提高中国农产品质量**

从根本上讲，破除国外技术壁垒，主要依靠农产品质量提高。从现阶段看，国内农产品消费水平与发达国家农产品消费水平仍存在一定差距，因此农产品质量也应根据不同消费者的要求，加以科学分类和区别对待。应加强农产品出口基地化、区域化建设，结合无规定疫病区、质量认证体系、质量检测监控体系、质量分级体系等方面建设，从整个生产过程控制产品质量，提高中国农产品国际竞争力。

**2. 积极参加新一轮 WTO 谈判，使技术壁垒运用趋于合理化**

针对目前国际农产品贸易中技术壁垒运用中不合理、不公平的现象，中国应积极参加新一轮 WTO 谈判，提出合理运用技术壁垒的条件，限制任意曲解技术壁垒的原意，使其应用更符合科学原理和公平合理规则，消除发达国家设置的不合理的技术壁垒，有利于促进国际农产品贸易，也使中国农产品国际贸易环境得到进一步改善。

**3. 建立外向型农业生态示范区，大力发展绿色、有机农产品**

国际农产品市场消费结构变化趋势表明，绿色、有机农产品正越来越受到消费者的欢迎，特别是发达国家对绿色、有机食品需求快速上升，体现了现代社会人们追求自然、纯净和健康的主题。发展绿色有机农产品出口，一是迎合国际市场消费趋势，二是发挥中国现有的资源优势，三是解决了现有农产品质量的主要问题。中国有发展绿色、有机农产品的许多有利条件，如边远地区、不发达地区受化肥和农药污染程度很低，农业劳动力资源丰富。通过科学规划和技术指导，建立起一批外向型农业生态示范区，发展绿色有机农产品，提高中国农产品竞争力。

**4. 改进农产品出口策略，减少农产品国际贸易摩擦和争端**

从长期来看，中国农产品出口贸易应主动改变过于集中在东亚地区的格局，分散农产品出口流向。同时，我们还应实施农产品出口的品种多元

化和时间均衡化，避免因产品品种少和出口时间集中给进口国带来的市场压力。这样有利于减少与进口国农产品贸易摩擦和争端，也会减少中国遭遇进口国实施技术壁垒的可能性。

**5. 加强与进口国磋商、交涉和谈判，减少遭受技术壁垒的影响**

技术壁垒的产生和作用受多方面因素的影响，既包括经济利益、政治利益，也包括科学评估、观念认同等。一些国家实施技术壁垒但缺乏充分的科学依据，中国要加强与这些国家进行磋商、交涉和谈判，争取减少国外技术壁垒带来的负面影响。

**6. 鼓励出口企业提高产品质量，走专业化和品牌发展的道路**

国家从政策上鼓励出口企业提高产品质量，并在此基础上发展企业的品牌。通过发展中国农产品的品牌化，一方面可以让国外消费者认识和了解中国农产品，有利于农产品出口发展；另一方面，有利于处理农产品贸易纠纷，避免一些国家对中国农产品的封杀。

**7. 利用商会、协会等行业组织，发挥其调研、协商等作用**

在中国农产品进出口方面，商会、协会等行业组织具有重要作用。通过发展这些中介组织，可以反映和收集企业的要求和问题，组织制定行业标准和技术规范，协调行业内企业之间关系，以民间组织角色与国外有关部门交涉和协商，开展有关贸易问题的对策研究，为政府有关部门提供决策依据，为行业会员提供优良服务。

# 我国主要农产品的比较
# 优势与竞争优势<sup>*</sup>

在产业竞争力研究中，产品竞争力占有重要的地位，因为不仅产业竞争力最终表现在产品上，而且产品的比较优势与竞争优势比较容易量化。一国农产品在国际市场占有较大份额，该国农业竞争力就相应比较强；相反，若一国农产品在国际市场占有份额较小，则该国农业竞争力就弱一些。本文通过运用比较优势和竞争优势的方法，对我国农产品竞争力进行测算。

## 一、我国主要农产品比较优势分析

为了分析我国农产品的比较优势，选取粮食（小麦、大米、玉米）、油籽（大豆、油菜籽）、果菜（苹果）、畜产品（生猪），以及棉花和烤烟等农产品进行实证分析。在本章中，研究方法包括国内资源成本法、比较优势度等。

### 1. 主要研究方法

（1）国内资源成本系数法。国内资源成本是指赚取（或节省）1个边际单位外汇而从事某项生产活动，所需要消耗国内资源成本的价值。这一方法是由美国教授皮尔逊（Pearson）于 1976 年在其论文中提出的，并对比较优势重新定义："一国的第 $j$ 种生产活动，当其增加 1 个边际产量时所需要社会机会成本（Social Opportunity Costs），低于 $j$ 种产品的边境价格（Border Price）时，则 $j$ 生产活动具有国际比较优势；若该项成本高于边境价格，则 $j$ 生产活动处于比较劣势；若相等，则 $j$ 生产活动处于利益平衡点（break - even point of advantage）。"

---

* 文章来源于翁鸣、陈劲松等著《中国农业竞争力研究》，中国农业出版社，2003 年 11 月第 1版。本文为作者的独立成果。

目前，国内大多数学者用下列公式计算国内资源成本系数：

$$DRCC = \frac{\sum_{j=k+1}^{n} a_{ij} p_j^s}{p_i^b - \sum_{j=1}^{k} a_{ij} p_j^b}$$

式中：当 $i$，$j$ 的取值为 1，2，$\cdots$，$k$，$a_{ij}$ 表示生产 1 单位 $i$ 所需要可贸易投入物 $j$ 的数量；当 $i$，$j$ 取值为 $k+1$，$k+2$，$\cdots$，$n$，$a_{ij}$ 表示生产 1 单位 $i$ 所需要非贸易品 $j$ 的数量；$p_j^s$ 表示第 $j$ 种非贸易品投入的影子价格；$p_i^b$，$p_j^b$ 表示产品 $i$ 和第 $j$ 种可贸易品投入的口岸价格。如果 $DRCC>$ 1，表明该国在这种产品上不具有比较优势；$DRCC<1$，则表明该国在这种产品上具有比较优势。$DRCC$ 值越高，表明比较劣势越强，$DRCC$ 越低，则表明比较优势越强。

上式中，若 $DRCC<1$，表明该农产品生产产出大于投入，具有比较优势；若 $DRCC>1$，则表明该农产品生产产出小于投入，处于比较劣势；若 $DRCC=1$，则表明该农产品生产产出与投入相等，处于优劣势的平衡点。

（2）比较优势度。农产品的比较优势度定义为：

$$1-国内资源成本系数（DRCC）$$

比较优势度用来衡量农产品生产的有利或不利程度，它是在 $DRCC$ 基础上计算得到的，其结果比 $DRCC$ 更为直观。当比较优势度为正值时，表示该农产品具有一定的比较优势；当比较优势度为负值时，表示该农产品处于比较劣势；当比较优势度为零时，表示该农产品处于优劣势的平衡点。

**2. 我国部分主要农产品比较优势的计算**

我们利用国内资源成本系数法和比较优势度测算方法，对我国部分农产品的比较优势进行计算。1990—2000 年期间，我国的小麦、大米、玉米、大豆、棉花、油菜籽、生猪、苹果、烤烟的成本系数和比较优势计算结果分别见表1、表2。

表1 我国农产品国内资源成本系数

| 农产品 | 1990年 | 1991年 | 1992年 | 1993年 | 1994年 | 1995年 | 1996年 | 1997年 | 1998年 | 1999年 | 2000年 |
|---|---|---|---|---|---|---|---|---|---|---|---|
| 小麦 | 0.862 | 0.791 | 0.893 | 1.034 | 0.748 | 0.735 | 0.995 | 1.174 | 1.472 | 1.529 | 1.231 |
| 大米 | 0.303 | 0.312 | 0.242 | 0.334 | 0.582 | 0.538 | 0.492 | 0.591 | 0.669 | 0.682 | 0.653 |
| 玉米 | 0.644 | 0.699 | 0.671 | 0.602 | 0.730 | 0.639 | 1.134 | 1.179 | 1.145 | 1.301 | 1.317 |

（续）

| 农产品 | 1990 年 | 1991 年 | 1992 年 | 1993 年 | 1994 年 | 1995 年 | 1996 年 | 1997 年 | 1998 年 | 1999 年 | 2000 年 |
|---|---|---|---|---|---|---|---|---|---|---|---|
| 大豆 | 0.726 | 0.758 | 0.742 | 0.734 | 0.662 | 0.820 | 0.957 | 1.152 | 0.969 | 1.193 | 1.052 |
| 棉花 | 0.682 | 0.737 | 0.715 | 0.813 | 0.795 | 0.823 | 0.956 | 1.031 | 1.015 | 1.089 | 1.023 |
| 油菜籽 | 0.891 | 0.452 | 0.782 | 0.848 | 0.813 | 0.890 | 1.234 | 1.298 | 1.398 | 1.424 | 1.219 |
| 生猪 | 0.312 | 0.386 | 0.428 | 0.315 | 0.433 | 0.521 | 1.075 | 0.848 | 0.599 | 0.523 | 0.542 |
| 草果 | 0.143 | 0.153 | 0.103 | 0.242 | 0.261 | 0.283 | 0.262 | 0.207 | 0.213 | 0.215 | 0.199 |
| 烤烟 | 0.261 | 0.223 | 0.198 | 0.236 | 0.359 | 0.371 | 0.350 | 0.267 | 0.372 | 0.324 | 0.420 |

资料来源：根据《全国农产品成本收益资料汇编》、《海关年鉴》、美国谷物协会统计资料等计算。

### 表 2 我国农产品比较优势度

| 农产品 | 1990 年 | 1991 年 | 1992 年 | 1993 年 | 1994 年 | 1995 年 | 1996 年 | 1997 年 | 1998 年 | 1999 年 | 2000 年 |
|---|---|---|---|---|---|---|---|---|---|---|---|
| 小麦 | 0.138 | 0.209 | 0.107 | −0.034 | 0.252 | 0.265 | 0.005 | −0.174 | −0.472 | −0.529 | −0.231 |
| 大米 | 0.697 | 0.688 | 0.758 | 0.666 | 0.418 | 0.462 | 0.508 | 0.409 | 0.331 | 0.318 | 0.347 |
| 玉米 | 0.356 | 0.301 | 0.329 | 0.398 | 0.270 | 0.361 | −0.134 | −0.179 | −0.145 | −0.301 | −0.317 |
| 大豆 | 0.274 | 0.242 | 0.258 | 0.266 | 0.338 | 0.180 | 0.043 | −0.152 | 0.031 | −0.193 | −0.052 |
| 棉花 | 0.318 | 0.263 | 0.285 | 0.187 | 0.205 | 0.177 | 0.044 | −0.031 | −0.015 | −0.089 | −0.023 |
| 油菜籽 | 0.109 | 0.548 | 0.218 | 0.152 | 0.187 | 0.110 | −0.234 | −0.298 | −0.398 | −0.424 | −0.219 |
| 生猪 | 0.688 | 0.614 | 0.572 | 0.685 | 0.567 | 0.479 | −0.075 | 0.152 | 0.401 | 0.477 | 0.458 |
| 苹果 | 0.857 | 0.847 | 0.897 | 0.758 | 0.739 | 0.717 | 0.738 | 0.793 | 0.787 | 0.785 | 0.801 |
| 烤烟 | 0.739 | 0.777 | 0.802 | 0.764 | 0.641 | 0.629 | 0.650 | 0.733 | 0.628 | 0.676 | 0.580 |

资料来源：根据表 1 的数据计算。

计算结果显示，我国部分主要农产品的比较优势具有以下基本特征：

（1）大米具有比较优势，小麦、玉米已失去比较优势。在我国主要粮食产品中，大米仍然保持着比较优势，但其比较优势度呈现出下降趋势，从 1990 年的 0.697 下降至 2000 年的 0.347，见表 2。玉米和小麦的比较优势已逐渐失去，1990—1995 年期间，我国玉米一直保持着比较优势，比较优势度在 0.27～0.398 之间。但是，从 1996 年起我国玉米变为比较劣势，而且玉米的比较劣势继续加大，从 1996 年的 −0.134 扩大到 2000 年的 −0.317。与玉米相仿，1990—1995 年我国小麦基本上具有比较优势（除 1993 年外），比较优势度在 0.107～0.265 之间。到 1996 年，我国小麦的比较优势度仅为 0.005，这表明小麦的比较优势已基本丧失。自 1997

年起，我国小麦处于比较劣势，而且小麦的比较优势度继续下降，从1997年的－0.174下降到2000年的－0.231。

（2）大豆、油菜籽已不再具有比较优势。大豆和油菜籽是主要油籽作物，表2显示，1996年以前我国大豆具有比较优势，比较优势度在0.18～0.338之间，而1996年以后我国大豆就从比较优势转变为比较劣势，比较优势度呈现为负值，但其负值没有小于0.193。1990—1995年，我国油菜籽具有比较优势，比较优势度在0.109～0.548。从1996年开始，我国油菜籽已从比较优势转变为比较劣势，比较优势度为负值。其中，1999年我国油菜籽的比较优势度下降到－0.424。

（3）生猪具有一定的比较优势。生猪是我国的主要畜产品，也是我国曾经出口较多的畜产品。表2显示，除1996年以外，我国生猪的比较优势度均呈现正值，1990—2000年期间，我国生猪比较优势的平均值为0.456。因此，我国生猪养殖基本上具有比较优势。但从比较优势度变化来看，总体上我国生猪比较优势呈现出一定的下降趋势。

（4）苹果等园艺产品具有较强的比较优势。苹果是典型的园艺产品，我们将苹果作为水果的代表。1990—2000年期间，我国苹果比较优势明显，比较优势度一直高于0.738，11年平均值为0.793。我国蔬菜也具有较强的比较优势，以大蒜、马铃薯和萝卜为例，1997—1999年我国大蒜、马铃薯和萝卜的平均优势度分别为0.862、0.719和0.789。由此可见，上述几种园艺产品不仅远远高于小麦（－0.042）、玉米（0.085）和大豆（0.112）的平均比较优势度，而且也高于大米（0.509）的平均比较优势度。这说明，由于我国农村劳动力价格较低，劳动密集型产品的比较优势明显高于土地密集型产品的比较优势。

（5）烤烟具有较强的比较优势，但棉花基本上失去比较优势。表2显示，1990—2000年期间，我国烤烟的比较优势度都在0.58以上，其11年的平均值为0.693，仅次于苹果，具有明显的比较优势。而我国棉花在1997年以前具有比较优势，比较优势度在0.044～0.318。从1997年开始，我国棉花的比较优势度呈现负值，但都没有低于－0.089。1990—2000年，我国棉花的平均比较优势度为0.12。这表明我国棉花基本上已失去比较优势。

纵观1990—2000年，我国小麦、大米、玉米、大豆、棉花和油菜籽的比较优势度均出现不同程度的下降。从 1996 年开始，我国小麦、大豆和棉花已基本失去比较优势，玉米和油菜籽的比较优势度已呈现负值，1997 年小麦、大豆和棉花的比较优势度也呈现负值。这清楚地表明：自 1996 年以来，我国农产品的比较优势已经发生很大变化，土地密集型产品已不再具有比较优势，而劳动密集型产品仍具有相当的比较优势。

## 二、我国主要农产品竞争优势分析

为了便于对我国农产品竞争力的进一步分析和把握，我们将主要农产品大致划分为土地密集型农产品和劳动密集型农产品两大类。其中小麦、玉米、大米、大豆、棉花、油菜籽和花生为土地密集型农产品，苹果、柑橘、鲜菜、大蒜、猪肉、牛肉、禽蛋、蜂蜜、茶叶和蚕丝为劳动密集型农产品。我们用产品出口所占国际市场份额、显示比较优势和贸易竞争指数三项指标的计算来反映农产品竞争优势状况，以深入了解我国农产品的竞争优势状况及其变化趋势。

### 1. 主要研究方法

（1）农产品出口占国际市场份额。一国农产品在国际市场的占有率是反映农产品国际竞争力的一个最常用、最简单的实现指标。在国际市场上，一国农产品所占份额可以表示该国农产品参与世界各国竞争、开拓国际市场的能力。显然，一国农产品国际竞争力越强，该国所占据的"势力范围"也就越大；一国农产品国际竞争力越弱，该国所占据的"势力范围"也就越小。

（2）农产品占国内市场份额。反映农产品国际竞争力的另一个常用指标是一国农产品在国内市场的占有率，用公式表示为：

$$（生产量－出口量）/（生产量＋进口量－出口量）$$

在国内市场对外开放的情况下，一国农产品所占份额可以表示该国抵抗国外农产品冲击的能力。一国农产品在国内市场占有率越高，则抗冲击能力就越强。关注抗国外农产品冲击的能力，特别是某些大宗农产品遭受冲击情况，对于我国应对 WTO 具有重要的意义。

（3）显示比较优势或相对出口绩效。显示比较优势或相对出口绩效是指一国某种商品在世界上的出口占有率之比,即一国的某种出口商品的世界市场占有率与该国的所有出口商品总额占世界总出口金额之比的比例。在本文中,为了消除出口商品中工业产品的影响,我们考虑用一国所有出口农产品总额占世界农产品总出口金额之比代替该国的所有出口商品总额占世界总出口金额之比。一般来说,若显示比较优势指数(RCA)大于2.5,则表明该出口商品具有很强的竞争力;若 RCA 指数在 1.5~2.5,则表明该出口商品具有较强的竞争力;若 RCA 指数在 1.0~1.5,则表明该出口商品具有中等竞争力;若 RCA 指数小于 1.0,则表明该出口商品竞争力较弱。

(4) 贸易竞争指数。贸易竞争指数的定义为:

$$(E_i - I_i)/(E_i + I_i)$$

其中 $E_i$ 为产品 $i$ 的出口总额,$I_i$ 为产品 $i$ 的进口总额。贸易竞争指数为正,表示该国 $i$ 类产品生产效率高于国际水平,是 $i$ 类产品的净供应国,具有较强的出口竞争力。贸易竞争指数为负,则表示该国 $i$ 类产品生产效率低于国际水平,是 $i$ 类产品的净进口国,出口竞争力较弱。如果贸易竞争指数为零,则说明该国 $i$ 类产品生产效率与国际水平相当,其进出口纯属是国际间进行品种交换。

**2. 我国农产品出口竞争优势总体状况**

联合国粮食及农业组织公布的 2000 年全球 201 个国家(或地区)农产品出口贸易资料显示:美国农产品出口占世界农产品出口市场的13.757%,继续以较大的优势稳居榜首,见表3。法国农产品出口占世界农产品出口市场的 8.133%,排在美国之后。荷兰以其农产品出口占世界农产品出口市场的 6.792%,列为第三。德国、比利时-卢森堡及英国分别以其农产品出口占世界农户品出口市场的 5.881%、4.292% 和 4.063% 位居第四至第六位。加拿大、意大利、澳大利亚和西班牙列第七位至第十位。我国农产品出口占世界农产品出口市场的 3.185%,列为第十一位。我国农产品出口额不到美国农产品出口额的四分之一,不到法国农产品出口额的百分之四十,不到荷兰农产品出口额的一半。这表明我国作为世界上最大的农业生产国,农产品出口竞争力总体上相对较弱。

从 1991—2000 年世界主要农产品出口贸易情况看,美国始终是世界上最大的农产品出口国,法国和荷兰基本上为第二、第三大农产品出口国，德国、比利时-卢森堡和英国列第四、第五和第六大农产品出口国。
而我国农产品出口情况波动较大，1991 年农产品出口金额排名第七，
1994 年升至第六，1995 年又降到第八位，从 1996 年后降至第十二、十三
名左右，2000 年我国农产品出口金额又回升到第十一位。

表 3　世界主要农产品出口国占国际农产品市场的份额（％）

| 国别 | 1991 年 | 1993 年 | 1994 年 | 1995 年 | 1996 年 | 1997 年 | 1998 年 | 1999 年 | 2000 年 |
|---|---|---|---|---|---|---|---|---|---|
| 加拿大 | 2.924 | 3.053 | 2.895 | 2.890 | 3.158 | 3.334 | 3.515 | 3.518 | 3.820 |
| 墨西哥 | 0.963 | 1.057 | 1.039 | 1.292 | 1.207 | 1.381 | 1.567 | 1.678 | 1.856 |
| 美国 | 13.568 | 14.097 | 13.482 | 14.069 | 14.231 | 3.729 | 13.069 | 12.629 | 13.757 |
| 阿根廷 | 2.146 | 1.975 | 2.061 | 2.289 | 2.096 | 2.697 | 2.838 | 2.608 | 2.625 |
| 巴西 | 2.420 | 2.860 | 3.234 | 3.017 | 3.073 | 3.512 | 3.474 | 3.312 | 3.108 |
| 中国 | 3.532 | 3.597 | 3.756 | 3.245 | 3.080 | 2.946 | 2.785 | 2.821 | 3.185 |
| 印度 | 0.851 | 0.990 | 0.834 | 1.241 | 1.256 | 1.167 | 1.343 | 1.103 | 1.206 |
| 印度尼西亚 | 0.949 | 1.089 | 1.248 | 1.241 | 1.268 | 1.326 | 1.154 | 1.231 | 1.205 |
| 马来西亚 | 1.344 | 1.478 | 1.691 | 1.859 | 1.680 | 1.603 | 1.771 | 1.705 | 1.059 |
| 新加坡 | 0.916 | 1.006 | 1.034 | 0.976 | 0.907 | 0.908 | 0.793 | 0.713 | 0.684 |
| 泰国 | 1.787 | 1.767 | 1.834 | 2.038 | 2.044 | 1.701 | 1.679 | 1.715 | 1.772 |
| 比利时-卢森堡 | 3.828 | 4.080 | 4.131 | 4.391 | 4.034 | 3.953 | 4.261 | 4.245 | 4.292 |
| 法国 | 9.963 | 9.831 | 9.003 | 9.202 | 8.678 | 8.452 | 8.735 | 8.821 | 8.133 |
| 德国 | 6.662 | 6.228 | 6.050 | 5.577 | 5.683 | 5.396 | 5.772 | 5.697 | 5.881 |
| 意大利 | 3.647 | 3.511 | 3.425 | 3.296 | 3.627 | 3.454 | 3.674 | 3.815 | 3.801 |
| 荷兰 | 9.399 | 8.666 | 9.030 | 8.336 | 8.013 | 7.037 | 6.901 | 8.240 | 6.792 |
| 英国 | 4.110 | 3.886 | 3.617 | 3.302 | 3.307 | 3.820 | 3.788 | 3.769 | 4.063 |
| 澳大利亚 | 3.175 | 3.276 | 3.079 | 2.868 | 3.455 | 3.720 | 3.275 | 3.500 | 3.580 |
| 西班牙 | 2.705 | 2.877 | 2.831 | 2.980 | 3.214 | 3.319 | 3.392 | 3.363 | 3.409 |

资料来源：根据《1998 年联合国粮食及农业组织贸易年鉴》及 FAO 数据库有关数据计算。

### 3. 我国土地密集型农产品出口竞争优势状况

表 4 显示，在我国土地密集型农产品中，小麦、油菜籽和大豆出口所
占国际市场份额很低，分别只有 0.004％、0.013％及 0.730％，这三种农
产品的竞争贸易指数均为负数，这表明我国小麦、油菜籽和大豆进口大于
出口。另外，显示比较优势值仅为 0.2 左右或不足 0.2，所以我国小麦、

油菜籽和大豆在国际市场中处于竞争劣势。

近几年我国棉花呈现为净出口状况，出口占国际市场份额为 3.968%，但显示比较优势值只有 0.682，即棉花的出口竞争力较弱。我国大米、花生和玉米出口在国际市场上占有较多的份额，分别为 9.162%、21.668% 和 7.665%，其中大米和花生的显示比较优势值都超过 2.5，贸易竞争指数都在 0.74 以上，因此大米、花生具有相当强的竞争优势。玉米的贸易竞争指数虽然为正值，但只有 0.034，而显示比较优势值为 2.199，反映出玉米具有较强的竞争优势。

表 4　我国土地密集型农产品竞争优势情况

| 农产品 | 产品出口占国际市场份额（%） | 显示比较优势 | 贸易竞争指数 |
|---|---|---|---|
| 小麦 | 0.004 | 0.115 | −0.995 |
| 玉米 | 7.665 | 2.199 | 0.034 |
| 大米 | 9.162 | 2.629 | 0.743 |
| 大豆 | 0.730 | 0.209 | −0.927 |
| 棉花 | 3.968 | 0.682 | 0.518 |
| 油菜籽 | 0.013 | 0.004 | −0.998 |
| 花生 | 21.668 | 6.218 | 0.987 |

注：显示比较优势数据为 1998—1999 年的平均值，其余为 1998—2000 年的平均值。
资料来源：联合国粮食及农业组织数据库、《国际统计年鉴》（2001）。

**4. 我国劳动密集型农产品出口竞争优势状况**

表 5 显示，在我国劳动密集型农产品中，鲜菜、大蒜、蜂蜜、茶叶和蚕丝出口所占国际市场的份额较大，鲜菜出口占国际市场份额为 13.41%，大蒜出口占国际市场份额为 23.35%，蜂蜜出口占国际市场份额为 19.07%，茶叶出口占国际市场份额为 12.31%，蚕丝出口占国际市场份额为 70%；而牛肉、猪肉、禽蛋、苹果和柑橘出口所占国际市场的份额均不超过 3%，尤其是牛肉和柑橘出口所占国际市场的份额很小，只有 0.05% 左右。

从贸易竞争指数看，鲜菜、大蒜、禽蛋、蜂蜜、茶叶和蚕丝的贸易竞争指数均在 0.82 以上，苹果、柑橘和牛肉的贸易竞争指数均为负值，这说明鲜菜、大蒜、禽蛋、蜂蜜、茶叶和蚕丝的对外贸易主要是出口，而苹果、柑橘和牛肉的对外贸易呈现净进口状态。从显示比较优势看,蚕丝、蜂蜜、茶叶、鲜菜和大蒜的显示比较优势值分别为 20.086、5.472、3.532、3.51 和 6.701,均大于 2.5,具有很强的竞争优势,而牛肉、猪肉、禽蛋、柑橘和苹果的显示比较优势数值均小于 1,所以这些畜产品及水果缺乏竞争优势。

表5　我国部分劳动密集型农产品竞争优势情况

| 农产品 | 产品出口占国际市场份额(%) | 显示比较优势 | 贸易竞争指数 |
|---|---|---|---|
| 苹果 | 3.00 | 0.861 | −0.108 |
| 柑橘 | 0.05 | 0.014 | −0.912 |
| 鲜菜 | 13.41 | 3.51 | 0.85 |
| 大蒜 | 23.35 | 6.701 | 0.999 |
| 猪肉 | 1.17 | 0.712 | 0.237 |
| 牛肉 | 0.051 | 0.015 | −0.662 |
| 禽蛋 | 2.88 | 0.827 | 0.952 |
| 蜂蜜 | 19.07 | 5.472 | 0.941 |
| 茶叶 | 12.31 | 3.532 | 0.920 |
| 蚕丝 | 70.00 | 20.086 | 0.910 |

注:显示比较优势数据为1998—1999年的平均值,其余为1998—2000年的平均值。
资料来源:联合国粮食及农业组织数据库、《国际统计年鉴》(2001)。

### 5. 我国农产品出口竞争优势的变化情况

从时间跨度上分析,我国大米的竞争优势不断加强,茶叶、花生具有比较稳定的竞争优势,另一些农产品的竞争优势正在丧失或弱化。除大豆、小麦、棉花、油菜籽等土地密集型农产品没有竞争优势外,我国猪肉、牛肉、烟叶、禽蛋、蜂蜜、蘑菇、柑橘和鱼产品等劳动密集型农产品的竞争优势正在丧失或弱化,甚至已经变为劣势。我国猪肉出口竞争优势下降,1995年我国猪肉出口占国际市场份额高达 2.412%,到 2000 年猪肉出口占国际市场份额只有 0.748%,下降幅度近 69%,见表6;1995年我国鱼产品出口占国际市场份额为 12.279%,但到 1999 年时下降至约7%,下降幅度约为 43%;1995—2000 年烟叶、蜂蜜、蘑菇出口所占国际市场的份额也有明显下降,烟叶从 4.494% 降到 1.363%,蜂蜜从 22.01%降到 19.917%,蘑菇从 20.336% 下降到 17.239%。

表 6  1995—2000 年我国部分农产品出口占国际市场的份额（％）

| 品种 | 1995 年 | 1996 年 | 1997 年 | 1998 年 | 1999 年 | 2000 年 |
|------|---------|---------|---------|---------|---------|---------|
| 大米 | 0.756 | 1.786 | 3.581 | 9.789 | 8.573 | 8.951 |
| 花生 | 25.427 | 24.919 | 12.886 | 15.505 | 23.902 | 25.595 |
| 茶叶 | 12.882 | 12.262 | 11.803 | 11.478 | 12.781 | 12.584 |
| 猪肉 | 2.412 | 2.056 | 1.906 | 2.109 | 0.773 | 0.748 |
| 牛肉 | 0.321 | 0.544 | 0.576 | 0.775 | 0.238 | 0.220 |
| 烟叶 | 4.494 | 3.763 | 2.519 | 2.360 | 1.536 | 1.363 |
| 禽蛋 | 3.475 | 3.483 | 3.849 | 3.039 | 2.501 | 3.113 |
| 蜂蜜 | 22.010 | 22.709 | 14.974 | 18.982 | 18.313 | 19.917 |
| 蘑菇 | 20.336 | 18.707 | 18.417 | 16.182 | 16.264 | 17.239 |
| 柑橘 | 0.195 | 0.146 | 0.186 | 0.057 | 0.053 | 0.026 |
| 鱼产品 | 12.279 | 9.322 | 8.605 | 7.764 | 7.003 | — |

注：根据联合国粮食及农业组织数据库和中国《海关年鉴》有关数据计算。

## 6. 我国农产品国内市场竞争优势状况

由于缺乏我国农产品在国内市场销售量及销售额的准确数据，所以我们用农产品国内消费占有率指标来代替农产品国内市场占有率指标，即我国农产品占国内消费量的比重，见表 7。该表显示，1990—2000 年我国水稻、玉米、小麦、棉花和食糖的国内消费占有率相当高，后三年水稻、玉米、小麦、棉花和食糖的国内消费占有率平均值分别达到 99.8％、99.9％、99.1％、97％、99.3％以上；而大豆的国内消费占有率呈现下降趋势，特别是 1996 年以后出现较快下降，从 1996 年的 92.15％下降到 2000 年的 59.33％。我国大豆抗冲击能力较弱，除了国内大豆消费总量快速增加和缺乏比较优势以外，还与大豆作为农产品放开品种，缺乏适度的保护措施密切相关。食用植物油的国内消费占有率也呈下降趋势，后三年的平均数为约 78％。

表 7  我国重要农产品国内消费占有率（％）

| 农产品 | 1990 年 | 1991 年 | 1992 年 | 1993 年 | 1994 年 | 1995 年 | 1996 年 | 1997 年 | 1998 年 | 1999 年 | 2000 年 |
|--------|---------|---------|---------|---------|---------|---------|---------|---------|---------|---------|---------|
| 水稻 | 99.97 | 99.92 | 99.99 | 100 | 99.71 | 99.12 | 99.61 | 99.84 | 99.88 | 99.91 | 99.87 |
| 小麦 | 88.69 | 88.58 | 90.57 | 94.31 | 93.26 | 89.81 | 93.01 | 98.51 | 98.66 | 99.61 | 99.13 |

（续）

| 农产品 | 1990 年 | 1991 年 | 1992 年 | 1993 年 | 1994 年 | 1995 年 | 1996 年 | 1997 年 | 1998 年 | 1999 年 | 2000 年 |
|---|---|---|---|---|---|---|---|---|---|---|---|
| 玉米 | 99.61 | 100.00 | 100.00 | 100.00 | 100.00 | 95.57 | 99.66 | 100.00 | 99.81 | 99.98 | 100.00 |
| 大豆 | 99.99 | 99.99 | 98.76 | 99.33 | 99.95 | 97.84 | 92.15 | 83.90 | 82.40 | 76.48 | 59.33 |
| 棉花 | 91.18 | 93.67 | 93.97 | 99.72 | 88.94 | 86.01 | 98.48 | 85.46 | 95.52 | 98.57 | 98.87 |
| 食用油 | 82.55 | 91.22 | 93.97 | 97.54 | 81.02 | 75.61 | 77.31 | 73.87 | 73.54 | 77.68 | 82.73 |
| 食糖 | 98.45 | 98.81 | 98.74 | 99.40 | 97.91 | 96.39 | 98.52 | 99.17 | 99.48 | 99.33 | 99.16 |

资料来源：根据《中国农业发展报告》（2001）表 14～表 19 有关数据计算。

### 7. 比较优势和竞争优势不一致问题

在前面分析中，我们可以发现：许多农产品的比较优势与竞争优势是一致的，但部分农产品的比较优势与竞争优势并不一致，即某些具有比较优势的农产品却没有竞争优势，而某些不具有比较优势的农产品又具有一定的竞争优势。以我国苹果为例，它的比较优势一直很显著，其比较优势度不低于 0.738；但竞争优势却较弱，1998—2000 年我国苹果出口份额只占国际市场的 3%，而且其贸易竞争指数为负值，即呈现净进口状况，显示比较优势小于 1。由此可见，苹果的比较优势与竞争优势明显不一致。又如，我国生猪的比较优势明显，除 1996 年生猪的比较优势度为负值以外，1990—2000 年期间其余年份均为正值，这 11 年生猪的比较优势度平均值达 0.456。但我国猪肉的竞争优势比较弱，具体表现为猪肉出口占国际市场的份额很少并且进一步下降，1998—2000 年猪肉出口占国际市场的平均份额不足 1.3%，而且显示比较优势小于 1，所以我国猪肉的竞争优势与比较优势也不一致。我国玉米是一个比较特殊的情况，玉米的比较优势和竞争优势不一致与苹果、猪肉情况恰好相反。1996 年以后我国玉米已不具备比较优势，但 1998—2000 年我国玉米出口占国际市场的 7.66%，显示比较优势为 2.19，具有较强的竞争优势。我国农产品比较优势和竞争优势不一致的问题，主要集中在猪肉、牛肉等畜产品和苹果、柑橘等园艺产品方面。

上述部分农产品的比较优势和竞争优势不一致问题，表明了以价格成本为基础的比较优势理论有时并不能完全解释农产品竞争力强弱的原因；同时，也证实了决定农产品竞争力的主要因素不仅仅是农产品价格，而且还包括农产品质量。因为农产品价格是以消费者要求的某种质量为前提，如果离开了农产品质量这一前提，讨论和比较农产品价格就会偏离"基准"，只有当某种农产品质量符合消费者要求时，这种农产品的比较优势才有意义。

# 技术壁垒与农产品竞争力 *

在农产品国际市场竞争中，技术壁垒已成为许多国家常用的一种自我保护的重要手段。设置技术壁垒，既可以抵御国外疫病和有害生物的入侵，保护本国人民健康、动植物安全和生态环境，又可以削弱国外农产品的竞争优势，增强本国农产品在国内市场的竞争力。而扩大农产品出口贸易，则要破除国外设置的技术壁垒。因此，技术壁垒与农产品竞争力关系密切，是影响农产品国际竞争力的重要因素。

## 一、技术壁垒对农产品国际贸易的影响

### 1. 技术壁垒含义

技术壁垒是技术性贸易壁垒的简称，是指一国以维护国家安全、保障人类健康和安全、保护生态环境、防止欺诈行为和保证产品质量等为理由，所采取的一些技术措施，在一定程度上，这些措施成为其他国家商品自由进入该国市场的障碍。技术壁垒涉及面非常广泛，既包括以技术法规、技术标准和合格评定程序为核心而采取的一系列技术性措施，也包括动植物检疫措施（SPS）、商品检验、包装和标签及标志等。

世界贸易组织的《TBT 协议》与《SPS 协议》对实施技术壁垒做出了一些原则规定。《TBT 协议》指出，采取技术性贸易壁垒措施必须是为了达到维护国家基本安全、保障人类和动植物的健康和安全、保护环境、防止欺诈行为、保证产品质量这五个合法目标。各成员在制定技术性贸易壁垒时，应遵守两项基本原则：一是非歧视原则，即在采取技术性贸易壁垒时，进口产品的待遇不得低于国内同类产品的待遇；二是透明度原则，

---

　　* 文章来源于翁鸣、陈劲松等著《中国农业竞争力研究》，中国农业出版社，2003 年 11 月第1 版。本文为作者的独立成果。

即当某一成员拟采取与国际标准的内容有实质性的不一致并对其他成员的贸易产生重大影响的技术性贸易壁垒措施时，应通过各种方式提前告诉其他成员方。《SPS协议》主要内容包括：①动植物检疫措施只能限于保护动植物生命或健康的范围，并以科学为根据。不应对条件相同、相似的缔约方构成歧视，不应构成对国际贸易的变相限制；②鼓励各缔约方参加有关国际组织，采取的检验措施应以现行的国际标准、准则或建议为基础。同时，允许检疫措施高于国际标准、准则或建议，但应有科学依据；③检疫的保护水平应当是恰当的，并通过风险评估来确定；④非疫区及低度流行区概念；⑤成员公布所有检疫规定，新出台的检疫规定应在公布与生效之间留有一段时间；⑥检疫措施通常是以双边协定或多边协定为基础实施的。

**2. 技术壁垒兴起的背景**

在国际贸易自由化的大趋势下，世界贸易组织成员之间的关税壁垒已被大大削弱，关税的贸易保护作用不断缩小，同时非关税壁垒中的进口配额、许可证的贸易限制也逐渐弱化或消失。世界贸易组织的《农产品协议》规定，在市场准入方面，非关税边境措施被关税所取代，对于这种"关税化"后的关税以及其他农产品的正常关税，发达国家分6年平均降低36%，发展中国家分10年平均降低24%，每一个税号的减让幅度对于发达国家不低于15%，发展中国家不低于10%。在这种国际背景下，技术壁垒就自然地成为各国保护国内农业的最理想、最隐蔽、最有效的手段。

虽然国际贸易自由化是主流趋势，但贸易保护主义仍然不时抬头。许多国家为了自身利益，在发展农产品出口贸易的同时，十分注意保护本国农业生产，控制或阻碍国外农产品进口。特别是近两年来，西方发达国家经济发展缓慢，国际贸易摩擦和纠纷有所加剧，导致了贸易保护主义抬头。一些发达国家为了保护本国农业发展，利用其掌握的科学技术优势，以及利用其参与制定有关标准和规则的便利，对发展中国家设置了种种技术壁垒。而发展中国家也不得不利用技术壁垒，设法保护自己的农业生产。因此，技术壁垒对国际农产品贸易的影响越来越明显，有发展成为逐步替代关税和一般非关税壁垒的新贸易壁垒的趋势，成为发达国家实行贸易保护主义的主要手段和高级形式。

**3. 技术壁垒对农产品国际贸易的影响**

客观地说，技术壁垒对农产品贸易具有正负两方面的影响。从正面影响来看，合理的技术壁垒有利于保护人类健康、动植物和生态环境，有利于维护贸易双方的正当权益，促进双方贸易的稳定发展，这也是世界贸易组织制定《TBT 协议》《SPS 协议》的本意；从负面影响来看，技术壁垒容易演化成阻碍农产品国际贸易的"合理借口"。由于 TBT 协议和 SPS 协议本身提出的是一些原则，而非具体的标准，而且 SPS 协议明确指出："各成员有权采取为保护人类、动物或植物的生命或健康所必需的动植物卫生检疫措施"，并允许"各成员可以实施或维护比有关国际标准、准则或建议为依据的措施所提供的保护水平更高的动植物卫生检疫措施，但要有科学依据"。这就是说，TBT、SPS 协议为各成员根据本国（地区）实际情况制定和实施动植物检疫留下了相当大的空间，以至于技术壁垒经常被异化为阻挡外国农产品进口的重要工具。

利用技术壁垒限制或阻挡外国农产品进口，主要是通过两个层面来体现：一是通过技术壁垒来削弱出口国农产品的竞争优势，提高本国农产品的竞争力，从而达到缩小竞争优势差距或超越对方竞争优势的目的；二是通过技术壁垒来封杀国外农产品，即出口国农产品因某些质量安全指标不合格而遭到进口国拒绝，使出口国农产品根本无法进入进口国市场。

（1）削弱国外农产品的竞争优势。在国际农产品贸易中，运用技术壁垒削弱国外农产品竞争优势的方法很多，最常用的是技术标准、技术法规和技术认证。一是进口国制定繁多、严格的技术标准和技术法规，使出口国难以防范；或者出口国要达到进口国的技术要求，就必须投入大量的资金、技术和人力，迫使出口国农产品成本上升，从而达到削弱国外农产品竞争优势的目的。例如，欧盟拥有 10 多万个技术标准；日本有关农药、兽药残留限量标准多达6 000多个，仅对进口大米就设置了 47 项农药残留检测标准；二是制定专门标准用来对付某些国家的出口产品，例如，美国为了阻止墨西哥的土豆输入，对土豆标准规定有成熟度、外形大小等指标，这就给墨西哥的土豆输美造成了困难，因为墨西哥出口美国的土豆不能太熟，否则易烂，但土豆不熟又难以满足成熟度要求。这给墨西哥出口商既增加了供货难度，又提高了销售成本；三是利用合格评定程序设置技术壁垒，如美国的 FDA 认证、欧盟的 CE 认证等，利用合格评定程序设置贸易技术壁垒是发达国家经常使用的手段。商品在进口过程中由于合格评定所产生的争议，常常会导致复杂的、旷日持久的调查、取证、辩护、裁定等程序。在履行了这一系列复杂程序后，即使认定有关商品符合规定而准许进口，该商品的销售成本可能已经大为增加，从而失去与本地同类产品的竞争力。

（2）阻挡国外农产品进入本国市场。在国际农产品贸易中，有时直接运用技术壁垒封杀国外农产品，或者设法让本国技术壁垒高不可攀使对方农产品完全丧失竞争力。这里包括两种情况：一是根据有关国际组织标准和世界各国的通行做法，封杀危害人类、动物、植物和生态环境的疫病疫情等，如严禁来自疯牛病疫情国家的牛肉；二是为了保护本国农业生产和农民利益，利用 TBT、SPS 留下的空间，有意设置一些极为严格的技术要求，而这些技术要求又不是国际组织推荐的技术标准，并使出口国几乎不可能达到这些技术要求。例如，日本为了封杀我国菠菜对其出口，在 2002 年 4 月公布的农药残留限量标准表中，将进口菠菜中农药毒死蜱限量抬高至 0.01ppm，远远超过欧盟菠菜标准、国际食品法典委员会 CAC 标准和美国蔬菜标准所含毒死蜱限量，即超出了国际社会和国际组织公认的标准。很明显，日方制定的蔬菜所含毒死蜱限量指标，已经超出了一般保护人类健康的意义，具有明显的贸易保护主义色彩，可能成为新一轮中日农产品贸易争端的导火索。

## 二、技术壁垒的经济学分析

为了进一步研究的需要，我们试图用经济学方法对技术壁垒进行描述和分析。首先，我们设定所讨论的农产品具有以下两种性质：一是农产品具有同质性和替代性，由于具备了同质性和替代性，不同国家的同类农产品才能在国际市场上互相竞争，比较出农产品价格竞争的强弱；二是农产品又具有异质性（质量、安全性、品质、口感等），正是这种异质性的存在，才导致农产品竞争的多样性和复杂性。农产品的同质替代和竞争是有一定范围和条件的，也就是说在某个边界内，各国农产品的同质替代和竞争是有效的，而超过这个边界，则各国农产品的同质替代和竞争是没有意义的。我们所关心的问题，就是技术壁垒对这一边界移动的作用，以及对农产品竞争力的影响。

**1. 农产品替代性和差异性与市场竞争的关系**

从一般意义上讲，商品都具有共性和个性。所谓商品的共性是指某一类商品的共同特征，而商品的个性则反映出一个商品或一批商品区别其他商品的特征。表现在具体的产品上，这种共性和个性关系就体现为产品的同质性和差异性。我国学者金碚指出，从经济学的理论上把握产品差异性对竞争力的影响，实际上就是在产品的同质性和异质性之间，以及替代性和非替代性之间，做一个适当的假设，即假设产品在多大程度上是同质的，在多大程度上是异质的；在多大程度上是可替代的，在多大程度上是不可替代的。[①] 从这一思想出发，可以将农产品竞争空间划分为替代性竞争区域和差异性竞争区域。在替代性竞争区域，同类农产品的同质性很高，这时各国农产品之间竞争关系主要体现在成本价格方面。而在差异性竞争区域，各国农产品之间竞争关系主要体现在质量、安全性、品种、消费者偏好等方面，这时竞争目标已不再是成本价格。很明显，在不同的市场竞争区域，农产品的竞争内容以及竞争的困难程度都是有很大的不同。农产品替代性和差异性与市场竞争的关系，可用图 1 表示。

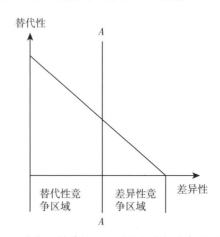

图 1　农产品替代性、差异性与市场竞争的关系

在图 1 中，纵坐标表示农产品的同质性或替代性，当某类农产品的同质性（替代性）很高时，这些农产品之间主要是成本价格竞争关系。横坐

---

① 金碚，《经济学对竞争力的解释》，《经济管理》，2002 年第 22 期。

标表示农产品的差异性（不可替代性），随着差异性的上升，意味着市场对质量、安全性、品质等指标的要求越来越高，同时也反映农产品竞争的难度越来越大。随着差异性的进一步上升，只有少数农产品能够进入竞争范围，而大多数农产品将无法进入竞争范围。图中 $A-A$ 线段左侧是替代性竞争区域，右侧是差异性竞争区域。在替代性竞争区域，农产品成本价格越低，其农产品竞争力就越强；在差异性竞争区域，农产品的差异性是决定竞争力的主要因素，如农产品的质量、安全性等。但是当差异性上升到一定程度时，原来同类产品就会转化为不同类产品，而不同类产品之间就没有竞争关系。

**2. 技术壁垒对农产品竞争关系的影响**

在图 1 中，农产品竞争被抽象地用线段 $A-A$ 划分为替代性竞争和差异性竞争两个区域，实际上线段 $A-A$ 是由农产品质量、安全性、品质等方面一系列标准、规定和指标所决定的，或者说是由这些相关标准、规定和指标所组成的技术壁垒所决定的。我们可以这样来理解，当技术壁垒一定时，符合这一技术壁垒条件的农产品就会进入替代性竞争区域，不同国家同类农产品之间展开互相竞争。但是技术壁垒是可变的，当技术壁垒的难度下降，图 2 中 $A-A$ 右移到 $A'-A'$ 时，这表明农产品同质竞争条件放松，替代性竞争区域扩大，差异性竞争区域缩小，更多的同类农产品参与同质竞争；当技术壁垒的难度上升时，图 2 中 $A-A$ 左移到 $A''-A''$ 时，这表明农产品同质竞争条件提高，替代性竞争区域缩小，差异性竞争区域扩大，一些农产品被技术壁垒所限制而无法参与竞争，同质竞争的农产品减少。

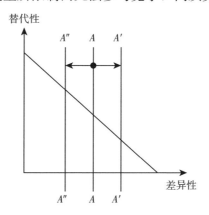

图 2　技术壁垒对农产品竞争关系的影响

在图 2 中，我们假定 $A$-$A$ 为合理的技术壁垒位置，那么在这种情况下，替代性竞争区域的空间较大，许多国家的农产品可以进入这个区域并进行自由竞争，国际农产品贸易得到正常的开展。但是，当某些国家为了保护本国的经济利益，采取贸易保护主义政策，不合理地提高技术壁垒的难度，即将 $A$-$A$ 左移至 $A''$-$A''$，替代性竞争区域被压缩，从而达到限制他国农产品进入的目的。当 $A$-$A$ 左移较多时，也就是替代性竞争区域很小时，他国农产品很难进入该国市场，其极端情况是出口国的农产品被进口国所封杀。

**3. 技术壁垒对农产品竞争力的影响**

为了便于研究，我们将农产品国际贸易简化成一个农产品出口国和一个农产品进口国之间的贸易。现在，我们来考虑农产品进口国的技术壁垒与农产品出口国的出口数量及其农产品竞争力之间的关系。进口国技术壁垒、出口国农产品出口数量和出口国农产品竞争力三者关系，可以粗略地用图 3 表示。

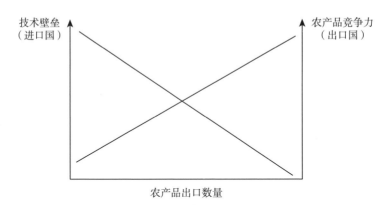

图 3　技术壁垒与农产品出口、竞争力的关系

图 3 反映了进口国技术壁垒与出口国农产品出口数量呈反向关系，进口国技术壁垒与出口国农产品竞争力呈反向关系。在图 3 中，左边纵坐标表示进口国的技术壁垒，其箭头方向标志着技术壁垒难度增加；右边纵坐标表示出口国的农产品竞争力，其箭头方向标志着农产品竞争力增强；横坐标表示出口国的农产品数量，其数量增加方向是由左至右。图 3 反映了进口国所设技术壁垒的难度越高，对出口国形成的出口阻碍就越大，农产品出口数量由此相应减少。而农产品竞争力可以用农产品出口占国际农产

品市场份额来衡量，即农产品出口数量越多及所占国际农产品市场的份额越大，则出口国的农产品竞争力也就越强。同时，这也反映了进口国所设技术壁垒难度越高，对出口国农产品出口的阻碍程度也越大，从而导致出口国农产品竞争力下降；相反，进口国所设技术壁垒难度降低，对出口国农产品出口的阻碍程度也减少，有利于提升出口国农产品竞争力。

# 三、我国面对国外农产品技术壁垒的挑战

加入世界贸易组织后，我国享受世贸组织成员待遇，使我国对外贸易环境总体上得到改善，这有利于推动我国农产品出口贸易发展。但是，我们同时应该清楚地看到，我国作为世界上最大的农产品生产国，目前已经具备了相当的农业竞争力，并且在水稻、蔬菜、水果、畜产品、水产品、茶叶等方面具有较大的比较优势，这就使其他任何一个国家都不敢轻视我国农业潜在的和现实的竞争能力，并与我国在国际农产品市场上展开激烈的竞争。一些国家对我国农产品实施技术壁垒，削弱我国农产品竞争力，就是其中一个重要的竞争手段。

## 1. 我国农产品出口遇到国外技术壁垒的阻拦

近年来，随着我国加入世界贸易组织进程的发展，我国面临国外农产品技术壁垒的挑战越来越严峻，也是入世以来我国农业面对的最大挑战。由于欧盟对茶叶实施新的检验标准，使我国茶叶出口退货大幅增加。根据海关统计，2001 年上半年和 2002 年上半年，我国出口茶叶退货分别是1 643 吨、973 吨。由于日本对我国蔬菜采取严格检验措施，使我国对日本出口蔬菜严重受阻。据中国食品土畜进出口商会统计，2002 年 1—7月，我国对日本出口蔬菜（包括加工品）72 万吨，比 2001 年同期减少7％；其中出口保鲜蔬菜 17.9 万吨，比 2001 年同期减少 20％；出口冷冻蔬菜 14 万吨，比 2001 年同期减少 7％。更为严重的是自 2002 年 1 月起，欧盟宣布全面禁止从我国进口动物源产品。我国遭受的发达国家技术壁垒挑战有以下几个特点：

（1）技术壁垒规定的指标要求越来越严格。为了削弱我国农产品竞争力，一些发达国家不仅设置了技术壁垒，而且技术壁垒提出的技术要求也越来越高，甚至达到了苛刻的程度，对我国农产品出口构成的阻力也相应

大大地增加。例如，欧盟自 2000 年 7 月 1 日开始实施茶叶农药残留新标准，部分新标准的指标比原标准提高了 100 倍至 200 倍。欧盟茶叶新标准的实施，使我国出口茶叶超标数量增加，茶叶出口退货数量相应增加。又如，欧盟对氯霉素残留量的标准规定为 0.1～0.3ppb，远超过日本标准（50ppb）、美国标准（4～5ppb），以至于欧盟国家自己的产品也常常达不到。日本为了阻拦中国菠菜对其出口，在 2002 年 4 月公布的菠菜中农药毒死蜱残留限量为 0.01ppm，这项明显针对我国的技术壁垒措施，既远远严于日本蔬菜中其他有机磷农药的残留限量（其他有机磷农药残留限量比毒死蜱多 10 倍以上），又大大超出美国、欧盟及国际组织标准（美国、欧盟和 CAC 标准为 0.05ppm）。

（2）技术壁垒涉及的产品范围越来越大。一些发达国家对我国出口农产品实施技术壁垒的范围不断增大，现已包括粮食、水果、蔬菜、畜产品、水产品、禽产品、茶叶等大部分农产品。2002 年 1 月，欧盟以我国出口的小龙虾所含氨霉素超标为由，宣布全面禁止我国动物源产品进口，这不仅使我国水产品、畜产品、禽产品难以出口到欧盟国家，而且使像蜂蜜等与动物有关的产品也无法出口欧盟，2002 年我国共有 10 多亿美元的农产品无法进入欧盟市场。日本对蔬菜、水果、稻米等农产品实施技术壁垒，对我国农产品出口影响较大的包括菠菜所含毒死蜱限量、水果病虫害（橘小实蝇疫区和瓜实蝇疫区）；日本在 1999 年对我国出口大米要求检测的农药残留等指标增加到 104 项，比原来增加了 80 项指标。

（3）技术壁垒的禁令往往会引起连锁反应。一个发达国家或几个发达国家对我国实施技术壁垒，往往会引起其他一些国家对我国也实施技术壁垒。2002 年 1 月，欧盟宣布全面禁止我国动物源产品进口后，瑞士、日本、韩国等国家相继采取措施，加强对我国动物源性产品的检测，德国、荷兰等国提出更高更严的要求，沙特暂停了我国此类产品的进口。2002 年 1 月，日本实施"中国蔬菜检测强化月"，对我国出口蔬菜实行每批检测，这些技术壁垒措施对我国农产品出口造成较大的不利影响。美国始终保持着较高技术壁垒，使我国农产品出口美国市场十分困难。例如，美国 FDA 颁布的《最大限度减少新鲜水果蔬菜细菌污染危险的食品安全卫生指南》要求：在水果、蔬菜汁生产过程中强制实施 HACCP；推行果汁蔬菜标签计划。由于我国农产品生产及其加工过程中 HACCP 管理不足，所以美国的农产品质量标准和认证体系一直对我国农产品出口产生相当大的影响。因此，分析我国农产品遭受国外技术壁垒阻碍的主要原因，以及破解发达国家技术壁垒，是我们面临的一个重大的现实问题。

**2. 我国农产品遭受国外技术壁垒阻拦的主要原因**

（1）发达国家设置技术壁垒，是为了保护本国利益的需要。首先，发达国家为了巩固其农业在国民经济中重要基础地位，仍然十分重视农业生产，保护和扶持农业成为政府的一项重要的长期政策。美国、日本和欧盟等都投入巨额资金支持农业发展，例如，美国政府在农业上长期采取支持价格和稳定收入政策，对外实行农产品推销政策；其次，发达国家都把保护本国农场主的经济利益作为政治目标。由于这些国家已达到很高的经济发展水平，居民可支配收入水平普遍很高，为了保证农场主的收入达到与社会平均收入相协调的水平，一些国家政府或政党为了其政治需要，积极推行贸易保护主义。以 2001 年中日农产品贸易争端为例，当时日本政府宣布：对从中国进口的大葱、鲜蘑菇、蔺草席实行超过限额部分分别征收 $256\%$、$266\%$ 和 $106\%$ 的关税。日本政府采取贸易保护主义这一行动，被认为是自民党为日本参议院选举而争取农民选票的一种有效方式。另外，西方国家的农民合作组织非常完善，是维护农民利益的一支重要的社会力量，对政府具有相当的影响力。他们积极要求政府采取相应措施，控制或减缓国外农产品进口，加强对本国农产品市场的保护。

（2）WTO 有关文件为技术壁垒的"借题发挥"提供了空间。TBT 协议和 SPS 协议是为了减低技术壁垒的变相限制和推动贸易自由化而制定的，并对实施技术壁垒做出了一些原则规定。但是，现实的技术壁垒却对正常的国际农产品贸易构成了相当的障碍，这与世界贸易组织的 TBT、SPS 协议等文件的规定有很大关系。例如，SPS 协议最基本的概念是实施有关措施必须"以科学原理为依据，如无充分的科学依据则不再实施"，但是科学依据的基础究竟是何种标准或准则，就连 SPS 制定者自己也无法解释其准确的含义。这种情况为各成员可以随意选择适合自己利益的科学观点提供了空间和方便，即使这些观点可能导致一国标准高于或低于国际标准，这就给解释"科学"留下了很大的活动空间。正是 WTO 难以对"科学依据"做出令人信服的解释，以至于发达国家利用其先进技术及操纵标准制订的优势，根据自己国内生产发展需要而轻易地为发展中国家农产品出口设置障碍，以达到占领和控制国际农产品市场的目的。前文多次提到一些发达国家设置技术壁垒阻碍我国农产品出口，就是最好的例证。

（3）我国农产品总体质量水平不高，容易受外国技术壁垒阻拦。与西方发达国家相比，我国农产品质量管理体系尚未建立，我国农产品还存在着农药残留、化肥残留、重金属、兽药残留超标问题，存在着某些疫病疫情，存在着商业品质方面的问题，因此发达国家能够利用这些农产品缺陷，比较容易地制订针对性较强的技术壁垒来限制我国农产品出口，客观上使我国农产品出口容易受到外国技术壁垒的阻拦。同时，一些发达国家提出部分农产品进口条件之一，是出口国应具备质量认证体系和药物残留监控体系，而我国农产品质量认证体系和药物残留监控体系很不完善，这也是影响农产品出口的一个重要因素。

（4）我国农产品出口贸易较快发展，容易引发外国技术壁垒对我国的阻拦。我国是世界上最大的农产品生产国，也是发展中国家中最大的农产品出口国。随着我国经济较快增长，不仅我国农产品出口贸易得到相应的发展，而且我国农产品生产能力得到较大的提高。特别是我国加入世界贸易组织，改善了我国对外贸易的国际环境，有利于推动农产品出口贸易进一步发展。2002年我国农产品出口继续增长，前11个月农产品出口总额已达161亿美元，不仅比上年同期增长13％，而且超过2001年全年农产品出口总额，创造了我国农产品出口的历史最高水平。但是我国农产品出口贸易发展，使得农产品国际市场竞争更加激烈，不可避免地影响其他国家的经济利益，这就容易引发一些国家对我国实施技术壁垒。从我国农产品出口市场结构来看，亚洲地区仍占我国全部农产品出口比重的70％以上，显然出口地区过于集中。从农产品出口品种和出口时间均衡性来看，我国农产品出口品种和出口时间比较集中，在短时间内容易造成进口国市场受冲击的现象。这些情况都会引起进口国政府、农民合作组织和农民的关注和警觉，也容易使进口国采取一些措施阻碍我国农产品出口，其中包括实施技术壁垒措施。

# 不可低估的道德壁垒*

## ——国际农产品贸易中的动物福利问题

动物福利（animal welfare）是指为了使动物能够康乐而采取的一系列行为和给动物提供的相应的外部条件。动物福利是强调保证动物康乐的外部条件，而提倡动物福利的主要目的有两个：一是从以人为本的思想出发，改善动物福利可最大限度地发挥动物的作用，即有利于更好地让动物为人类服务。二是从人道主义出发，重视动物福利，改善动物的康乐程度，使动物尽可能免除不必要的痛苦。由此可见，动物福利的目的就是人类在兼顾利用动物的同时，改善动物的生存状况。

动物福利法是国家为保护和改善动物福利而制定的、由执法部门实施的法律、法规等一系列法律文件的总称。作为改善动物福利的法律，满足动物的需求有其基本原则。动物福利的基本原则有五条：①享有不受饥渴的自由。保证提供充足的清洁水、保持良好健康和精力所需要的食物，主要满足动物的生命需要。②享有生活舒适的自由。提供适当的房舍或栖息场所，动物能够舒适地休息和睡眠。③享有不受痛苦、伤害和疾病的自由。保证动物不受额外的疼痛，并预防疾病和对患病动物及时治疗。④享有生活无恐惧和悲伤感的自由。保证避免动物遭受精神痛苦的各种条件和处置。⑤享有表达天性的自由。提供足够的空间、适当的设施以及与同类动物伙伴在一起。

动物福利法起源于英国。早在 1809 年，英国就出现过一项禁止虐待动物的提案，但该提案被国会下院否决。1822 年，理查德·马丁（Richard Martin）提出的禁止虐待动物议案获得英国国会的通过，"马丁法令"成为世界上第一部反对虐待动物的法律。1824 年 6 月，英国防止虐待动物协会（RSPCA）成立，这是世界上第一个动物福利组织。该协会的目的是善待动物、制止虐待动物的行为。1840 年，维多利亚女王冠以该协

---

* 本文原载于《国际贸易》2003 年第 6 期。

会"皇家"名称,RSPCA逐步成为一个社会事业机构,并在保护动物、提高动物福利及实施动物福利法案等方面发挥了重要作用。英国作为动物福利法的诞生地,不仅推动了英国动物福利运动的发展,而且对欧洲各国乃至全世界动物福利运动发展都产生了重要影响。欧盟和其他许多国家所制订的动物福利法,大都是以英国动物福利法为蓝本,在此基础上结合本国情况而确定的。英国的动物福利法不仅制定最早,而且内容也最为繁多。若从动物用途分类来看,英国动物福利法案可细分为农场动物福利法、实验动物福利法、伴侣动物福利法、工作动物福利法、娱乐动物福利法和野生动物福利法。从国际贸易的角度讲,农场动物福利法与农产品贸易的关系最为直接且密切。

农场动物福利法包括以下一些主要具体内容:

(1)农场动物的饲养。动物饲养包括动物的喂养、环境及其健康管理等方面。农场不得以使动物受到额外伤害的方式饲养农场动物,应为农场动物提供固定的良好环境条件。

(2)农场动物的运输。英国贯彻实施欧共体的95/29号令,即在动物运输过程中,避免动物受到伤害。如果出现动物患病、受伤及引起额外痛苦,就必须停止运输。农场动物在运输过程中,农场动物应得到充足的饮食和休息时间。

(3)农场动物的手术。英国禁止会引起动物疼痛而又不使用麻醉剂的动物手术,也禁止涉及农场动物致残的手术。

(4)农场动物的屠宰。英国的《动物福利法(屠宰)》规定,屠宰房应保证动物的基本安全,其结构、设备和工具不会引起动物的刺激、痛苦及伤害,动物屠宰场应远离动物,实施单独屠宰等。

除上述规定外,还包括不得以踢打等方式虐待动物、激怒或恐吓动物,不得自行或协助他人挑逗动物或使其搏斗,不得无故给动物服用有毒、有伤害性的药物等。英国法律对违反动物福利法的人员,做出了相应的处罚规定。

# 一、动物福利的国家差距

动物福利的国家差距是指不同国家在实施动物福利方面存在的客观差

距。这种差距不仅表现在各国家（地区）之间的差异，更主要是表现在发达国家（地区）与发展中国家（地区）之间的差异。在动物福利立法及实施方面，发达国家远远领先于发展中国家。自"马丁法令"以来，许多西方国家已经制定了比较完善的动物福利法，如法国、德国、美国、新加坡、菲律宾等都已制定了有关动物福利法，而发展中国家则是主要投入到濒危动物和野生动物保护运动之中，使越来越多的人认识到人类与动物和谐共处的重要性，但尚未或很少涉及农场动物的福利问题。具体来说，主要有以下几方面差距：

公众理念和认知。发达国家大多数公众认可动物享有"五大自由"，认为爱护动物是每一个有良知的公民所必须具有的善良天性，是道德高尚的社会特征之一；而发展中国家公众的理念更多地表现为人类是动物世界的主宰。

动物福利立法。大多数发达国家（地区）都用立法形式保护动物和维护动物福利，动物福利法是这些国家和地区公民必须遵守的社会行为准则；而发展中国家大都尚未制定动物福利法，或相关的法律法规很不完善。

动物饲养、运输及屠宰。发达国家不仅有较为完善的动物福利法，而且有相应的实施细则，例如欧盟规则对动物运输有严格的要求：足够的休息空间、足够的饮水供应、空气清新系统、湿度保持在 $5\sim15℃$、分隔好的区域；而大多数发展中国家基本上没有很好地考虑这些动物福利问题。

"动物福利"的国家差距根源于不同国度之间经济发展、文化教育、科学技术、社会道德、传统习俗等方面的差异，缩小动物福利的国家差距，首先必须加快发展中国家的经济发展，提高文化教育和社会道德水平。而不同国家之间动物福利差距的缩小，需要经过很长一段时间。

发达国家与发展中国家在动物福利问题上，既存在着共同目标，又存在着诸多矛盾。一方面，动物福利作为一种人类社会文明进步的体现，是各个国家共同努力的目标，发达国家有义务帮助发展中国家实现这一目标；另一方面，由于动物福利差距的客观存在，西方国家要求国际社会认同他们的思想和观念，特别是有时利用其实施动物福利的优势，与发展中国家争夺利益，这就必然会引起矛盾和纠纷。因此，开展有效的国际合作，促进发展中国家开展动物福利工作的同时，兼顾发展中国家的权利和利益，才能推动动物福利运动的普及和发展。

## 二、动物福利的社会影响

### （一）一些国家已将动物福利作为进口农产品的标准

某些西方国家（特别是欧洲国家）在进口活体动物时，利用已有的动物福利优势，将动物福利作为进口标准的一个重要内容，以此判断是否准予进口。如果进口动物不符合这样的福利标准，则被拒绝进口。一个典型的例子是乌克兰向法国出口活猪受阻，2002 年，几位乌克兰农场主根据合同，向法国出口活猪。经过 60 多个小时的长距离运输后，他们却被法国有关部门拒之门外，受阻的原因是：乌克兰农场主在长途运输中没有考虑活猪的福利问题，即这批活猪没有按照法国有关动物福利法规在途中得到充分的休息，因违反动物福利法而被拒绝入境。2003 年 1 月，欧盟理事会明确提出，欧盟成员在进口第三国动物产品之前，应将动物福利作为考虑的一个因素。

### （二）动物福利内容已列入 WTO 新一轮农业谈判方案

近几年，一些欧洲国家和欧洲动物保护协会督促欧盟设法使 WTO 考虑有关动物福利问题，这些国家不仅要求扩大动物福利的社会影响，而且力图使其理念和立法得到国际社会的认可。2003 年 2 月，WTO 农业委员会提出的《农业谈判关于未来承诺模式的草案》第一稿及其修改稿，吸收了某些国家的意见，并将"动物福利支付"列入"绿箱"政策之中。这表明一些西方国家要求重视动物福利的呼声比较强烈，这为他们进一步提出某些国际农产品贸易的动物福利规则创造条件。在未来的国际农产品贸易中，不同国家之间因动物福利引发的矛盾将呈现上升趋势。

### （三）动物福利可能成为西方国家采取的新贸易壁垒

未来新一轮 WTO 谈判结束时，各成员方市场将进一步开放，出口补贴和国内支持将进一步削减，技术壁垒也将受到进一步规范，贸易保护程度总体上将会有较大的下降。当国内保护和技术壁垒作用降低时，一些发达国家就会寻找新的贸易壁垒，减小市场开放程度，规避 WTO 新规则对其的约束，达到保护本国农民经济利益的目的。他们可能会利用动物福利的国家差距，作为新的贸易壁垒。

动物福利对国际农产品贸易产生影响有几种情况：一是发达国家提高国际兽医局（OIE）标准，目前 OIE 标准已有关于动物福利的基本要求，如果发展中国家尚未达到这些要求，就无法进入发达国家的市场，因为 WTO 是根据相关的国际标准做出裁决；二是虽然发展中国家的动物产品已达到 OIE 标准，但仍然远低于进口国的标准，进口国消费者有可能选择价格较贵、动物福利较好的产品，其结果是发展中国家的动物产品在进口国市场没有销路；三是发达国家限制进口已达到 OIE 标准的动物产品，由于进口国在国际贸易中占有主动权，即使进口国违反了 WTO 规则，但这种贸易官司会耗费出口国大量的人力、经费，从而实际上造成对出口国的伤害。

西方贸易保护主义可能会选择动物福利的主要原因：

（1）以商业利益为目的。设置贸易壁垒的目的，就是为了保护本国农业发展和农民的经济利益，无论是高额关税、非关税壁垒以及技术壁垒，都是为了这一目的。在价格优势和技术壁垒失效的情况下，西方国家选择动物福利作为新的贸易壁垒，首先是有其内在的商业利益。

（2）动物福利的国家差距。构建贸易壁垒是以己方所长克对方所短来保证自己的利益，即以两者之间的较大差距为条件，而动物福利的国家差距为此提供了现成的条件。由于一些发达国家具有经济、文化、法律、科学等诸多方面的优势，发展中国家很难在一个时期内（甚至是一个较长时期内）消除这种差距，所以这种长期差距就成为"天然"的切入点。

（3）具有隐蔽性和合法性。利用动物福利名义设置贸易壁垒，一方面，具有合法的外衣，可以借助于本国或共同体（如欧盟）有关动物福利法律的支持；另一方面，容易获得社会舆论的同情和支持，因为动物福利涉及社会道德，一般说来社会道德与商业利益距离较远，所以又可被视为"道德壁垒"。

（4）具有成本低、易操作的特点。这种"道德壁垒"不同于"技术壁垒"，按照有关动物福利法及其细则的规定，界定结果比较清楚、确定，实际操作比较方便、简单，亦不需要大量的技术检测设备及许多专门的技术人员，实用价值很大。

## 三、动物福利问题不可小视

从总体上看，在现阶段影响我国动物产品出口的主要因素是质量安全性问题，这包括动物疫病、兽药残留、重金属残留和商品品质等问题；但同时也应看到，动物福利对我国农产品出口发展存在着潜在的影响，对我国吸引外商投资以及维护我的国际形象都有重要影响。一个典型例子是2002年10月17日，瑞典电视4台播放的《冷酷事实》，该节目展现了我国东北地区虐待动物、活剥狗皮的生产场面，这引起瑞典社会的较大反响。瑞典议会议员向我国驻瑞使馆递交了抗议书，要求中国立即制止这种不人道对待动物的方式，并就保护动物问题立法。另一个例子是2002年，美国一家很有影响的动物保护组织发动了一场声势浩大的全球性抗议运动，其目标是针对麦当劳等快餐公司进货的畜禽产品不符合动物福利条件，部分养殖场的鸡笼拥挤、鸡舍狭小、污秽不堪以及屠宰方式野蛮残忍。麦当劳等公司面对强大的压力，承诺改进所用动物的养殖条件，不能采用强迫进食等虐待动物措施。我国麦当劳连锁经营店按照麦当劳总部的规定，要求供货的养鸡场执行有关标准，这些标准包括动物的食物和饮水、生存空间、光线和温度及空气质量、放牧、屠宰、运输等方面，并规定了相应的核查制度。

在我国农产品出口贸易中，畜禽产品是一个重要组成部分。目前，虽然质量、安全性问题在很大程度上制约了我国畜禽产品的出口，但将来当我国提高了畜禽产品的质量、安全性，克服了发达国家设置的技术壁垒时，将有可能会面对新的贸易壁垒——道德壁垒，某些西方国家可能会以这种方式限制我国畜禽产品出口，所以不能低估动物福利对我国农产品出口的潜在影响。

# 三、农业谈判及其特征分析

# WTO 与中国农业<sup>*</sup>

21 世纪的中国农业，既具有巨大的发展机遇，又面对严峻的现实挑战。中国加入世贸组织谈判进程明显加快，预示着中国不久将成为世贸组织的一员。中国加入世贸组织后，国内农产品市场将进一步开放，中国农产品与国外农产品竞争会更加激烈，并在相当程度上影响中国农业发展。因此，在正确认识加入世贸组织及其影响的基础上，积极准备，抓住机遇、迎接挑战，这对中国农业的持续稳定发展无疑是非常重要的。

## 一、世界贸易组织及其农业协议

世界贸易组织成立于 1995 年 1 月，是独立于联合国的永久性国际组织，截至 1999 年 10 月底有成员 134 个。世贸组织的英文简称 WTO，它是全球唯一的国际性贸易组织，负责处理国家之间贸易往来和协定。世贸组织的前身是成立于 1947 年的关税和贸易总协定。与关贸总协定相比，世贸组织涵盖货物贸易、服务贸易和知识产权贸易，而关贸总协定只适用于商品货物贸易。世贸组织成员之间的贸易量占全世界贸易量的 90%。因此，该组织有"经济联合国"之称。世贸组织的农业协议主要有 3 个方面内容：第一，扩大市场准入、维护公平竞争。①农业协议要求各成员必须取消全部非关税措施，即把过去的非关税措施转变为关税措施；②削减农产品进口关税；③关税配额，即在配额准入量以内进口的农产品只需缴纳低税率（配额内税率），超过配额准入量的进口则需缴纳较高的税率（配额外税率）。关税配额准入量不低于最近三年进口量的平均值。第二，政府支持措施和出口补贴。农业协议原则上把农业品补贴分成两类：绿色补贴和黄色补贴。绿色补贴是那些允许使用、不必承担削减义务的补贴，

---

* 本文原载于《调研世界》2000 年第 4 期。

而黄色补贴则包括那些必须承诺削减义务的补贴。绿色补贴是指没有或仅有微小的贸易扭曲或影响生产作用以及不对生产者提供价格支持的补贴，主要包括：农业科研、防治病虫害、农产品检验与分级、农产品营销、农业保险、结构调整、落后地区开发与援助、自然灾害救济、环境保护等。黄色补贴则指对农产品贸易产生扭曲作用的有关政府补贴措施，如投入品补贴、信贷补贴等。对于出口补贴，农业协议规定它要逐渐削减，发达国家应在 6 年内（以 1995 年为界）减少其出口补贴开支的 36％，发展中国家的义务是在 10 年内削减 24％。第三，动植物卫生检疫。农业协议规定，各成员同意实施关于采用动植物卫生检疫措施协议。这使任何国家在限制农产品进口以保证本国居民、动植物健康或生命安全时，要比过去更多地基于科学根据和风险评估，从而促进农产品贸易的发展。但是，目前尚无统一的国际标准。

上述表明，世贸组织是一个促进各成员之间经贸合作的国际性组织，它运用有关规则，规范成员之间的贸易往来，解决成员之间的贸易争端，有利于提高各成员人民的实际收入水平，降低生产成本，提高经济效率，并对发展中国家和最不发达国家作出优惠安排。正确认识世贸组织，有助于消除"世贸组织是富人俱乐部"、"世贸组织要求成员让出经济主权"等认识上的偏差。当具体到两个成员之间的进出口贸易，涉及成员之间各自经济利益时，发展中国家应尽可能充分利用世贸组织有关条款，维护本国利益，促进自身经济发展。

## 二、逐步开放的中国农产品市场

加入世贸组织使中国融入全球经济一体化的潮流中，有利于加快社会主义市场经济建立和完善，加快社会生产力发展，促进中国经济发展。但这并不意味着由此国门洞开，外国农产品可以不受限制地进入中国市场。实际上，无论是发达国家还是发展中国家，都在扶持和保护本国农业。世贸组织的农业协议对关税配额有一定的数量规定，即成员的关税配额准入量不低于近三年的平均进口量，若该进口量不足国内近三年平均消费量的 3％，则应以消费量的 3％确定配额量，并承诺一定的增量，到实施期末达到国内消费量的 5％。这里的配额准入量只是市场准入机会，而不是最低购买义务，即世贸组织成员每年实际进口量并不一定必须达到配额量。因此，成员不仅可以用高额关税（配额外关税）阻止超过配额准入量的外国农产品大量涌入，而且农业协议也为成员根据本国农业生产状况，掌握配额量的具体运用留下了相当大的空间。同时，农业协议规定其实施期初到实施期末之间有数年时间，对于世贸组织的新成员来说，其农产品市场开放是一个逐渐开放的过程。

从中国粮食的进出口情况看，1980—1997 年的 18 年间，中国共有 12 年为粮食净进口国，6 年为净出口国。18 年期间净进口粮食为 10 454 万吨，年均净进口约 581 万吨，其中 1980—1984 年间，中国每年净进口粮食 688 万吨以上。80 年代中后期以来，随着农业生产发展，粮食总产量提高，有些年份出现净出口。近两年我国粮食为净出口，但由于国内小麦品质问题，仍需进口国外优质小麦。1998 年粮食累计净出口 197.4 万吨，其中大米净出口 350 万吨，玉米净出口 442.5 万吨，小麦净进口 148.9 万吨，大豆净进口 302.5 万吨。由此可见，近 20 年来，我国在多数年份为粮食净进口国，其中某些年份进口粮食数量还不少。事实上，我国农产品市场已有一定程度的对外开放。

中国政府在对外开放过程中，实行逐步开放农产品市场的方针，力求避免因加入世贸组织所带来的较大冲击。在这次中美两国双边谈判中，我国坚持对主要农产品（粮食、棉花、油料、糖料）的进口实行专营权，即只有国有粮油外贸公司才具有粮、棉、油、糖料的进口权，而非国有外贸公司没有直接进口权。中国政府掌握对主要农产品进口专营权，就可以在调控国内市场供求和保护农民经济利益等方面具有较大的主动权。

## 三、中国农业面临的机遇和挑战

### （一）面临的机遇

加入世贸组织，对中国农业来说是机遇与挑战同在。给中国带来的有利因素包括：

（1）享受世贸组织成员已有的优惠条件，改善出口环境。如享受无条件的最惠国待遇，减少歧视性待遇，利用有关规则和机制解决贸易争端等。例如，目前中国对欧盟国家出口土豆，欧盟给中国的份额很少，因为中国不是世贸组织成员而难以谈判。

（2）获得新一轮 WTO 谈判的参与权和制定新规则的发言权，扭转被动接受和承受他人谈判结果的不利局面。不论中国是否加入世贸组织，其规则都会对中国产生重要影响，而中国作为一个大国，也不可能长期游离于世贸组织之外。

（3）有利于调整国内农业产业结构和进出口结构。长期以来，由于粮食供给紧张和国际环境而强调粮食生产的重要性，在一定程度上是以环境恶化和忽视经济效益为代价获取粮食高自给率。现在，改善人类的生存环境已不容延缓。在农业产业结构调整中，可以发挥各地自然条件和比较优势，适当进口一些国内资源紧张特别是土地密集型产品，出口劳动密集型产品。

（4）有利于技术引进和提高农产品质量。加入世贸组织后，中国的投资环境更好，外资尤其是直接投资将会增加，这些投资往往能带来比较先进的技术，促进国内农产品质量提高。同时，国外一些高质量的农产品进入国内市场，市场竞争压力也会促使国内农产品质量提高。

（5）促进国内农产品流通体制改革。目前，我国农产品流通体制改革滞后，在一定程度上制约农业生产的发展，而世贸组织规则对贸易体制的规范有一定要求，对加快国内农产品流通体制改革和市场发育会产生推动作用。

（6）加入世贸组织，因工业品等关税下降，有利于降低农业生产资料价格而使农业生产成本下降。

### （二）面对的挑战

加入世贸组织后，中国将农产品平均关税税率降至 17%，其中美国关注的农产品平均关税税率降至 14.5%，关税减让要在 2004 年前完成。中国将增加小麦、玉米、棉花、大米、豆油等进口配额量。入世带来的不利因素对不同农产品和不同地区有所不同。从农产品种类来看，受影响较多的是小麦、玉米、棉花、豆油等。一方面，这些农产品的进口配额量较大，而配额量内进口税率很低；另一方面，我国小麦、玉米、棉花、油料等大宗农产品价格超出国际市场价格的 20% 至 50%，而且质量也没有优势。现以小麦、玉米、豆油为例：

（1）入世将使国内小麦供过于求的矛盾更加突出。90年代中期以来，国内小麦生产能力明显提高，供需缺口缩小，1998年小麦进口量减至148.9万吨。入世后，小麦进口量将重新回升，而国内供给将仍然保持在较高水平。因此，国内小麦市场的供求矛盾和库存压力都将增大。进口小麦具有价格、质量优势。近期美国小麦的离岸价格（西北太平洋港口FOB）在120～140美元/吨，合人民币994～1 160元/吨，国内华北及黄淮市场二等小麦价格在1 200～1 300元/吨，而且美国小麦质量优于国内小麦。进口小麦对国内市场将构成一定的价格冲击。

（2）入世后将加剧我国玉米供给的严重过剩。我国玉米年平均产量已达到1.2亿吨，1998年玉米产量创1.33亿吨的最高纪录。而近年国内畜牧业不景气，饲用玉米的有效需求明显不足。增加进口玉米，必然会加剧国内玉米市场供过于求的矛盾。进口玉米具有较强的竞争优势，目前芝加哥市场上2003合约的玉米价格为79美元/吨，运达我国南方港口的价格约110美元/吨，合人民币910元/吨，低于广东黄埔港970元/吨的交货价格。此外，进口玉米还具有质量上的优质。

（3）入世后，进口豆油的价格优势非常明显。目前，美国毛豆油的到岸价格不足3 500元/吨，较国内的豆油价格低近3 000元/吨。虽然进口毛豆油还需要经过精炼，但其价格仍明显低于国产豆油。由于大豆进口配额无法实施，未来大豆的进口量将保持在较高水平。豆油和大豆进口数量的增加，不仅对国内大豆市场带来冲击，而且还会使国内很多中小榨油厂受到冲击。国内棉花生产所受影响可能较大，国内进口配额比以往实际进口量增加较多，相当于国内产量的15%。

从地区来看，受入世影响比较突出的是北方地区的小麦、玉米和大豆主产区，包括华北地区和东北地区。一方面，这些农产品的进口增加会给这些地区的生产造成直接的压力，使市场价格继续下跌，并使一部分农民从粮食种植业转向其他行业；另一方面，加入世贸组织后，国内玉米的流通格局就可能发生变化，南方一些省份可能直接从国际市场进口玉米饲料。这两方面的因素都会使农民收入下降，尤其是那些完全依靠种粮而且收入较低的农民，他们因资金、技术和信息等方面的局限，进行农业结构调整或转移到非农业时较为困难。据估算，由于入世后进口粮食的增加，从小麦、玉米、大豆等粮食种植业中转移出来的农业劳动力大约有500多万人。

虽然，入世对中国农业来说是机遇与挑战同在，但挑战是现实的，而机遇却是潜在的，需要认真准备去抓住机遇。因此，积极探索和制定相应对策，避免对农民收入产生较大冲击，保证农业生产的稳定发展，是我国农业发展的一项重大战略任务。

## 四、中国农业的应对措施

从国家的宏观角度看，应建立一套符合世贸组织有关规则的农业保障与支持体系，这些政策包括：设立结构调整基金、加强农产品市场体系建设、建立农民自己的利益组织、建立对受影响的农民利益补偿机制、建立政策性农业保险、加快农业科技进步、充分运用世贸组织有关条款保护国内生产等。

农村地区要结合本地区的自然条件、区位条件、资源条件，进行农业生产结构调整，充分发挥当地优势，生产有特色的农产品，发展农产品出口，提高经济效益。大力发展农产品加工业和食品工业，提高农产品附加值，促进农业劳动力向非农业转移。加强农田基础设施建设，尤其是水利基础设施，这不仅是粮食生产的基本保证，也是种植业结构调整的前提条件。增加农业科技投入，改变我国农产品质量不高的状况，发展优质高效农业，降低生产成本，提高农业竞争力。加快农村市场建设，改革供销合作社，培育各类农民流通组织，抓好农业产业化，加强市场信息发布，通过市场引导农民进行生产。

# 美国农业谈判的影响因素透视<sup>*</sup>

WTO 新一轮农业谈判不仅超过了原来预定的时间表,而且已经陷入谈判的困境和僵局,这与美国农业谈判的要价有着直接的关系。美国农业谈判的目标和策略与美国农业法律、政策紧密相关;同时,美国贸易政治的基本特征是影响美国农业谈判策略形成的重要原因。

## 一、美国农业提案的目标和主要内容

美国农业谈判提案是为其农业战略目标服务的,即农业支持和保护,避免和抑制由于农产品全面过剩而可能导致的农业危机,保障农业的健康发展。美国借助 WTO 新一轮农业谈判,充分利用自身的优势和经济实力,宣传和推动农产品贸易自由化,拓宽农产品输出的国际贸易渠道,为本国农业集团利益服务。

美国在新一轮农业谈判的核心目标是:扩大市场准入,通过进一步开放世界农产品进口市场的大门,实现美国农业集团出口更多农产品的目的。与此同时,美国在国内支持和出口竞争方面也提出了较高的要价。美国农业谈判的具体提案内容如下:

### (一)市场准入

(1)关税减让。美国主张大幅度削减关税,削减甚至取消关税高峰和关税升级,采取单一的关税形式;提出采用系数为 25％的瑞士公式削减所有农产品关税,关税越高削减幅度越大,5 年内将所有农产品关税削减至 25％以下,同时给予发展中成员特殊和差别待遇。坎昆会议前美国与欧盟提出"混合公式",即一定比例的农产品关税可以按乌拉圭回合公式

---

  \* 本文原载于《农业展望》2007 年第 11 期。

削减，其他农产品的关税则按瑞士公式削减。

（2）关税配额及其管理。美国主张大幅度增加关税配额数量，削减乃至取消配额内关税，同时规范关税配额管理，对配额分配数量的限制，给予所有利益方的贸易权利及私有部门一定比例的配额，5年内取消配额内关税等。

（3）特殊保障措施条款。美国主张取消特殊保障措施。

（4）进口国营贸易。美国主张进一步限制进口国营贸易企业的特殊权利，建立应答机制以增加透明度。

## （二）国内支持

美国要求各成员对贸易扭曲的国内支持进行实质性减让，大幅度削减对贸易扭曲的国内支持，改革现行的国内支持结构。美国主张大幅度削减乃至完全取消具有扭曲作用的"黄箱"，但是要满足两个条件：第一，其他成员，特别是欧盟也要大幅度削减扭曲补贴；第二，美国获得扩大的市场准入机会。美国提出采取统一公式，在5年内将"有贸易扭曲作用"的国内支持总量削减到其农业国内产值的5%以内，同时要求确定最终取消所有贸易扭曲国内支持的具体期限。

## （三）出口竞争

（1）出口补贴。美国强调按照《多哈宣言》有关本轮谈判取消农产品出口补贴的要求，集中讨论停止出口补贴的具体方式和最后时间，并建议在5年内平均削减出口补贴，直至最终取消。

（2）出口信贷。美国认为，出口信贷对食品进口国和有财政供给问题的发展中国家的粮食安全具有一定作用，而且补贴成分较小，所以只能制定对出口信贷、出口信贷担保、贷款和保险计划进行严格管理的规则，而不应将其削减甚至取消，应把它纳入WTO通报程序。

（3）粮食援助。美国主张如果仅以捐助方式实施粮食援助，可能会增加捐助国的财政负担，以至于国际援助粮食来源的减少，使受援国的粮食安全压力上升。所以，应允许WTO成员以优惠方式的粮食援助存在。

### （四）其他议题

美国强烈反对有关成员将食品安全、标签等非贸易关注问题纳入农业谈判之中，美国认为这些问题应该分别归属于食品法典委员会、动物卫生与植物卫生措施协定、技术性贸易壁垒协定等讨论与处理范围。实际上，这是美国针对 G10 集团、欧盟提出有关非贸易关注问题所采取的反措施。

美国农业提案反映了美国农业政策是为美国经济利益服务的，更确切地说，它是为美国农业集团利益服务的。在美国政府看来，"国家与市场之间、政府与企业之间在海外市场的拓展上形成了一种结盟关系。从这个角度讲，国家并没有什么独立性可言，国家就是本国企业利益的代言人，这一观念其实早已深嵌在美国的政治体制中。"[1]

## 二、美国农业谈判的法律基础源自其农业法案

美国农业谈判与美国农业政策是紧密相关的，美国农业政策则主要体现于农业法案。2002 年 5 月 13 日，美国国会两院通过了名为《2002 年农场安全与农村投资法案》（The Farm Security and Rural Investment Act of 2002），以下简称农业法案。

### （一）2002 年美国农业法案将农业补贴法律化

1996 年美国农业法案总体上体现了逐步减少农业补贴的立法精神。但从 1998 年开始，美国政府在农业补贴上的支出每年增加，使得该农业法案中关于逐步减少补贴的初衷完全改变。在这种情况下，2002 年美国农业法案决定抛弃每年讨论的做法，将农业补贴法律化，并且将立法精神由过去的减少农业补贴转变为增加农业补贴，具体表现在以下几个方面：

#### 1. 大幅度增加补贴数额

根据美国有关部门的估算，以 1996 年农业法案的有关条款来测算，2002—2007 年，美国农业部通过商品信贷公司为农产品提供的各项农业补贴约为 666 亿美元，2002 年法案在此基础上又增加了 519 亿美元，总计 6 年高达 1 185 亿美元，平均每年 197.5 亿美元。

### 2. 扩大农业补贴的范围

2002 年农业法案的补贴范围包括商品计划（即对产品的补贴）、生态保护、贸易、营养计划（即食品消费补贴）、信贷、农村发展、农业研究和推广、森林、能源、杂项等 10 个方面。商品计划的补贴位居首位，占总增加补贴支出的 50%。就具体农产品来看，对已经享受巨额补贴的谷物和棉花种植者增加补贴，对已经取消补贴的羊毛和蜜蜂等生产者重新给予补贴，对历来基本上不予补贴的花生等生产者也开始提供补贴，另外增加了对大豆、油菜籽生产者的补贴。在农产品营销贷款方面，2002 年农业法案增加了对花生、羊毛、马海毛、蜂蜜和豆类作物的营销贷款。此外，该法案将用于土地保护的开支增加 80%，这使过去较少得到政府拨款支持的畜牧业、蔬菜、水果生产者明显增加收益。

### 3. 改变农业补贴的方式

2002 年农业法案继续实施 1996 年农业法案的弹性种植补贴，并用直接补贴替代了弹性生产合同补贴，还增加了新的补贴项目，即反周期波动补贴（Counter - Cyclical Payments）。当农产品的直接补贴率与商品价格或贷款率中较高者的合计，低于农产品目标价格时，生产者可以领取反周期波动补贴。每个人领取的最高直接补贴是 4 万美元，每人领取的最高反周期波动补贴是 6.5 万美元。

### 4. 加大资源保护的资助

2002 年农业法案在资源保护方面提高了预算，达 171 亿美元，主要项目包括土地休耕计划、湿地保护项目、草原保护项目、农田保护项目、水资源保护项目、农场经营安全保护项目、小型水利系统修复项目、沙漠湖保护项目、环境质量保护项目等。

### 5. 加强农业研究和农村发展

2002 年农业法案核准已有的并且设立新的农业研究及推广项目，增加开发未来农业和食品系统的研究支持力度，从每年 1.2 亿美元增加至 2006 年 2 亿美元。在农村发展方面，主要增加资助农产品市场开发、边远农村地区电视和广播网建立、农村宽带网服务和废水处理等。

### 6. 维持对出口信贷的支持

2002 年农业法案对补贴的调整较为集中地体现在贷款率和直接补贴率以及目标价格的调整上。在该法案中，大豆的贷款率由原来的 5.26 美元/蒲式耳下调至 5.00 美元/蒲式耳；大米的贷款率保持不变；棉花的贷款率基本保持不变；小麦的贷款率由原来的 2.58 美元/蒲式耳上调至 2.80 美元/蒲式耳；玉米的贷款率由原来的 1.89 美元/蒲式耳上调至 1.98 美元/蒲式耳；高粱的贷款率由原来的 1.71 美元/蒲式耳上调至 1.98 美元/蒲式耳。

### (二) 2002 年农业法案导致美国农业谈判策略的变化

WTO 新一轮农业谈判启动于 2001 年底，农业谈判之初正值 2002 年美国农业法案出台，该法案与布什总统政府奉行的自由贸易政策不一致，同时也改变了 1996 年美国农业法案减少农业补贴以及逐步将农场主推向市场的基本方向，所以美国受到许多 WTO 成员以及非成员的指责。在保证美国农业利益集团的前提下，美国政府根据新的农业法案和 WTO 农业谈判形势，确定了他们的谈判策略。

#### 1. 扩大市场准入仍为核心目标

农业谈判是与美国农业集团的现实利益紧密联系在一起。美国要实现农产品出口扩大，一方面需要推动进口国市场开放程度，以利于美国农产品进入他国市场；另一方面需要提高美国农产品竞争力，增加美国农产品出口占世界农产品出口市场份额。美国作为世界上第一经济大国，其农业发达不仅仅依赖于丰富的农业资源，更重要的是依赖于大量的国内支持（政府财政补贴），美国农业竞争力是这两方面因素综合的结果。在美国看来，如果农业谈判结果是国内支持削弱程度大于世界农产品市场开放程度，显然无助于实现美国农产品出口大幅度增长；只有当国内支持的削弱程度小于世界农产品市场开放程度，才能实现美国农产品出口大幅度增长，这是由美国经济利益和农业经济内在规律所决定的，也是美国希望和追求的目标。

毫无疑问，美国农业谈判是要受到上述目标的约束。美国不同于欧盟、G10 集团，在相当程度上财政支持农业是为了促进农产品输出，避免和抑制农产品全面过剩而可能出现农业危机，而欧盟主要侧重于联合体内各国之间的贸易，保障欧盟自身供应和发展。美国不同于 G10 成员，日本、韩国等是农产品进口国（地区），发展农业仅是为了保障本国（地区）的粮食安全；美国也不同于凯恩斯集团，尽管农产品出口是这些国家的共同特征，但是美国依靠强大的经济实力对农业进行巨额投资，而凯恩斯集团对农业支持的力度远小于美国；美国更不同于发展中国家，大部分发展中国家不仅经济落后而且农业生产落后，许多发展中国家仍在为解决温饱问题而努力。由此可见，美国经济和农业的特征决定了国内支持与市场准入之间内在联系的特点，反映在农业谈判问题上，比其他成员更加重视这种关联性和整体性策略。在新一轮农业谈判中，美国在国内支持方面的让步是以对手在市场准入方面的更大让步为前提的；尽管美国抛出了大幅度削减国内支持的方案，但是这种方案同时要求谈判对手大幅度削减国内支持和大幅度扩大市场准入为前提，以保证美国农业竞争力领先和促进农产品输出，否则美国是绝不会主动做出实质性的让步。如美国在提出大幅削减国内支持的同时，极力主张采用系数为 25% 的瑞士公式大幅削减农产品关税，以扩大市场准入。

**2. 借力使力，力争获得谈判主动权**

2002 年美国农业法案出台后，其他成员纷纷指责美国大幅度增加农业补贴，违背了美国自己倡导的贸易自由化潮流。面对农业法案和新一轮农业谈判形势，美国政府并没有采取以高补贴对高补贴的策略，而是采取"借力使力，向他国转嫁压力"的谈判策略，提出了一个积极大胆的削弱农产品国内支持和补贴、扩大农产品准入的方案。这种策略看似无理，却是深思熟虑的结果。美国参加 WTO 新一轮农业谈判，既不能违背美国农业集团利益，也不能公然对抗农产品贸易自由化进程的大趋势，在这种情况下，美国抛出一个表面上与本国农业法案完全不同的高度开放的提案，力图摆脱在谈判桌上被其他成员群起而攻之的困境，又可以保证美国农业集团的经济利益。

美国政府十分清楚 WTO 主要成员的农业保护水平，虽然美国的农业保护水平相当高，但还是低于日本、欧盟等成员，这反映在 2002 年美国国会发表的《农业政策实记》（The Facts on U. S. Farm Policy）。该文指出，日本和欧盟的农业支持数额远远高于美国，日本的农业生产者每英亩所接受的支持额是 461 美元，欧盟农业生产者是 309 美元，而美国农业生产者只有 49 美元。WTO 成员的平均关税是 62%，欧盟是 23%，而美国是 12%。另外，2001—2003 年 OECD 国家的农民从消费者和纳税人获得的收入占其总收入的 31%（根据生产者支持的估计计算 PSE），而从平均的生产者支持来看，美国仅为 20%，欧盟为 35%，日本为 58%，韩国为 64%。

由此看来，要真正实现美国提出的大幅度削减国内支持方案，首先感到巨大压力并极力反对该方案的是日本、欧盟等，而不会是美国。如果日本、欧盟等均同意其方案，则推动国际农产品出口市场扩大，美国可以实现本国农产品出口大幅度增长的目标；如果日本、欧盟等不同意其方案，美国则可以维持其现有的农业补贴，至少不会损伤美国农业集团的利益，而且可以将农业谈判失败的责任推给日本和欧盟等成员。事实证明，G10 集团、欧盟等反对美国的农业提案，特别是日本等国家表现出强烈反对的态度。

上述分析表明，美国的积极谈判策略是以美国利益为出发点、以各国情况为依据，精心策划制定出来的，真正做到了知己知彼，最大程度地发挥自己优势并限制对方，这样使美国农业谈判做到进可攻、退可守，既可以保证不减低美国农产品贸易的现实利益，又可以改变美国推动多边贸易谈判不力形象，并推卸因美国农业法案所带来的阻碍农产品贸易自由化的责任。对美国来说，这无疑是一个大胆而明智的选择。

## 三、影响美国农业谈判的贸易政治因素

美国农业谈判提案突出反映了美国农业的战略目标，同时也反映了美国贸易政治的某些特征。实际上，美国特殊的政治制度、贸易特征以及一些政治理念，都在影响着美国农业谈判。

### （一）政治体制与贸易政治强化了农业集团利益

美国农业利益集团在美国贸易政治中具有特殊的政治影响力，这对保护美国农业和强化农产品出口发挥了重要作用。农业是美国传统的保护性产业，农业关系到国家粮食安全，美国历来十分重视农业发展。同时，农业也是美国人引以为荣的颇具国际竞争力的产业。美国政治体制的特殊设计增加了农业部门的政治影响力，尽管美国农业人口占全国总人口的比例不足 2%，但是美国议会制度规定每个州都拥有联邦参议院的两个席位。美国中西部农业州人口数量很少，但同样拥有两个议席。在这种体制下，

议员通过议会立法和向政府施加压力，使农业集团的利益得到了很好的保护。

美国不同利益集团之间的利益得失是不同的，但是美国政府的政策往往倾向于出口贸易。在全球经济一体化发展趋势下，美国的那些受到进口产品损害的集团即"进口竞争"集团（Import - Competing Groups），要求政府给予救助，以减少进口产品对自身利益的冲击。与此相反，那些"出口促进"集团（Export - Competing Groups）则希望开拓海外市场，期待政府能为他们走向世界创造条件。在"进口竞争"与"出口促进"两大集团的博弈中，美国的"出口促进"集团占有明显的优势，这就导致了美国政策倾向于"出口促进"集团的利益，并利用"出口促进"集团抵制"进口竞争"集团的贸易保护要求。美国农业集团具有丰富的产业资本、人力资本和土地资源，在国际市场上具有农业综合竞争力，属于"出口促进"集团之列，因此农业集团可以享受到美国政府对出口贸易政策偏好带来的好处。

## （二）单边主义思维削弱美国农业谈判灵活性

虽然美国农业谈判提案主要依据于国内农业生产和农业政策，但是美国的霸权思想及其大国地位，都不可避免地对美国的谈判立场、态度产生较大的影响。

美国在维护由其主导的多边国际体系的同时，还不时突出地表现"以我为中心"的单边主义，即以行动自由为目标，一种自主独立并忽视他国利益的单边政府行为。在WTO新一轮农业谈判中，美国的单边主义表现为过于强调自我、不顾他国利益和不遵守集体共同承诺的约定。例如，在2001年11月WTO多哈部长级会议上，美国承诺"尽快减少或取消农业补贴和改善市场准入"，这样才促成启动了《多哈回合》，可是仅过半年时间，美国新的农业法案就违背了自己做出的承诺，对农业补贴大幅增加，助长了贸易保护主义，给多哈回合农业谈判设置了严重障碍。又如，美国谈判代表总是要求"互惠"，认为一个"坏协议"（实际上就是一个美国开放程度可能比对手程度大的协议）不如不达成协议，他们称没有互惠的协议是"单方面裁军"。更为引人注目的是，在美国与欧盟的关键性谈判中，特别是欧盟同意在特定的时间以前取消农产品出口补贴的有利情况下，美国仍然缺少足够的政治意愿和谈判灵活性，从而导致 2006 年 7 月多哈回合所有谈判进程暂时无限期搁置。这充分表现出美国完全置 WTO 农业规则于不顾，采取独断专行的态度，实行单边主义的行径。

美国的单边主义做法受到 WTO 众多成员的指责和批评。2000 年欧盟在一份报告中列举了美国在 17 个方面的关税和非关税壁垒，报告特别指出：美国贸易政策的两大问题是内法外用和单边贸易主义。美国的贸易政策要求欧盟公司和公民遵从美国的法律，而那些法律保护的仅仅是美国的贸易和政治利益[2]。2002 年 5 月 17 日，第二届欧盟-拉美国家首脑会议发表了《马德里宣言》，强烈谴责美国政府实行的单边主义政策。在这份宣言中，与会国家严肃批评了美国政府最近采取对美国钢铁、木材和农产品等实行保护主义措施的一系列单边主义的做法。他们指出："坚决反对带有单边主义性质的任何措施，因为单边主义不仅违背国际法，同时也违背了国际社会都接受的自由贸易规则。"该宣言强调，"与会国家一致认为，单边主义的做法是对多边主义的一种严重威胁。"

### （三）美国国会的压力影响了农业谈判的进程

美国是典型的西方三权分立政治制度，国会不仅拥有国家立法的决定权，而且对美国政府参加多哈回合谈判具有很大的影响力。人们不难发现，有时美国政府表示愿意做出某种让步以换取其他成员的让步，或者表示尊重和执行 WTO 的裁决的同时，美国国会却经常传出反对让步的声音和论调。近年来 WTO 不利于美国的判决引发了国会议员的批评，1995—2004 年 WTO 争端处理案例中，美国作为被告的案例共有 72 件，有 10 件案例美国被判赢方，有 25 件案例被判输方，其他是尚未判决或停止或尚未完成立法程序[3]。对此，有些议员重新考虑了有关放弃美国不执行争端判决的权力问题。参议员 Robert Dole 提出过一个"三次打击出局"的程序，即如果联邦法官发现三次争端判决都不利于美国，则国会能够投票终止 WTO。虽然杜勒的修正案没有成功，但是众议员 Newt Gingrich 的一个简单的建议却获得了批准，即要求政府每 5 年就美国加入 WTO 的情况进行报告，届时国会就可通过共同决议案的形式进行投票表决，决定美国是否从该组织退出的问题[3]。实际上，美国政治社会中来自国会的反对呼声是影响美国农业谈判进展的主要障碍。

从美国的贸易决策体制上来看，美国宪法规定在法律上国会对外贸易的管理权，但在实际操作上国会往往将这一权利"委托"给总统和行政部门，这就造成美国贸易决策体制内的紧张。在国会通过《贸易促进授权法》将贸易谈判权"委托"给总统，同时国会又不时地给美国农业谈判施加相当大的压力。例如，2006年58名美国参议员联名写信给布什总统，反对美国在WTO农业谈判中进一步削弱国内支持。参议员们强调：美国政府应坚持贸易伙伴进一步改善市场准入，而不是进一步削弱国内支持。

在WTO新一轮农业谈判过程中，美国谈判代表同时面对强大的国内和国际压力，尤其是涉及美国糖业、奶制品、烟草等高关税农产品，只有美国的贸易伙伴做出巨大让步，才能说服美国国会改变现行的贸易壁垒。在WTO谈判桌前，其他成员纷纷要求美国能够发挥积极作用，特别是在削减国内支持方面，以减少美国与其他成员（主要是发展中国家）之间差距，欧盟和日本等G10集团国家也坚持要求美国让步。在这种情况下，美国谈判代表能够主动发挥作用的空间十分有限，要完成农业谈判任务是难上加难，甚至非常渺茫，与其达成一个"坏协议"还不如不达成协议。显然，在相当程度上来自国会的压力制约了美国农业谈判的进展。

## 参考文献

[1] 王勇.中美经贸关系[M].北京：中国市场出版社，2007：260.

[2] 胡国成，韦伟，王荣军.21世纪的美国经济发展战略[M].北京：中国城市出版社，2002：139，214.

[3] 弗雷德•伯格斯坦.美国与世界经济——未来十年美国的对外经济政策[M].朱民，等，译.北京：经济科学出版社，2005：248，249.

[4] 农业部农产品贸易办公室.新一轮农业谈判研究[M].北京：中国农业出版社，2003.

[5] 农业部农产品贸易办公室.中国农产品贸易发展报告[M].北京：中国农业出版社，2006.

# WTO 农业谈判日本提案的
# 特点及启示*

WTO 新一轮农业谈判开始以来，各主要成员、成员集团都竭力表明其立场和主要观点，为实现各自的利益目标开展了艰难、复杂的谈判工作。由日本、韩国、瑞士等成员组成的 G10 集团，反对美国、凯恩斯集团提出的农产品贸易完全自由化。虽然日本是反对农产品自由贸易的主要代表之一，但其农业提案以主题突出、观点新颖而吸引人们的关注。从学术理论运用于谈判实践而言，值得中国有关方面借鉴。

## 一、日本农业提案的突出特点

在经济全球化和农产品市场进一步开放的背景下，日本原来就处于农业竞争力弱势地位，深感 WTO 新一轮农业谈判可能会带来较大的冲击，迫切需要制定针对性强、有说服力的谈判方案。而完成这样的农业谈判提案，选择和构建相应的理论支柱就成为其关键所在。

### （一）农业保护仍是其核心

尽管近几年日本实施了一系列改革政策，但仍然难改其农业竞争力弱势状况，甚至在短时期内很难控制农业生产下滑的态势，2003 年按食品供给热量计算的日本农产品自给率只有 40%。日本农产品竞争力的弱势状况决定了在新一轮农业谈判中处于守势地位，即日本只能采取保护本国农业的策略，防止因市场开放程度过大而带来严重的冲击。从这一思路出发，日本在提案中明确表示：反对那种过激的贸易至上主义，不接受那些只让一部分竞争能力强的出口国在国际市场获利的谈判结果，希望通过谈

---

* 本文原载于《农业展望》2006 年第 12 期。

判来实现各国农业可共存的公平、公正的规则。

日本为了保护其农业发展，构建了以"多种形态农业共存"的哲学观点为基础的理论框架，主张各个国家和地区互相认同在各自的历史文化等背景下形成的价值观，作为 21 世纪实现和平和尊严的国际社会共存的要求。农业向社会提供了各种有益的机能，是各国经济发展不可缺少的基础。在各国（地区）的自然条件不同、历史文化背景各异的条件下，必须继续保持农业多样性的共存，因此互相克服生产条件差异的必要性，就显得尤为重要。在此基础上，日本分别提出农业多种机能、粮食安全保障、农产品贸易均衡性、社会公众参与性和对发展中国家的照顾等 5 个主要观点。

### （二）观点之一：农业具有多种机能

农业并不只是简单的生产和贸易的对象，它对人类社会的实际贡献远超过农产品供给的范畴。农业在生产活动中，创造出农作物以外的各种有形和无形的价值，被称为"农业多种机能"（国内常译为"农业多功能性"）。这一概念可以追溯到 20 世纪 90 年代初日本的"稻米文化"。20 世纪 90 年代中期，日本学者将农业（包括林业）的多种机能划分为内部和外部经济效果两大部分，前者为农产品生产和所得资产形成，后者为农产品安全保障、环境保全、绿化资源开发。农业多种机能还包括提供自然和农业知识等方面的教育机能，以及传统文化和历史遗址的保护机能。

农业多种机能有三个主要特征：一是关联性，农业多种机能在其价值创造过程中，与农业生产活动密不可分，农业多种机能直接来源于农业生产活动，农业是农业多种机能得以产生的母体；二是公共品，农业多种机能基本上是不需要支付费用就可以享用的公共品，正因为农业多种机能具有公共品的性质，容易使人们忽视它的公益性价值；三是外部经济效果，农业多种机能难以在农产品市场的价格形成上反映出来，但在人类社会发展过程中，这种外部经济效果具有不可替代的重要作用。

### （三）观点之二：粮食安全保障

日本政府高度重视粮食安全问题，认为确保稳定地供应保证国民生存和健康基础的粮食，是国家的基本责任和义务，是关系到国民生存权的重大问题。这里有三层含义：一是国家要确保粮食的稳定供给，而国际市场却无法提供这样的稳定供给，原因是粮食出口集中在特定的国家和地区，而农作物易受气候异常等因素的影响，容易造成世界粮食供给不稳定，同时发展中国家人口大幅度增加及饲料用粮需求增大，造成世界粮食需求不稳定；二是国家要保证粮食的质量安全性，而进口农产品还不能让消费者有更多信息，转基因农产品也带来了一定的不确定性；三是要确保农业的发展和振兴，由于粮食生产是农业的重要组成部分，如果削弱了国内粮食生产，就会破坏农业整体发展，最终国民经济基础也就没有保障。

### （四）观点之三：农产品贸易均衡性

农产品贸易的均衡性，是指农产品进口国与出口国之间贸易达到某种协调的均衡程度。日本认为，由于各国农业生产存在着很大的差异，不同国家对进口农产品的品种和数量要求也不尽相同，应该考虑发挥农业多种机能和确保粮食安全保障，根据各国农业的现状和结构改革的进展来决定进口农产品的数量，因此确保灵活地、恰当地设定农产品进口品种及数量，才能保证农产品出口国和进口国之间的贸易均衡。很明显，农产品贸易均衡性是要求更多考虑和照顾农产品进口国的利益。

日本提出贸易均衡性，是针对农产品出口国与进口国之间的准则中存在不均衡现状。日本指出，现存的 WTO 贸易制度体现了出口国有出口的自由，也有不出口的自由，但进口国却只有进口的自由，而没有不进口的自由，因此有必要对这种不均衡状况进行改善。

### （五）观点之四：社会公众参与性

社会公众参与性是从确保 WTO 谈判透明性的观点出发，充分向国民公开信息和提供表达意见的机会，主要有三个内容：一是在农业谈判中真实地反映消费者和市民社会的要求和愿望；二是积极地公开和提供 WTO 新一轮农业谈判的有关信息；三是提供有关的食品安全性信息，让消费者可以理性的选择。

日本认为，作为世界上最大的粮食净进口国，日本消费者从农产品客户的立场和重视食品安全性的观点出发，要求真正确立公平公正的贸易规则，是完全正当的理由。日本政府强调公众参与性，一方面可以吸引国内舆论对农业谈判的关注和重视，充分借助于公众和社会团体的呼声，增强国内的支持力量，与美国等谈判对手进行讨价还价；另一方面，政府提倡提供农产品及食品的有关信息，不仅可以满足消费者的要求，而且也为政府运用技术壁垒手段调控进口农产品留下伏笔。

### （六）观点之五：对发展中国家的照顾

对发展中国家的照顾，主要指对存在着饥饿和营养不良问题的发展中国家，确保稳定的粮食供应是最优先的任务。对于有这些问题的发展中国家，应在贸易政策上给予特别照顾。

日本认为，以发展中国家为主的部分国家和地区，有8亿多人口存在着饥饿和营养不良，因灾害和经济危机等导致需要大量的粮食援助，粮食安全保障成为世界性课题。从长远来看必须加强发展中国家的粮食生产基础，在短期内则应加强两国之间和多国之间的粮食援助计划。因此，在过境措施和国内支持政策的水准方面，对发展中国家保持灵活性是适宜的。

## 二、日本农业提案的主要内容

由于WTO新一轮农业谈判内容非常繁杂，我们主要从市场准入、国内支持、出口竞争等几个主要方面，介绍和分析日本农业提案的基本要点和一些最新动态。

### （一）关于市场准入的提案

日本认为，在农产品市场准入谈判时，各成员应认识到为了实现农产品贸易的根本性改革，从实质上向逐步削减农业补贴和农业保护这一长远目标推进，就要按照乌拉圭回合农业协议的有关规定，在农业谈判中充分考虑非贸易关注问题。在乌拉圭回合谈判达成的农业协议实施后，有关国家出现的粮食政策、农业政策等方面的困难，以及归结于多种形态农业共存的问题，应该与市场准入一起给予平衡地解决。

#### 1. 关税削减

①应该认识到农产品关税水平正处于继续改革过程中，要根据各国生产和消费的实际情况及国际供求变化等，灵活地对农产品各品种做出关税

削减的决定；②对于乌拉圭回合农业协议决定的征收关税品种，应该从发挥农业多种机能和确保粮食安全保障等观点出发，充分考虑国内外价格差距、农业行政改革进展、国际市场供求变化、国内消费等情况，进行设定有关特别税率；③关于农产品加工品的关税，应考虑与农业一体化发展相关的食品产业的重要性来设定。

2004 年 7 月农业谈判达成《框架协议》后，日本等 G10 集团成员强调：只能通过分层公式每层进行平均线性削减、高层多减的方法来完成。在分层公式的任何一层使用协调化非线性削减公式，意味着对关税不仅是双重削减而且是过度的削减。对美国、凯恩斯集团提出设定农产品关税上限的主张，日本等 G10 集团成员认为是不能接受的。

**2. 关税配额**

①现有规定提供一定量的进入机会的体系，存在着进口国与出口国之间权利和义务不够均衡的问题；②应考虑发挥农业多种机能和确保粮食安全保障，考虑各品种的国际供应的差异，根据各国农业现状和结构改革进展来决定进入数量，并保持一定的灵活性；③从公平的观点出发，对根据国内过去的消费量来保证一定比例的进入机会，应按照最新消费量来进行修正；④关税配额数量的扩大，按 5 年间每年等量增长方式进行；⑤在确定关税配额数量时，应结合关税削减幅度，并确保透明性和公平性。

**3. 敏感产品**

①由于敏感产品对进口国的农业具有比较重要的影响，敏感产品种类的规定必须控制在适当数量内；②敏感农产品的削减程度必须低于一般农产品的关税削减程度；③对于敏感农产品，应采取关税削减与关税配额组合的约束方案，或者说关税约束是与关税配额量扩大、配额内关税削减以及配额管理的改善进行组合相对应的。在这种组合中，当一方进行较大的约束时，另一方则相应地采取伸缩性约束，即体现了所谓柔软性。由于敏感产品基本上是属于高关税保护的重要农产品，而 2004 年达成的《框架协议》尚未对敏感产品的选择和数量做出定论，这是 G10 集团重点关注和力争的一个谈判内容。

**4. 紧急进口限制**

①对有季节性、易腐烂等特性的农产品，应设定在此类产品进口激增时能够机动地发动进口限制的基准；②紧急进口限制是在乌拉圭回合谈判

中达成的征收关税和一揽子协议的项目，同时这一限制明确了发动的必要条件和发动后的关税水准，提高了预见性和透明度，并不妨碍农产品贸易的正常化，所以应继续维持。

日本等强调紧急进口限制，是由这些成员的农产品进口特殊性所决定的，一方面依靠自身的农业生产远不能满足国内消费的需要，大量进口农产品已成为国内供求平衡不可缺少的条件；另一方面又要考虑农民的利益，对有季节性、易腐烂等特性的农产品（如蔬菜、水果、水产品等），当进口量短期内急增时，容易引起国内价格大幅度下降，从而导致进口国农民的经济利益受到较大损失。

### （二）关于国内支持的提案

日本认为，关于确定今后国内支持的框架和水平，应充分考虑到各国农业多种机能、粮食和农业的情况等。为了保持农业改革的继续，根据以往的实施农业协定的经验，通过采取重点措施和适应形式变化的灵活对应方法，有效地推进政策的实施。

**1. 国内支持的有关规范**

①为了稳定地推进农业行政改革，应继续维持现行的国内支持方面的基本框架；②鉴于以往实施乌拉圭回合农业协议的经验，从推进农业行政改革的观点出发，应对"绿箱"政策进行改善，一是让有关"支持与生产不相关的收入"的必要条件，在生产要素等生产现状中突出表现出来；二是在面向市场的政策转化进展的基础上，从顺利引进必需的安全网政策的观点出发，对"收入保险、收入保证"等放宽发动必要条件、放宽贴补比例的限制；③"蓝箱"政策对贸易的扭曲程度比"黄箱"政策少，并有助于在将"黄箱"转换为"绿箱"的过程中发挥作用，所以应让"蓝箱"政策继续存在；④加强对"绿箱"政策实施状况的监督，为确保其他成员规范地使用"绿箱"政策。

日本推进农业改革和发展，需要有 WTO 国内支持政策框架，因此日本积极主张继续保留"绿箱"政策和"蓝箱"政策，以便将"黄箱"措施被削减后的一部分转移至"绿箱"之中，而"蓝箱"则起到中间过渡的作用。同时，日本提出对农民的收入保险和收入保证放宽必要的条件，为了今后政府对农民收入下降部分进行合理补贴寻求通道。

## 2. 国内支持水准

日本也支持对"黄箱"措施实行削减，但同时提出三点：①为了不使各国农业多种机能受到损害，AMS 的协议水准应考虑到现实可行；②AMS的基准值应从确保农业改革连续性的观点出发，采用乌拉圭回合协议时决定的 2000 年度协议水准（上限值）；③发达国家对综合 AMS 采取每年等量削减，在 5 年时间内削减 60％；发展中国家对综合 AMS 采取等量削减，在 10 年内共削减 40％。

日本不愿在短期内大幅度削减综合 AMS，担心因市场开放扩大以及国内保护措施跟不上，从而导致农民利益受损较多。日本还认为：与美国、欧盟相比，按照乌拉圭回合规定的 2000 年约束水平上限，日本的 AMS 削减程度明显超过美国和欧盟。如果不以乌拉圭回合设定的 2000 年约束水平上限为新起点，而以目前实际的 AMS 约束水平为新起点，似乎没有考虑到日本已经取得削减综合 AMS 量的成效。另外，日本正在积极考虑用扩大"绿箱"政策方式转移或替代"黄箱"被削减的一部分内容，尽可能减少对国内农业带来的负面影响。

### （三）关于出口竞争的提案

日本认为，在乌拉圭回合谈判中，进口方面原则上将关税以外的措施全部改为关税，并根据规定进行削减，而对出口禁止、限制措施和出口补贴等出口方面的规范较为宽松。如果要进一步加强对进口的规范，就应该加强对出口的规范，否则就会使进、出口规范的不公平性增大。从恢复进出口国家之间的权利与义务的平衡及粮食安全保障的观点出发，对出口奖励措施、出口限制措施的确立给予以下规范。

## 1. 出口补贴

日本提出，应该公正地确立面向市场的农产品贸易体制，进一步削减出口补贴。具体内容有：①进一步削减出口补贴的份额、削减带有补贴的出口量；②在实施承诺期间，对出口补贴的转入等的规范给予强化；③对补贴单价进行限定，并在协议实施期间分阶段进行削减；④加强对发展中国家关心的品种、市场的出口补贴的规范；⑤根据 OECD 的意见，加强对出口信贷的规范；⑥在国内支持中，把具有出口补贴性质的品种定为出口规范对象，对其加强规范。

**2. 出口禁止、限制和出口税**

①将出口禁止和限制全部实行征收关税，即实行出口关税化；②在预备紧急调整出口量、出口税设定之前，实行临时而且短期的出口限制时，应做出预先的明确规定：包括设定严格的使用条件，规定维持过去某年对国内生产的出口量比例，以及作为引进程序的加盟国之间进行的协商和没有达成协议时的措施。

2004 年《框架协议》明确要求成员讨论对不符合规定的粮食援助实施有关纪律，以防止粮食援助对商业性粮食进口的替代作用以及对发展中成员国内粮食生产的影响。日本对出口禁止和限制的使用规定表示出关心和重视，认为确保粮食安全保障是所有国家的重要责任和义务，即使出口国采取临时出口禁止和限制措施，也会对进口国的粮食安全保障产生重大影响，这反映了日本热衷于援助发展中国家的态度。

## （四）关于国家贸易的提案

日本认为，国营贸易企业在市场上具有很大的影响力，因此应确立提高其行动的透明度和预见可能性的规范，为此提出：①为了使国营贸易企业提高运营的透明度，应通报各国的进出口数量、进出口价格，而且规定有义务公布年度计划；②对国际市场有极大影响的出口国家，应进一步规定：通报各季度的出口数量、价格，禁止来自政府的财政支援等。

日本要求农产品出口国，特别是对国际市场有重要影响作用的出口国，应该通过提高透明度和预见性方面，为其他国家的粮食安全保障和农业生产安排做出贡献，这对于农产品进口大国的日本来说，了解和预测农产品出口国的动向，有助于协调进口农产品和国内农业生产的关系。

## （五）关于照顾发展中国家的提案

日本认为，对存在饥饿与营养不良问题的发展中国家，确保稳定的粮食供应是最优先的课题，应考虑加强贸易规范和粮食安全保障的支持计划，为此提出：①在加强出口规范及国家贸易方面的规范时，为了不给发展中国家造成过大的负担，采取免除义务和放宽措施；②研究和完善两国间或多国间的粮食援助计划，面临一时不足的情况时，可以实行融资的国际储备框架；③对于粮食生产不能满足需求的发展中国家，其国内支持和过境措施应有灵活性，使其不影响为了粮食增产而提供的必要的扶持和帮助。

日本提出照顾发展中国家与积极参与粮食援助，这与日本在国际舞台上扮演经济大国的角色，主动承担一定的社会责任和重视发挥政治影响是密切相关的。

### （六）关于与国内消费者关心的问题相对应的提案

作为世界最大的粮食净进口国，从农产品购买者和重视食品安全性的观点出发，政府有责任听取并反映消费者和社会团体的意见与建议。日本提出：①日本国民要求粮食的稳定供给，当超过一定程度对农业保护的削减，就会明显妨碍整个国民提高粮食自给率的努力；②日本消费者要求确保安全的饮食生活，对乌拉圭回合以来出现的有关问题，检查现行协定有无问题，并要求充实和加强农产品防疫体系；③消费者要求提供有关的食品信息，建立对进口品或国产品都适用的信息提供制度，对转基因食品采取适合国际规范的表示方法；④为了确保谈判的透明度，对消费者和市民社会充分公开信息，同时提供表明意见的机会。

## 三、日本农业提案的启示与借鉴

在新一轮 WTO 农业谈判中，日本作为 G10 集团的核心成员，与欧盟一起反对美国、凯恩斯集团提出的激进的贸易自由主义方案，并使农业谈判变得异常艰难复杂。从这个意义上讲，日本农业提案发挥了相当的作用，我们也可以从中得到有益的启示和借鉴。

### （一）理论创新与谈判实践相结合

日本农业提案具有较强的理论支撑。美国、凯恩斯集团凭借强劲的农业竞争力，要求加快农产品贸易自由化进程，其理论基础是比较优势理论。日本反对农产品贸易自由化，与美国、凯恩斯集团进行针锋相对地谈判，就必须替其农业高度保护政策寻找理论依据。日本提出农业多种机能等观点，基本上是与 21 世纪人们追求的社会、经济和自然环境协调发展的目标相一致，从而成为具有一定新意的理论，并得到一些国家和地区的认可。日本不仅具有理论创新，而且将理论观点与谈判目标、方案要点等融为一体，根据本国情况采取相应的农业保护对策。

### （二）与日本农业政策的有机结合

日本正在从经营对策、农地对策、环境对策和地域资源保全对策四大方面，深入展开农业改革和发展计划。为了实现日本农政改革，需要有外部环境的支持和配合。农产品市场开放进程过快和国内农业支持削减幅度过大，都将严重影响其农业改革和发展，因此日本提出了一个具有保守主义色彩的谈判方案。

日本正在考虑将"黄箱"政策的部分内容转移至"绿箱"政策，使其融入农业支持政策。日本政府准备用直接补贴方式，加强对农业发展的支持，包括培养农业大户和农业企业，以及对因贸易政策变化给农户带来的不利影响进行补偿。日本农业提案是为农业改革和发展目标服务的，反对激进的农产品贸易自由化方案的背后，具有振兴国家农业的目的。

### （三）充分合理运用国内社会资源

从更广的视角观察，日本在酝酿和制定农业谈判对策乃至国内农业政策时，充分地运用国内知识界、产业界、社会团体以及舆论界的意见和建议。日本农业政策酝酿和产生主要来自由法律规定的"粮食、农业、农村政策审议会"，该政策审议会主要是由学者和有关农业团体代表组成。政府采取有关方式和渠道，充分听取国民和社会团体的意见，这样既可以借助于国内要求农业保护的呼声，与美国、凯恩斯集团进行周旋，又可获得国内舆论、国民与社会团体的理解和支持。日本对 WTO 农业谈判信息的分享，不仅是政府和执政党，而且还包括最主要的农民团体——农业协同组合。

### 参考文献

[1] 日本农林水产省 WTO 办公室 . WTO 农业谈判——日本提案 [R].
[2] 应和邦昭 . 食品与环境 [M]. 东京：东京农业大学出版社，2005.

# 美国框架下的 TPP 谈判及其主要特征*

## ——基于农产品贸易与竞争的视角

美国为了国内经济复苏和实现重返亚洲战略的需要，积极参加并主导了"跨太平洋伙伴关系协定"（TPP）谈判，充分体现了美国的利益和意图。这对中国农产品贸易发展及东盟自由贸易区格局乃至亚洲经济发展和国家（地区）关系，构成了潜在的、复杂的甚至是危险的竞争，需要认真研究和妥善应对。

## 一、美国利用并主导了 TPP 谈判

"跨太平洋伙伴关系协定"（TPP）的前身是由文莱、智利、新西兰和新加坡发起的"跨太平洋战略经济伙伴关系协定"（TPSEP）。2005 年 5 月 28 日，上述四国共同签订并生效 TPSEP，彼此承诺在货物贸易、服务贸易以及投资等领域相互给予优惠并加强合作。文莱和新加坡有进口农产品的需求，新西兰和智利有出口农产品的需求，彼此之间在农产品贸易上存在互补性，但贸易额有限。联合国粮食及农业组织的数据显示[①]，2007年，文莱农产品进口额仅有 2.72 亿美元，新加坡农产品进口额为 68.89亿美元。同时，新加坡有出口工业品的需求，智利有出口铜等矿产品的需求，文莱和新西兰有进口工业品的需求，彼此之间在工业品贸易上也存在互补性。进一步分析可知，新加坡和文莱都是人口小国，且新加坡农业资源十分匮乏，但这两个国家人均收入水平较高，具有进口农产品的现实需求，不会因为农产品进口而产生严重的负面后果。

---

　＊　本文原载于《中国农村经济》2014 年第 12 期。本文系中国社会科学院农村发展研究所创新工程项目"农产品市场与农村要素市场"的部分研究成果。
　①　数据来源：FAO Statistical Yearbook 2009，http：//www.fao.org。

　　新西兰和智利农业资源非常丰富，农产品供给能力远大于其自身的消费能力，需要将剩余农产品出口，以保证农业生产和农村社会正常运行。这决定了 TPSEP 无需强调农产品高关税保护措施；同时，这四个国家尚未建立以大量财政补贴为支撑的农业支持政策，自然不会削减国内支持。从 TPSEP 谈判之时，它就体现了可免除农产品关税和无需削减农业国内支持的特征。

　　TPSEP 协定文本印证了上述观点。文莱、新西兰和新加坡的农产品关税数目极为有限，便于实现农产品零关税目标。按照该协定，2006—2011 年，文莱咖啡豆及其加工产品的关税水平从每吨 110 美元降至 0，茶叶的关税水平从每吨 200 美元降至 0；2006—2009 年，咖啡成品及茶产品的关税税率从 5％降至 0。2006—2010 年，新西兰少数深水动植物产品的关税税率从 5％降至 0。新加坡从该协定生效起，将啤酒每升 0.7 新加坡元、波特酒每升 1.7 新加坡元、药酒每升 8 新加坡元的关税水平降至 0。智利农产品关税数目为 1 436（8 位关税编码），除糖、小麦和植物油为关税高峰产品外，其余农产品的关税税率均不超过 6％。2006—2015 年，智利蔗糖、砂糖（配额外）的关税税率从 98％降至 0％，小麦、小麦或混合麦细粉的关税税率从 31.5％降至 0（配额外），豆油、花生油、橄榄油等的关税税率从 28.4％降至 0；2008—2015 年，其余农产品免除关税。TPSEP 的农产品贸易零关税规定，正是美国一直提倡和追求的目标，但在 WTO 新一轮谈判中尚未实现的贸易政策。

　　早在 TPSEP 谈判时，美国就开始与创始国磋商。2008 年 2 月，美国介入 TPSEP 并将其演变成 TPP，开始发挥主导作用。美国推行 TPP 的目的，是借助 TPSEP 成员及其部分理念，例如农产品贸易零关税等，构建以美国为主导的亚太地区经济发展框架和平台，进一步打开市场，特别是全球最富有活力的亚洲市场，促进美国经济较快增长。"奥巴马政府正在寻求 TPP 开启美国企业、工人、农民、服务商和农场主创业和工资增长的机会。"[①] 美国认为，在竞争激烈的全球市场上，由于关税和非关税壁垒因素，即使是产品成本的少量增加，也可能意味着成功与失败的差别。美国要求 TPP 成员认同和接受高质量（更为开放）的市场准入，推

---

① 数据来源：TPP Summary of U. S. Objectives，USTR（http：//www. ustr. gov），2014。

动更多的美国工业品、农产品等以零关税方式进入其他国家，从而加快国内经济的复苏和增长，以保证美国作为世界上最大经济体的地位。

亚洲是世界上经济最活跃的地区，也是美国商品（包括农产品）出口的重要市场。2011 年，亚洲人口占世界总人口的 60.38%，亚洲拥有世界第二大、第三大经济体和中国、印度两大新兴经济体，亚洲国家（地区）GDP（地区生产总值）占世界总量的 32%①。同时，亚洲市场具有相当的增长潜力。2003—2012 年，亚洲商品进口额占世界商品进口总额的比重由 23.5% 上升至 31.8%，10 年间提升了 8.3 个百分点②。2010 年和 2011 年，亚洲农产品进口额占世界农产品进口总额的比重分别为 25.8% 和 27.4%，分别比上年增加 0.4 个百分点和 1.6 个百分点③。2012 年，在全球 15 个主要农产品进口国（地区）中，亚洲占有 9 个，其进口额占上述 15 国（地区）农产品进口额的 32.43%④。

在中国经济快速、持续增长的背景下，中国农产品贸易增速超过美国。2003—2012 年，美国农产品贸易额从 1 535 亿美元上升至 3 140 亿美元，增长了 104.6%；同期，中国农产品贸易额从 404 亿美元上升至 1 739 亿美元，增长了 330.5%。从中美农产品进出口占世界市场的份额看，2003—2012 年，美国农产品出口份额几乎在 10.2% 上下波动，而中国农产品出口份额从 3.1% 稳步上升至 4%；美国农产品进口份额从 11% 下降至 8.1%，而中国农产品进口份额则从 4.2% 上升至 9%⑤。

美国农业部经济研究局的一份报告指出⑥，2013 年美国农产品出口的地区份额中，亚洲为 42.6%，明显超过其他各大洲。同期，中国向其他亚洲国家出口农产品占其全部农产品出口的份额为 62.2%。随着中国等发展中国家崛起，美国在亚洲市场上正面临多方面的竞争和挑战，虽然中美农产品出口都在增长，但各自的增长率存在差距（图 1、图 2），即中国

---

① 根据 FAO Statistical Yearbook 2013（http：//www.fao.org）有关数据计算。

② 资料来源：WTO 国际贸易统计（ITS），http：//www.wto.org。

③ 资料来源：农业部农产品贸易办公室、农业部农业贸易促进中心：《2012 中国农产品贸易发展报告》、《2013 中国农产品贸易发展报告》，中国农业出版社。

④ 根据《2014 中国农产品贸易发展报告》附表 23 中的数据计算。

⑤ 根据 WTO 国际贸易统计（ITS）（http：//www.fao.org）数据（2003—2012 年）计算。

⑥ Outlook for U. S. Agricultural Trade，Economic Research Service，USDA，www.ers.usda.gov，2014。

农产品向亚洲出口的潜力更大。

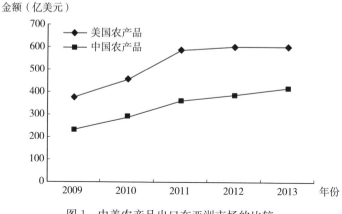

图 1　中美农产品出口在亚洲市场的比较

资料来源：中国数据来自中国商务部对外贸易司（http：//wms. mofcom. gov. cn）；美国数据来自 Outlook for U. S. Agricultural Trade，美国农业部经济研究局（ERS）（http：//www. ers. usda. gov）。

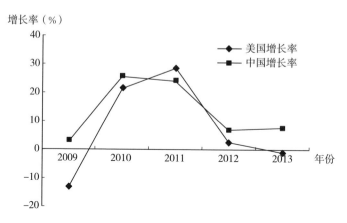

图 2　中美农产品出口在亚洲市场的增长率比较

资料来源：同图 1。

美国框架下的 TPP 现有 12 个成员，除四个创始国和美国外，还有澳大利亚、秘鲁、越南、马来西亚、墨西哥、加拿大、日本。其中，加拿大、墨西哥与美国同为北美自贸区（NAFTA）成员，澳大利亚、智利、秘鲁、新加坡分别与美国签有双边自贸协定，日本是美国的同盟国。从农产品贸易谈判目标看，澳大利亚、新西兰、加拿大、智利、秘鲁和马来西亚同属凯恩斯集团，这些国家与美国在大幅度扩大进口国市场准入上基本一致，极力推动进口国农产品市场开放。日本则是一个农产品进口大国，极力维持对其农业的保护和支持。但是，对于 TPP 体系而言，需要日本作为农产品主要进口国，与美国等农产品主要出口国之间形成一种双方互动、匹配的交易模式。这不仅是美国经济发展的现实要求，也将是 TPP 是否成功的一个重要标志。

## 二、美国推行"自由贸易"新模式

美国为了实现其利益最大化，充分利用、发挥了其经济发展的特征和优势，并将这些特征和优势融合、渗透到贸易领域，不断创新具有美国特色的贸易理念和贸易规则。TPP 谈判就是将这种"自由贸易"最新版推向亚洲地区的过程。在美国政府看来，"国家与市场之间、政府与企业之间在海外市场的拓展上形成了一种结盟关系。从这个角度讲，国家并没有什么独立性可言，国家就是本国企业利益的代言人，这一观念其实早已深嵌在美国的政治体制中。"（王勇，2007）

尽管 TPP 谈判作为闭门磋商，其内容和过程被严格保密，但是，通过已有的公开资料，美国贸易政策和 TPP 谈判的一些新特征仍能透露出来。这些主要特征有：

### （一）农产品零关税

降低进口国关税一直是美国出口商追求利润的主要途径，美国从全球贸易自由化中获益匪浅。在 WTO 新一轮农业谈判中，美国的核心目标是扩大 WTO 成员的市场准入，其关税削减提案为：关税税率为 0～20%、20%～40%、40%～60%、60% 以上的农产品，其关税税率削减幅度分别为 55%～65%、65%～75%、75%～85%、85%～90%，与欧盟、G20、G10 的关税削减方案相比，美国方案体现了高层切割点低、削减幅度大的特点[①]。在 TPP 谈判中，美国充分利用了 TPSEP 零关税的规定，并将其

---

① 资料来源：农业部农产品贸易办公室、农业部农业贸易促进中心：《2007 中国农产品贸易发展报告》，中国农业出版社，2007 年。

扩展成为 TPP 规定，作为进一步破除亚洲市场关税保护、实现美国利益最大化的利器。

比较上述两个贸易谈判，前者只是扩大了农产品市场准入程度，后者则将农产品市场准入最大化。显然易见，后者的程度远远超越前者，并将扩大市场准入用到了极致。美国试图推行农产品零关税，将在海外市场获得更大利益（图 3）。

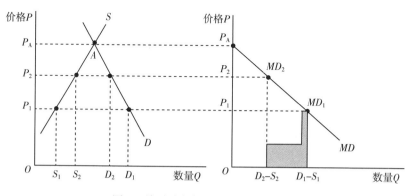

图 3　关税减免促进出口国盈利增长

图 3 中，$S$、$D$ 分别表示进口国生产者供给曲线和消费曲线，$MD$ 表示进口需求曲线。某商品进口被征收关税后，进口国市场上该商品价格为 $P_2$，进口国生产量为 $S_2$，市场需求量为 $D_2$，进口需求量为 $D_2-S_2$。当该商品进口零关税时，进口国市场上该商品价格为 $P_1$，市场需求量为 $D_1$，进口需求量为 $D_1-S_1$。与此相对应，由于该商品被免征关税，出口国产生的盈利增加部分为由 $P_1$、$MD_1$、$D_1-S_1$ 和 $O$ 围成的面积减去由 $P_2$、$MD_2$、$D_2-S_2$ 和 $O$ 围成的面积，即两者之差为阴影面积。

## （二）SPS 统一规范

目前，各国在实施卫生与动植物检疫检验上有较大的自由裁量权。WTO 文本重申，不应阻止各成员为保护人类、动物或植物的生命或健康而采用或实施必需的措施，但这些措施的实施方式不得构成在情形相同的成员之间的任意或不合理的歧视手段，或构成对国际贸易的变相限制[①]。

---

① 《世界贸易组织乌拉圭回合多边贸易谈判结果法律文本》，对外贸易经济合作部国际经贸关系司译，法律出版社，2000 年，第 59 页。

目前，有关农产品检验检疫尚未形成统一的国际标准，各国执行的标准存在明显的差异，这有待于科学界进一步研究和确定。美国出口商抱怨一些进口国检验检疫过于严格，以至于阻碍了美国农产品进入这些国家，美国政府将这种指责转变成贸易政策。例如，美国大米出口商不满日本对进口大米限制数百种化学物质残留，美国批评这种措施不科学，并要求将其取消（Hisano，2012）。美国贸易办公室指出，许多国家以保护人类、动物和植物健康为借口，实施贸易保护主义，美国努力消除不必要的外国 SPS 障碍，力争实现奥巴马总统提出的 2010—2014 年美国出口翻一番的目标①。TPP 作为美国贸易拓展的重要途径，美国将 SPS 纳入其规则制定之中（吕向东等，2014），使 TPP 成员的 SPS 规范化和统一化，即执行统一的技术标准和操作程序，以符合美国经济发展的需要。

## （三）生态环境保护

美国强调环境保护是人类共同的核心价值观之一。美国贸易办公室公开宣称，美国认为，促进亚太地区环境保护不仅是一个核心价值观，而且是 TPP 的一项关键性且优先考虑的问题。具体来说，美国寻求在 TPP 框架下共同遵守的争端解决机制和其他义务，包括法律和多边协定，这足以使 TPP 成员执行环境保护任务，解决生态环境遭遇破坏的问题，并且承诺不放弃或不违背以环境保护为目的贸易或投资，以杜绝野生动物产品走私、非法砍伐、非法捕捞等现象②。值得关注的是，美国曾在 WTO 新一轮农业谈判中，主张农业多功能性与农产品贸易不应放在一起讨论，并与以日本为代表的 G10 和欧盟进行过激烈的、针锋相对的争辩。现在美国却提出环境保护是一个优先考虑的问题，这是因为一些亚洲国家人口众多，同时自然资源相对稀缺和贫瘠，农业开发与自然资源保护的关系始终是一个难以解决但又不得不重视、难以取舍的问题，这为美国发挥其农业优势和农产品出口提供了重要机遇。对美国来说，以保护资源的名义限制某些国家农业发展是一个名正言顺的理由。

---

① 资料来源：2013 Report on Sanitary and Phytosanitary Measures，USTR，2013.
② 资料来源：TPP Summary of U. S. Objectives，USTR，2014.

## （四）知识产权保护

美国贸易办公室指出，美国在 TPP 谈判中努力推进最具开放性并有先进科学技术支撑的规则，以保护和促进美国出口知识密集型产品及其服务。美国正在寻求以美国法律为基础，引导建立一种知识产权保护机制。最具创新精神的知识经济及知识产权保护，对美国经济增长和就业机会至关重要。美国有近 4 000 万人直接或间接为知识密集型行业工作，他们支撑着美国大约 60% 的出口商品和较大份额的服务业出口。同时，美国的先进技术为整个亚太地区（包括 TPP 成员）的生产者和消费者带来益处①。实际上，美国的一些农业生物技术公司，例如孟山都、杜邦等跨国集团企业，都在不遗余力地向美国政府施加压力，要求为他们的技术知识提供全球性保护。先进技术是保证美国农产品出口增长的一个重要支撑点，知识产权保护则是加强这个支撑点的法律手段。

## （五）现代商业模式

美国以先进的计算机和互联网技术为依托，不断创新现代商业模式，特别是电子商务的诞生，极大地降低了交易成本、提高了商业效率。美国贸易办公室指出，美国政府正在努力通过 TPP 谈判，要求 TPP 成员履行对电子商务的承诺，保持互联网自由和开放，促进电子供应商的竞争并设置新的贸易规则，其中包括一种单一的、全球性的互联网规则，使企业的计算机和互联网技术在促进商品贸易中更具有可操作性②。借助于先进的电子技术和现代商务模式，美国可将商品（包括农产品）更加便捷、低成本地打入其他国家市场，在市场竞争中发挥美国的领先优势。

## （六）透明、反腐和监管

美国试图通过 TPP 框架，加强 TPP 成员决策的透明度，打击政府官员的腐败行为，加强监管系统的一致性，确保美国商品公平地进入亚洲市场。具体来说，美国提出在 TPP 成员内部，制定共同遵守的相关法律法

---

① 资料来源：Summary of U. S. Objectives，USTR，2014.
② 资料来源：TPP Summary of U. S. Objectives，USTR，2014.

规（包括行政裁决）；建立公开、透明、可对成员政府问责的制度机制；开辟社会团体、企业和公众自由评论和发表意见的专门渠道。上述措施的目的是共同承诺打击腐败现象，提升官员的道德标准[①]。除上述六个方面外，美国还在 TPP 框架中纳入劳工保障、企业公平竞争等内容。显而易见，传统的、单一的、狭义的国际贸易方式正在拓展成为现代的、综合的、全方位的国际贸易方式，TPP 成员不仅要受到贸易机制的制约，还要受到法律法规、社会团体、商业模式和公众评判等多方面的制约。这反映了美国正在推行高标准、多方位、综合式的自由贸易新模式。日本学者指出，美国百事可乐等大企业对 TPP 的兴趣，并不在于其环境保护和当地农业可持续发展，其关注的重点是快速增长的有机产品市场和出口机会（Hisano，2013）。

## 三、TPP 的影响及应对策略

### （一）TPP 带来的影响

尽管 TPP 谈判成功的时间无法预测，但是，TPP 带来的冲击是不可避免的，这足以引起亚洲各国的重视和深思。

首先，美国和 TPP 核心成员要求取消农产品关税，这无疑会对农产品进口国带来较大冲击。中国作为发展中的人口大国，未来仍将是全球农产品进口大国，这决定了美国等绝不会放弃中国市场。现在，美国阻止中国加入 TPP 谈判，主要是拒绝中国参与 TPP 规则的制定和限制中国发挥应有的作用。一旦 TPP 谈判成功，美国就会以 TPP 的名义力压中国加入，要求中国更大程度地开放市场。以美日 TPP 农业谈判为例，其争论的焦点为减免日本主要进口农产品关税，即围绕日本大米关税税率778%、小麦关税税率 252%、牛肉关税税率 38.5%、黄油关税税率360%、糖关税税率 252%，美日双方展开激烈的讨价还价。美国的目的不仅是要求日本大幅降低农产品关税，而是最终实行农产品零关税。取消农产品关税保护，实行美国框架下的 SPS 规则，这意味着农产品进口国将遭遇国外农产品的严重冲击，从而导致农业综合生产能力下降。中国加

---

[①] 资料来源：TPP Summary of U. S. Objectives，USTR，2014.

入 WTO 后，国产大豆生产萎缩就是一个典型案例。

其次，美国作为发达国家，其环境保护水平远远超过大多数发展中国家。尤其是人均资源相对贫乏的人口大国，为保证本国人口生存不得不过度开发自然资源，造成生态环境破坏和恶化，这为美国借保护生态环境之名、行推销农业产品之实，提供了很好的理由。问题的关键不在于环境保护本身，而在于环境保护背后的动机。一旦加入 TPP，中国的农业生产必然会受到环境保护的制约，例如，化肥和农药污染较为严重的土地、常年旱情严重的土地以及低产田、河滩地、坡地、沙化地等，都将退出农业生产，这些土地退出导致的农产品供给减少以及相应的对部分农民的补偿，都需要考虑。

再次，美国强调知识产权保护，就是运用法律的方式设置知识壁垒，利用知识产权实行技术控制，以更好地保障美国的科学技术优势。在知识产权保护方面，中美两国存在着认识偏差和实际差距。例如，中国知识产权意识薄弱，体系和机制不健全，中国企业未能成为创新主体。从国际市场看，中国种业的出口贸易额只占全球同类贸易总额的 0.8%，而排名世界前 10 位的外国农作物种业公司占据了全球种业出口市场 1/3 的份额。从国内市场看，外资企业蔬菜种子经营量已超过中国蔬菜种子市场一半的份额（宋敏，2012）。美国推出的 TPP 知识产权规则，不仅有利于美国农业技术向国外推广，还会对某些知识产权形成垄断，并利用这种优势制约发展中国家经济发展。

另外，现代商业模式以互联网技术为依托，美国无疑是这种商业模式的发源地和领跑者。发展中国家如果对电子商务技术缺乏深入了解和掌握，而盲目引进这种商业模式，不仅不能发挥现代商业模式的作用，还会失去传统商业模式的优势，这些国家将失去部分商品销售的主动权。美国提出的提高政府决策透明度、反对官员腐败和改善政府对市场的监管方式，从某种意义上讲，也是针对发展中国家普遍存在的官员贪污腐败和不作为现象，这不仅可以从法治和道德上推进贸易体制建设，而且可以从政治和社会制度方面介入发展中国家事务，在更大范围内推行美国自由贸易新模式。

## （二）应对策略

上述分析表明，美国框架下 TPP 的影响是全面和深刻的，这不仅包含新技术革命带来的"破坏性创新"以及 TPP 对传统的贸易理念和贸易体系的"颠覆",而且包含着国家之间的贸易竞争和利益博弈以及竞争和博弈规则的巨大变化,掌握规则制定的优先权意味着控制未来国际贸易的主动权,因为"新参与的国家必须'无条件'地接受现有成员已经达成的基本规则①,美国和相关利益者一致认为,不可能做出任何让步"(Hisano,2013)。由此可见,中国应对 TPP 进行深入的了解和思考,积极开展对策研究。由此,本文提出几点策略:

一是加强相关信息的收集和分析。由于 TPP 谈判是闭门磋商,其内容和过程严格保密,但是,信息分析是研究和决策的基础。开展及时、准确、有效的相关信息收集和分析工作,既是非 TPP 成员面临的困难和挑战,又是一项具有战略意义的基础性任务。加强国内外学术交流和信息沟通,尽可能多地了解 TPP 谈判的动向和进程,改变目前国内 TPP 信息量很少、学术界关注度较低的局面。

二是开展 TPP 与 RCEP 研究。尽管在亚太经合组织(APEC)框架内,无论是美国主导的 TPP,还是中国等亚洲国家主导的区域全面经济伙伴关系(RCEP),最终都会趋向亚太自由贸易区(FTAAP)(Petri,2012),但是,TPP 与 RCEP 背后存在着中、美、日等大国(地区)之间的激烈竞争。这种复杂的现状给 APEC 带来了挑战(胡麦秀,2012),TPP 和 RCEP 的推进都面临困境(Deborah,2013)。如何实施"亚太自由贸易区"是一个现实的难题,中国政府有关部门和学术机构应尽快开展有组织的、系统性的研究。

三是构建中国农业发展新战略。在经济全球化和信息技术快速发展的背景下,应从世界经济与贸易规则的变化和特征及其对未来中国农业影响的视角,构建具有时代特征并有利于提高竞争力的农业发展战略(翁鸣,2009)。一方面,加强农业基础设施建设、新型农业经营主体培育和先进农业技术推广等;另一方面,把握全球新技术、新经济的发展趋势,尤其是从互联网发展带来农业产业链和农产品营销模式的变革中,学习和吸收先进技术和新型商业模式,缩小中国与美国等国家差距。

---

① 原文是:"newly participating country is required to accept 'unconditionally' the ground rules already agreed"。

四是分析美国与 TPP 的"软肋"。美国作为世界上最发达的国家，往往将本国意志强加于其他国家，这就决定了美国主导的 TPP 存在着某种缺陷。从逻辑上看，美国在将其优势产业和产品推向海外市场的同时，又极力注意保护其相对弱势的产业和产品，即美国具有贸易自由化和保守主义的两面性。例如，美国在要求日本开放农产品市场的同时，注意保护本国的汽车产业。发现和研究美国与 TPP 的缺陷，有助于中国提高政策制定的针对性和目的性。

五是加强亚太地区国家之间的合作。尽管亚太地区国家的经济合作无法排除政治因素，但是，亚太地区经济一体化所蕴含的巨大经济收益，才是各国加入自贸区谈判的根本动力。一方面，巩固中国与其他亚洲国家已有的合作关系，积极寻求与 TPP 成员签订双边自贸协定，化解和减少 TPP 可能给中国带来的贸易和投资转移效应；另一方面，加快建立新的亚洲国家合作机制，例如建立新的亚洲金融组织，以瓦解美国制约中国发展战略的实施基础。

## 参考文献

吕向东，顾欣，徐锐钊，2014. TPP 谈判中美国重点关注的几个农业问题 [J]. 世界农业 (4).

胡麦秀，2012. 美国主导 TPP 的战略动因及其对中国的启示 [J]. 情报杂志 (9).

宋敏，2012. 战略性运用知识产权 提升农业竞争力 [EB/OL]. 中国农业科学院农业知识产权研究中心 (www. ccipa. org)，06 - 22.

翁鸣，2009. 迷局背后的博弈——WTO 新一轮农业谈判问题剖析 [M]. 北京：社会科学文献出版社.

王勇，2007. 中美经贸关系 [M]. 北京：中国市场出版社.

Hisano，Shuji，2013. What Does the U. S. Agribusiness Industry Demand of Japan in the TPP Negotiations [R]. Working Paper No. 127，Graduate School of Economics，Kyoto University.

Deborah，K. Elms，2013. The Trans - Pacific Partnership Negotiations：Some Outstanding Issues for the Final Stretch [J]. Asian Journal of WTO and International Health Law and Policy，8 (2)：377 - 599.

Petri，Peter A. ，Plummer，Michael G. ，Zhai，Fan，2012. The Trans - Pacific Partnership and Asia - Pacific Integration：A Quantitative Assessment [R]. The Peterson Institute for International Economics.

# 四、农村改革与实践探索

# 青县模式：一种我国村庄治理的创新机制[*]

近十年来，在我国村民自治进展尚未获得整体性突破的同时，一些地区进行了积极的探索，特别是针对制约村民自治发展的深层次问题，通过农村基层的改革实践，在农村治理机制方面取得了颇有价值的进展并积累了宝贵的经验，这对我们研究农村民主政治发展具有重要的意义。

## 一、问题的提出

村民自治作为我国农村改革的重要内容之一，虽然立法较早、实践期较长，但却争议较多、进展缓慢。现阶段村民自治最突出的问题是"乡村关系"和"两委"矛盾，这些问题的解决需要借助于农村政治体制改革。"乡村关系"的实质是国家政权与农村群众自治之间的关系，农村治理意味着多元主体共同参与农村事务管理，也就是说，从传统的国家权力对农村的管理方式向国家管理与农村自治相结合的治理方式转型。有的学者指出，村民自治作为一种来自乡村内生型的治理机制嵌入到原有的自上而下的治理机构中，必然会产生机制性摩擦，其中最突出的是纵向的行政机制与横向的自治机制的碰撞。[1]我们对上百名县乡领导干部的专题调查表明[①]，其中大多数人表示，虽然理解村民自治是一种社会发展趋势，但是民主管理、民主决策、民主监督与现行的农村管理方式和运行机制仍有很大的差距，他们并不愿意主动地推动村民自治发展。

农村"两委"矛盾可以理解为国家政权与村民自治不协调在村级组织

[*] 本文原载于《理论探讨》2011 年第 5 期。基金项目：2011 年中国社会科学院国情调研重大项目《我国农村民主政治的创新机制与发展模式——党的领导、人民当家做主与依法治国在农村基层的实现途径与问题研究》阶段性成果。

① 作者在河北、河南、山东、北京等地农村调查记录。

层面上的突显。在国家权力自上而下的运行体制下，党组织是国家权力在农村的主要代表和承担者，有关法律和文件明确规定，农村党组织是党在农村全部工作和战斗力的基础，是乡镇、村各种组织和各项工作的领导核心。[2]村党支部是由本村党员选举产生或乡镇党委的委任，而村委会的授权则来自全体村民，这种授权渠道和民意基础的差异，是造成农村"两委"矛盾的重要诱因，但实质上是国家政权与村民自治之间矛盾。为了解决"两委"矛盾，有关部门和部分省份推行党支部书记与村委会主任"一肩挑"的任职方式，虽然表面上解决了"两委"矛盾，但又产生了权力过于集中难以制约和滋生腐败的问题，从而背离了村民自治的本意。山东莱西县是一个典型案例，该县曾作为全国第一个村民自治示范县，由于村两委班子"一肩挑"，出现了"家长制"和党政职责不清的现象，造成了新的社会矛盾和问题。[3]

村民自治的反复实践表明，一部法律不可能解决村民自治的所有问题，"关键是建立有效的治理结构和制衡机制"[4]。为了突破上述困境并推动村民自治深入发展，必须从体制改革和机制创新上考虑，将农村党组织建设与农村民主政治建设有机地结合起来，探索一种党的领导融入并能指导村民自治的新机制和新路径，这是推进村民自治和农村治理的关键所在，也是本文研究的主要内容。中国农村改革具有两个鲜明特点：一是改革经验大多出自基层，二是改革实践往往先于理论创新。无论是包产到户、乡镇企业还是村民自治，都是基层干部群众为了谋求发展或走出困境而自发改革。青县模式（村民代表会议）、邓州模式（四议两公开）、温岭模式（民主恳谈会）、巴州模式（民主监事会）等就是农村治理的成功案例。

尽管村民自治、农村治理和村级组织结构改革之间的逻辑关系看似简单明了，但是要破除传统体制的障碍并开拓创新出一条切实可行的路径，却是十分艰难的事情，已有的文献对此缺乏足够的研究。大量的论文主要解释和分析我国村民自治发展为何如此缓慢，例如，村民自治发展面临的矛盾与问题（卢福营，2009；尹焕三，2011），村民自治的成效不够与这一制度走向专门化而和其他制度不能对接和整合有关（仝志辉，2008）。另一些论文则从逻辑推理上提出了问题解决的设想，例如，中国的乡村治理体制需要相应的转型，实行国家治理与乡村自治的共同治理（徐勇，

2007)。本文与这些文献的差异在于，本文是以青县农村治理改革的成功经验为研究对象，探讨在农村政治体制改革条件下农村民主治理的路径和机制。此外，有的地方官员描述了改革试验的过程和想法，但是其学术性、规范性明显不足。本文注重理论与实践的结合，试图从具体的制度改革和机制创新的角度，对突破制约村民自治发展的实践活动给予理论分析，并提出某些规律性的启示和政策建议。

　　本文选择青县模式①作为研究对象，这是由其创新价值和重要意义所决定的。首先，青县改革具有原创性。2002 年青县开始以"村代会常任制"为特征的农村治理探索，逐步形成了一种独具特色的农村治理新机制，从而探索和验证了我国民主政治发展在农村基层的实现路径。其次，青县改革具有深入性。青县改革的着力点是机制创新，而不是仅仅局限于方法上的创新，这与邓州模式有明显区别。邓州模式是在不改变村级组织结构的前提下，推行"四议两公开"的民主公开方法。再次，青县改革具有长效性。通过建立村民代表会议制度和调整村级组织结构，实现"民主管理、民主决策、民主监督"的制度化、程序化并具有可操作性，让农民群众真正成为农村的主人。与此相比，邓州模式、温岭模式和巴州模式等尚未涉及村级组织结构及运行机制。由此可见，在政治体制改革背景下研究村治模式，青县可以称为是一个理想的研究对象。

## 二、改革的着力点：村级组织架构的调整

　　村民自治是我国农村民主政治发展的主要形式，村民自治实施的一个重要条件是国家向农民适当的放权，正如邓小平所说："把权力下放给基层和人民，在农村就是下放给农民，这就是最大的民主。"[5]村民自治作为我国基本政治制度中的组成部分，其作用发挥需要有一系列具体制度的配合和支撑，而这些具体制度的探索和建立过程就是政治改革，即根据特定经济关系下不同利益主体之间的矛盾运动而对政治权力和政治权利进行变革和调整。从这个意义上讲，青县模式是基于村级组织结构变化的体制

---

　　①　最初由中组部党建研究所《党建研究参考资料》（2003 年 12 月）刊登的《青县模式：由村支书兼任村代会主席》一文提出，后被专家学者认可并被新闻媒体广泛引用。

（机制）改革，这种改革富有想象力和创造力，既没有超越现行的国家法律政策的总体框架，又对传统的农村组织结构及其职能设置、运作方式进行了整合和改革。

**1. 改变了传统的村级组织架构**

青县改革的精彩之笔，不仅在于建立了村民代表会议制度，而且赋予了村民代表会议某些实质性权力。所谓村民代表会议（以下简称村代会）是指由每5～15户村民推选1名村民代表的人员所组成，经村民会议授权行使对村政村务的议事、决策和监督职权。授权方式一般采取将授权事项写入《村民自治章程》草案，经村民会议讨论决定，即完成全体村民向村代会的授权。村代会设置主席一职，由全体村民代表采取投票或举手表决方式产生，主要负责村代会的召集和主持等工作。村代会一般每月组织召开一次，凡是涉及村庄发展和村民切身利益的重大事项都需提交村民代表讨论，三分之二以上村民代表的表决通过即形成决议。[6]

上述制度安排表明，青县的村代会已不是党支部或村委会的一个附属机构，而是由原来象征性民意表达的临时组织改建为常设性议事、决策和监督的实体组织。一方面，村民代表会议作为一个经常性的议事和监督平台，改变了由于村民会议的高成本和召集困难而造成村民自治难以深入的情况；另一方面，村民代表民主选举村代会主席，而不是由村支书或村委会主任直接兼任（这与其他地区的村民代表会议有着明显的区别），即村代会主席的授权来自村民代表集体，这对改变主要村干部个人决定会议是否召开发挥了关键性作用。村级组织架构由原来的党支部、村委会调整为党支部、村代会和村委会，这不仅更多地引入民主参与的成分，显著地增强了农民群众这一主体的作用，而且在一定程度上改变了长期以来村庄权力始终自上而下的运行方向，有利于形成多种治理主体之间的认同与合作，有利于形成以农村党支部为核心、多元主体合作的环式治理结构。

**2. 调整村级组织的职责和权力**

青县在形成新的村级组织架构的同时，以制度安排的方式明确了党支部、村代会和村委会的职责和权限，并强调这三个村级组织是目标一致、相互配合的关系，各自具有不可替代的重要作用。党支部作为农村工作的领导核心，发挥执政党基层组织的政治优势，特别是组织优势、宣传优势和群众工作优势，以村代会为主要工作平台，通过组织和引导村民积极参与村务管理和科学决策以及落实村代会决议等活动，实现党对农村基层的领导。村代会是一个由群众推选产生、表达村民意愿并参与村庄事务管理的独立组织，它主要负责讨论和审议村庄经济社会发展的重要议案以及涉及村民利益的重要事项。村委会从原来"议行合一"的职能调整为村务管理职能，村委会负责执行村代会形成的决议以及日常村务的管理工作。

青县探索了新时期党的农村基层组织领导方式的转变。村民自治是在人民公社体制瓦解和家庭联产承包责任制兴起的背景下产生的，农村经济体制改变要求农村政治体制发生相应调整。原来"一元化"领导的权威主要是借助于集体经济组织对生产资料的控制实现，而现在和今后的领导权威则要依靠足够多数村民的同意。[7]因此，农村党组织必须改变原来僵化的"一元化"领导模式，由全面的、具体的领导方式转变为总揽全局、协调各方的领导方式，由行政式领导方式提升为科学、民主、法治的领导方式。这种改革的根本原因就在于社会进步和农民群众对民主政治的要求，而代表人民根本利益的中国共产党人无疑应该成为这场政治改革的领导者。但是，目前我国不少农村党员干部，包括部分地方领导干部尚未认识到农村政治改革的重要性、必要性和紧迫性。青县模式初步回答了在社会主义市场经济和民主法治背景下，怎样改革和加强农村党组织建设、巩固党在农村执政基础的问题。[8]

### 3. 加强村级组织之间相互制衡

青县改革注意权力制衡和防止权力过于集中，主要有四个方面：一是村庄议事机制发生改变。由原来党支部的"一元化"领导（特别是党支部书记个人决策）转变为党支部提出议案、村民代表集体决策。二是增强党支部、村代会对村委会的监督措施。村民理财小组审核村务开支并否决不合理的开支，民主监督小组负责村务公开制度的执行情况。三是农村党务工作公开和民主评议党员干部。党支部讨论决定及工作布置，除必须要求保密的内容外，一般每年应向村民群众公开两次，村民代表和党员对党支部班子进行一次民主评议。四是村委会具有提出复议的权力。如果村委会不同意村民代表会议的决议，可提出复议。对复议结果仍不能接受执行的，可提请召开村民会议表决。

现代政治学强调权力须与监督同行，因为缺少监督的权力必然导致腐败，绝对权力导致绝对腐败。防止权力腐败的两条路径是分权制衡和社会监督，前者是由承担不同功能的权力部门之间互相分立、互相制约，后者是指通过公民运用宪法和法律维护自身权益来抵制公权部门和当权者滥用权力。青县改革的一个重要探索，就是在村庄治理实践中运用分权制衡和社会监督，建立和健全农村民主监督制度，以遏制农村权力腐败现象。目前我国经济领域内腐败现象仍处于高发期，诱惑农村腐败现象滋生的外部因素增多，特别是城镇化进程带来的土地非农化，农业生产规模扩大带来的土地经营权流转，以及国家支持农业和农村的公共产品供给不断增加，使得农村干部手中权力和面临的市场诱惑力都明显增大。由于村民自治制度的不完善，不可避免地造成村级组织决策和管理上的漏洞，而这些漏洞就是农村腐败现象产生的系统性因素。从这个意义上讲，完善制度建设可以从源头上遏制农村腐败滋生。

## 三、改革的保证：运行机制和相关程序

农村治理创新是一个涉及多层次、多方面的改革实践，为了保证改革的深入性和长效性，必须建立相应的运行机制和相关程序。机制含有制度的因素，是在各种有效方式、方法的基础上总结和提炼而成，具有一定的系统性和理论化，它不仅要求相关人员共同遵守和执行，而且具有一定的理论指导作用。而单纯的工作方法往往体现为个人做事的一种偏好或经验，并未上升到理论层面，它是可以根据个人主观愿望随意改变的。

近年来，各地农村在农村治理方面创造了一些好的做法，但是任何方法都有一定的局限性，而且极易为人的意志所改变。要把农村治理已经取得的成果真正地巩固下来，并防止其消退和回潮，必须依靠制度的力量。因此，农村民主政治建设绝不能只停留在做法上，而是要把实践中形成的并且被证明是比较成功的经验上升为制度，不仅如此，为了保证制度得到真正地贯彻落实，还需要将制度要求进一步具体化，展开成为可以实际操作并确有成效的工作程序。在农村治理机制和程序方面，青县提供了一个典型经验。青县模式既是对农村政治体制和机制中某些不合理部分进行改革，更是在创新意义上建立了农民群众能够参与管理、决策、监督的机制和程序。

青县模式是一个动态的循环系统，从机制运行的过程来看，其工作机

理见图1。党支部领导体现在自身优势和组织、宣传、协调和监督等职能，特别是发挥党员的先锋模范作用，引导村民代表管理村政村务，抓好群众关心的公共事务。对于重要村政村务，党支部征求、收集并归纳全村村民的意见建议，召开支部会议和党员会议，酝酿形成初步方案。党支部书记组织村代会主席、村委会主任商议并经"两委"班子集体讨论，完成提交村民代表决策的议案，把党组织的主张变成村民自治组织和农民群众的自觉行动。

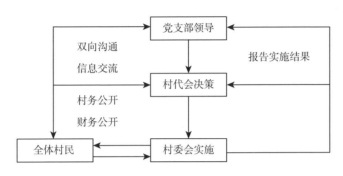

图1　农村治理新机制的运行机理

村代会决策是指村民代表讨论和审议村"两委"议案，并以会议表决方式进行决定。但是从村代会的形成和运行过程来看，村代会决策的效果与村民代表产生、村民代表与农户联系、村民代表议事、村民代表监督等环节密切相关，见图2。为此，青县作出了相应的制度安排。例如，在村民代表产生环节，规定了村民代表的基本条件、推选办法等；在村民代表与农户联系环节上，规定了联系的频度、上传下达的要求等；在村民代表

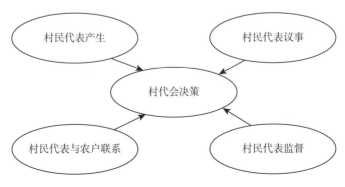

图2　村代会内部影响决策效果的主要环节

的议事环节上，规定了议事规则和程序，特别强调村民代表应独立思考和表达民意，并要求与会代表签章确认和存档备查；在村民代表的监督环节上，规定了村务财务公开的内容、时间、方式以及相应的民主监督措施。

村委会实施主要包括两方面内容：一是村委会实施村代会决议，二是依法实行日常村务管理。需经村代会或村民会议讨论决定，并由村委会组织实施的事项包括：村庄发展规划和年度计划、村级财务预算决算和年度财务收支计划、村政村务规划、享受补贴的人数及补贴标准、村庄收益的使用、公益事业的经费筹集、建设承包租赁、村集体土地承包经营、宅基地的分配使用等。村委会在日常管理和落实决议过程中，如遇紧急情况可相机处置，但事后应及时向党支部、村代会报告。

信息公开、交流和反馈是机制运行的重要部分。这里有三方面内容：一是村务公开，包括村代会决议、上级政策规定、计划生育政策的落实、粮食直接补贴兑现、困难群众补助和救济等；二是村委会向党支部、村代会报告决议实施的过程、结果和财务收支等情况，主动接受监督；三是村民群众与村干部之间的交流，既有群众向村干部反映要求和建议，也有村干部主动征求群众的意见和建议，归纳和总结出具有代表性、方向性和规律性的问题，形成下一个工作循环的起始点。

为了保证农村治理机制的正常运行，青县制定了一系列相关程序。以重大村务事项决策为例，凡是涉及重要村政村务、重大问题和与农民群众利益密切相关的事项，如村庄规划、集体土地承包租赁、集体资产处理、村干部报酬变动、农村宅基地发放、公益事业经费筹集、重大矛盾纠纷调处等，都要征求党员和村民代表的意见，并按下列步骤和程序进行决策[9]，见图3。农村治理的程序化既有利于村干部依法履行职责，也有利于保障村民群众依法行使民主权利。将重要村政村务决策的方式、步骤、期限、顺序等内容法定化，使其决策过程成为一个由诸多环节共同构成的过程，从而约束个别或少数村干部随意决策，从制度化、规范性和可操作性上让民主管理、民主决策和民主监督落到实处。

## 四、改革的评价：效果显著与启示意义

青县农村治理不仅取得了当地社会经济和谐发展的明显效果，而且突

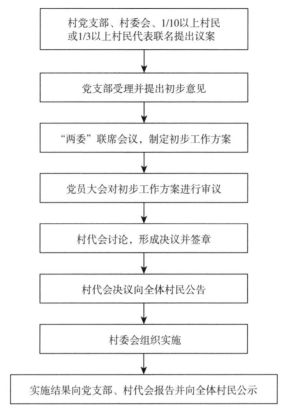

图 3　重大村务事项决策程序

破了传统体制和机制的束缚，成为我国农村民主政治建设的典型经验，为农村政治体制改革积累了宝贵的实践经验和理论探索。

## （一）社会效果显著

### 1. 制度创新推进农村群众的民主参与

科恩提出，衡量民主的尺度有三个方面：广度、深度和范围。如果以上述标准来衡量，青县改革无疑是提高了农民群众民主参与的普遍性、充分性和有效性，这既体现为提高了村民群众有序参与村庄管理的人数和质量，又在一定程度上改变了仅由少数精英掌控村庄的格局，"使民主在人民的日常生活中发挥作用，即把民主控制的范围扩大到大多数人生活于其中的那些关键的制度中去。"[10]经过 8 年多的改革实践，青县大部分行政村已经进入农村治理的良性循环过程，其主要特征为：村民代表会议制度常态化、人们的民主意识普遍提高、村庄事务管理逐步规范化、农民群众积极性明显提高、新农村建设呈现稳步发展。

**2. 农村社会矛盾得到相当程度的化解**

青县改革的实质是农民群众依法直接行使民主权利管理村庄公共事务和公益事业。由于实行民主管理，重要的村政村务必须经过村民代表集体审议决定，这在相当程度上消除了原来矛盾产生的源头和空间，尤其是化解了村干部权力之争引发的"两委"矛盾，以及村干部专断独行引发的干群矛盾。"青县模式"仅实行一年后，30 多个原来不团结的"两委"班子实现了合作共事。金牛镇的阎庄子曾是"两委"不团结的典型村，党支部书记和村委会主任争权力，村务工作难以开展。按照"青县模式"分工后，"两委"矛盾得到有效化解。[11]

**3. 党组织执政能力在机制创新中提高**

青县改革不仅没有弱化党的农村基层组织，而且提高了党组织的领导水平和群众信任度。青县强调管理民主机制的同时，鼓励和提倡党支部书记经过民主、合法途径竞争当选村代会主席，这在农村基层党组织内形成了激励机制，并增强了党组织执政能力的内生动力。2003 年、2006 年和2009 年三届村级组织选举中，通过民主选举党支部书记兼任村代会主席分别为：270 名（80.0%）、285 名（87.9%）、321 名（93.9%）；推选产生的党员村民代表分别为：2 244 名（34.8%）、2 622 名（41.5%）、2 570 名（40.6%）。2003—2008 年青县平均每年发展农村新党员 500 名，比以前年份每年增长近 3 倍。

**4. 村干部经济违纪案件呈现明显下降**

青县改革强调规范村干部的行为，即通过民主监督和权力制衡，防止村干部的独断专行和以权谋私，这对制约村干部经济违纪犯罪具有明显作用。据统计，村干部经济违纪违法案件占全县同类案件的比重，由2002 年的 45.9% 下降至 2008 年的 12.9%。[12]同时，农村群众对村干部的满意度呈现上升趋势。

需要指出的是，虽然青县农村治理实践取得了显著成绩，但是全县345 个行政村发展并不平衡。在总体上民主治理稳步推进的同时，还存在少数治理效果不明显或较差的村庄；农村妇女参与村庄民主管理明显不足，女性在村民代表、村委会委员和党支部委员中的比例分别为 2.28%、0.40%、1.24%；村民代表与村民之间联系的规范性不够等问题。

## （二）青县改革的启示与意义

### 1. 只有政治改革才能破除体制性障碍

我国农村民主政治进展缓慢的根本原因，在于现实社会中存在着妨碍科学发展的思想观念和体制机制弊端，许多农村仍在沿用传统的"一元化"领导模式，它是以行政命令为主并排斥群众的民主参与，已不适应农村经济主体的自主性、多元化以及民主意识和民主要求，并可能在新的历史条件下产生脱离群众、执政能力弱化和消极腐败的危险，市场经济发展越来越迫切地要求政治体制改革。青县改革的启示在于：农村民主政治建设无法回避传统的体制机制障碍，我们应按照国家政治制度框架，在改革实践中建立和健全制度机制。

### 2. 实践中探索农村民主政治发展路径

青县改革不仅是消除我国政治体制的弊端，而且通过制度创新促进社会主义民主政治发展，青县改革具有建设性意义。青县并非最早提出村民代表会议形式，却是首先赋予村民代表会议实质性权力，从而落实了广大农民群众的知情权、参与权、表达权和监督权。从制度供给的角度看，青县模式弥补了我国民主政治制度的具体实现形式供给不足的缺陷。青县为"坚持党的领导、人民当家做主和依法治国"有机统一贯彻落实到农村基层进行了大量的社会实践，并为我国农村民主政治发展提供了一条切实可行的路径和方式。

### 3. 党组织执政能力是民主政治的保证

青县改革是在市场经济和民主法制背景下，为提高农村基层党组织执政能力提供了有益的经验借鉴。从党组织的自身改革和完善来看，青县提出农村党员干部要转变思想观念，一是树立党支部"抓大放小"理念，突出总揽全局、协调各方的作用，集中精力抓方向、议大事、聚人心，着力解决全局性、政策性、群众性的重大问题，摆脱具体的、繁杂的村务管理；二是党组织主动融入以村民自治为特征的农村民主政治建设，通过合法、民主的途径取得具有群众基础的农村治理领导权。青县改革表明：提高农村党组织的科学理念和执政能力，是推动我国农村民主发展的前提条件。

### 4. 政治改革重在制度创新和意识培养

青县不仅重视农村民主治理的制度创新，而且注重干部群众的民主法治教育。青县改革者认识到农村政治改革的艰巨性、复杂性和持久性，保证改革持续深入发展的最好方法是培养千百万人对改革的认同和支持，让干部群众成为自发改革的原动力。2003—2007 年，仅县委党校就举办有关农村治理方面的培训班 60 多期，培训农村干部、党员和村民代表 9 000 余人次。青县改革表明：推进农村改革不能仅局限于方法创新，更应该注重深层次的机制创新和人们改革意识的培养教育。

### 5. 青县改革充分发挥示范和带动作用

青县改革的意义决不局限于一个县域的成功，而是对我国农村政治体制改革具有一定的影响力和带动力。在青县改革初期，面对来自有关部门的政治压力，青县坚持改革不仅为其他地区提供了经验借鉴，而且在政治上发挥了不可低估的鼓励和带动作用。2008 年伊金霍洛旗实施村民代表会议常设制[13]，2010 年肃宁县推行农村社会管理的"四个覆盖"[14]，就是吸取和借鉴青县经验的两个典型案例。我国农村政治体制改革只是开始揭幕，绝大多数地方尚未涉及实质性政治改革，从这个意义上讲，青县模式仍将继续为我国农村改革发挥示范和带动作用。

## 参考文献

[1] 徐勇. 现代国家的建构与村民自治的成长——对中国村民自治发生与发展的一种阐释 [J]. 学习与探索，2006（6）.

[2] 村民委员会组织法 [Z]. 1998.

[3] 尹焕三. 村民自治运行中面临新的社会焦点问题研究 [J]. 理论探讨，2011（1）.

[4] 张晓山，李周. 中国农村改革 30 年研究 [M]. 北京：经济管理出版社，2008：33.

[5] 邓小平. 邓小平文选：第 3 卷 [M]. 北京：人民出版社，1993.

[6] 回永智. 青县村治 [R]. 2010.

[7] 赵超英. 农村治理模式的认识与实践 [R]. 2004.

[8] 本报记者. 6325 枚小圆章印证民主——来自河北青县农村的报告 [N]. 人民日报，2007 - 04 - 02.

[9] 中共青县县委. 青县村务运作规范 [R]. 2009.

[10] 赫尔德. 民主的模式 [M]. 北京：中央编译出版社，1998：337.

[11] 本报记者. 从"为民作主"到"由民作主"——探访青县村治新模式 [N]. 沧州日报，2006 - 12 - 19.

[12] 中共青县县委. 青县村治机制介绍 [R]. 2009.

[13] 李杰，刘海宇，谢平. 实行村民代表会议常设制的实践与思考——内蒙古伊金霍洛旗的调查 [J]. 红旗文稿，2009 (22).

[14] 肃宁县委. 肃宁县推进"四个覆盖"资料汇编 [R]. 2011.

# 农村社会管理创新实践与探索<sup>*</sup>

## ——以河北省肃宁县"四个覆盖"为例

加强和创新社会管理，是我们党为解决社会转型时期诸多问题提出的一项重大战略任务。在社会管理创新实践中，一些地区进行了积极的探索，特别是针对农村社会的深层次问题，在社会管理体制和机制方面进行了颇有价值的改革实践，并积累了宝贵的经验，这对研究农村改革和发展具有重要意义。

## 一、问题的提出

根据我国社会结构和社会矛盾的变化，我们党提出了社会管理创新的理念和实践。党的十六届四中全会提出"加强社会建设和管理，推进社会管理体制创新"，党的十七大报告提出"建立健全党委领导、政府负责、社会协同、公众参与的社会管理格局"，党的十八大强调"加强社会建设，必须推进社会体制改革"，这表明我国社会管理的政策思路有了重大调整和发展，国内学术界讨论的"多元治理格局"也已具备了合法性基础。

社会管理创新是一个重大的现实问题。改革开放以来，特别是社会主义市场经济的基本框架初步建立，我国社会形成了利益主体多元化的格局，各种利益主体之间的矛盾和冲突增多。我国社会的主要矛盾仍是人民群众日益增长的物质文化需求同落后的社会生产力之间的矛盾，与此同时，包括人民群众不断增长的利益诉求和政治参与愿望与传统体制下形成的制度障碍之间的矛盾不断显现。显而易见，传统的社会管理体制已经不

---

 * 本文原载于《理论探讨》2013 年第 6 期。基金项目：2011 年中国社会科学院国情调研重大项目"我国农村民主政治的创新机制与发展模式——党的领导、人民当家做主与依法治国在农村基层的实现途径与问题研究"阶段性成果。

适应现实需要，社会管理创新成为一个重大的理论研究和社会实践的课题。

从社会层面看，原来机关、企事业单位和农村社队所承担的社会管理功能大部分已剥离出去，越来越多的人员由"单位人"变成为"社会人"，新的社会阶层不断出现（陈训秋，2012）；从思想层面看，人们思想活动的独立性、选择性、多变性和差异性明显增强，公平意识、民主意识、权利意识和监督意识不断增强，网络技术极大方便了人们的思想交流和信息传播；从稳定角度看，近年来因各种社会矛盾引发的群众上访和群体性事件，不仅消耗了大量的社会资源和社会成本，而且成为影响社会和谐稳定的突出问题。

我国社会管理创新任务繁重和艰巨，尤其表现在三个方面：其一，传统的社会管理的核心思想是强调政府对社会单向度的管控，社会管理创新是由政府对社会公共事务的管控转为政府与社会的合作治理（周红云，2011）。其二，传统的社会管理模式主要依靠政府的权威和力量，社会管理创新是要建立政府与社会组织的伙伴关系，培育和促进各种社会组织发展，发挥它们在社会管理中的主体作用（任映红，2012）。其三，传统的社会管理突出政府的行政命令，缺乏系统的利益协调、诉求表达和矛盾调处机制，社会管理创新是要拓宽社情民意表达渠道，建立健全群众平等表达利益诉求的制度化平台。

我国农村社会管理面临的问题极为繁杂，同时，社会管理创新实践处于起步阶段，要破除传统体制的沉积弊端并开拓创新出一条切实可行的路径，需要极大的改革勇气、非凡的政治智慧和持续的实践探索。已有的文献对此缺乏足够的研究，许多论文是从宏观的视角，讨论和分析社会管理创新的历史背景、定义内涵、基本原则、实现目标和发展趋势等。有学者指出，现有理论共识在很大程度上都是参照西方现代化经验而成，其在解释机制的层面缺乏与中国当代实践之间的紧密嵌合。论者更多地关注规范性而忽视实践性，致使研究者难以从社会管理变革的实践进程中挖掘出有助于理解现有瓶颈和指明未来的知识"增量"[1]。另一些论文则是从地方经验的视角，阐述和解释地方政府的社会管理创新实践，但是其剖析深度和提炼精度都明显不足，以至于实践经验难以上升为理论观点。

本文与上述文献的差异在于，是以肃宁县农村社会管理创新的成功经验为研究对象，探讨在我国政治体制改革背景下农村社会管理创新的路径和机制。这是社会管理创新理念与当代中国农村改革实践结合的成果，它为理论研究提供了极为丰富、鲜活的实践素材。此外，有的地方官员阐述了肃宁创新实践的过程和想法，但是其学术性、规范性明显不足。本文注重理论与实践的结合，试图从改革动因和制度（机制）创新的角度，对突破传统农村社会管理的实践活动给予理论分析，并提出某些规律性的启示和政策建议。

本文选择肃宁经验作为研究对象，这是由其创新价值和重要意义所决定的。首先，肃宁经验具有典型性。2010年肃宁推行以"四个覆盖"为特征的农村社会组织体系创新，形成了一种具有中国特色的农村管理创新经验，成为全国社会管理创新综合试点的四个县（县级市）之一。其次，肃宁经验具有整体性。"四个覆盖"是指在其农村地区，党的基层组织全覆盖、基层民主组织全覆盖、农村经济组织全覆盖和农村治安组织全覆盖，这涵盖了政治、经济、社会等多个领域。最后，肃宁经验具有长效性。通过建立村民代表会议制度、农民专业合作组织和农村治安组织等，有效地推进了村民自治、农业经济和社会稳定。由此可见，肃宁经验是一个理想的研究对象。

## 二、改革的着力点：农村社会组织的创新和培育

现阶段我国社会管理创新的基本任务是构建与社会主义市场经济体制相适应的社会基础。社会管理创新实践的突破口在于社会组织体系的调整和构建，因为社会组织是现代社会的基本结构单位，是人们集中资源和从事政治、经济、文化等方面活动的主要载体和实施方式。"社会并不只由个人所组成，它还体现着个人在其中发现自己的各种联结和关系的总和。"[2]这种联结和关系赋予了人自由结社和组织起来的可能性和必要性，而且"就个人而言，如果他没有社会身份和社会功能，社会也就不存在。社会只有在其意志、目标、观念和理想在个人的意志、目标、观念和理想有意义时才有意义"[3]。社会组织不仅是社会存在的现实反映，而且具有社会建设的重要功能。从这个意义上讲，社会组织体系的调整和构建，就成为社会管理创新的主要任务和突破口。

农村经济社会发展要求突破传统体制的束缚。20世纪我国农村改革的主要成果是废除了人民公社体制，建立了以家庭承包经营为基础的农业经营体制，赋予了农民群众从事农业生产的自主权。但是，农村政治体制改革远远滞后于农村经济体制改革，特别是农村基层自治制度建设缺乏实质性进展，国家法律赋予村民自治的民主管理、民主决策和民主监督尚未真正落实。这种情况不仅有碍于推进现代农业和农业经营组织创新，而且抑制了农民群众的政治参与积极性。以农民合作社为例，合作社作为经济民主的产物，其发育和发展无疑需要政治民主的环境，因为这两方面的民主有其内在的关联和相通，即它们都包含了自由和平等的基本理念。同时，市场经济产生了多元化的经济主体及其相应的利益诉求，而传统体制不仅排斥民营经济主体及其利益诉求，而且排斥基层群众的有效政治参与，群体性事件大量出现就充分说明了这一问题。因此，"必须继续积极稳妥推进政治体制改革，发展更加广泛、更加充分、更加健全的人民民主"[4]。

肃宁经验证实了社会管理改革和创新的动因。"由于农村上层建筑领域改革相对滞后，产生了农村上层建筑与经济基础不相适应的一些深层次矛盾和问题。"[5]这主要表现为：一是农村经济呈现缓慢发展状况。一家一户分散独立的经营方式，暴露出生产规模小、成本高和效益低的问题，造成农业增效难、农民增收难的困境。二是农村基层党组织缺乏活力。党的农村工作尚未摆脱计划经济时期的传统工作模式，原来以行政村为单位的组织设置，已经不能适应市场经济结构的变化。一些村级党组织沿用"支部说了算、群众跟着干"包揽代办的传统方式，难以得到农民群众的理解和支持。三是群众的民主权利难以得到保障。由于农村基层民主组织架构不完善，造成"村民自治"异化为"村官自治"，出现了群众想参与没机会、想决策没权力、想表达没渠道、想监督没办法的制度缺陷[5]。四是农村矛盾多、治安不稳定。农村矛盾纠纷日趋复杂多样，群众的各种利益诉求增多。同时，肃宁位于沧州、保定和衡水三地交界处，并作为"中国裘皮之都"，流动人口较多，治安形势复杂严峻。突破上述困境就成为肃宁干部群众的改革动力。

肃宁经验展现其社会管理创新的思路。从增强农村党组织活力和调动农民积极性出发，以社会组织结构调整为路径，通过完善包括农村基层民主组织、村级党组织、农民合作组织和综合治安组织的社会组织系统，实现新时期农民群众的组织化，解决农村经济社会发展中存在的弊端和问题。具体思路有以下几点：

**1. 建立村代会推进农村民主政治**

肃宁通过借鉴"青县模式"[6]，引入和建立村民代表会议常任制，让农民群众参与村庄重大事务的管理、决策和监督，保障农村群众的选举权、话语权、参与权，拓宽农村群众的利益诉求渠道以及相应的上传下达渠道，以改变由于具体制度（机制）缺失造成的民主管理、民主决策和民主监督难以落实的困境，改变由于农村民主政治滞后造成的农民群众的冷漠和不信任心态，在真正意义上实现村民自治制度，即"民主选举、民主管理、民主决策和民主监督"四位一体，以调动农民群众建设社会主义新农村的积极性。

**2. 健全农村党支部增强组织活力**

肃宁通过健全农村基层党组织，尤其是在农村企业、农民合作组织等中建立党组织，这不仅是充分发挥党组织的政治优势，更重要的是实现党组织的自我改革和自我完善，改变村干部人员老化、思想僵化、作风官僚化和新党员难发展的现象。这里有三层含义：一是"把农村基层党组织领导农村工作方式，逐步实现由直接决策到出谋划策，由直接指挥到引导服务，由直接领办到搭建发展平台的转变，进一步提高党对农村工作的领导水平"[5]；二是通过村党支部书记竞选村民代表会议主席，改变传统的"一元化"领导模式，激发竞争意识和危机意识，激发农村基层党组织的内在动力；三是吸纳农村优秀人才，培养农村党员干部，尤其是转业复员军人、返乡创业人员、退休机关干部和教师等，提供施展才能的机会和平台，积蓄和培养农村改革的后备力量。

**3. 兴办合作社提高农业经营能力**

肃宁积极创新和培育农业经营主体，充分利用农村社会资源，通过采取农村干部引导、能人大户领办、村组农户联合、院校基地合作、龙头企业带动等方式，多方位地培育各种农村经济合作组织。通过建立各种协会、专业化服务组织和农业产业化组织，以及政府的支持和扶持政策，将农民群众吸纳到这些经营组织之中。通过发挥这些组织的纽带作用，拆除传统农业小生产的封闭式篱笆，将众多农民群众融合成为一个利益共同体，经过合理分工和运用科学技术，提高农业劳动生产率和市场经营能力，降低农业经营成本，促进农业增效和农民增收，逐步满足广大农民盼望致富的要求。

**4. 组建综合治安组织维护社会安定**

肃宁为了激发农民群众热爱家乡、互助友爱的积极性，通过建立村级综合治安工作站和村级治安巡防队，设立综合治安专职干部、治安信息员和矛盾纠纷调解员，让农民群众主动参与基层治安管理，实现"自我教育、自我管理、自我调解、自我保护"。一方面，通过增强基层管理的"亲和力"，提升了化解农村社会矛盾的能力；另一方面，通过建立群众性治安队伍，解决了乡镇警力不足的问题，提高了预防和控制农村地区犯罪的能力。这是地方党委、政府管理与农民自我管理的有机结合，是有限警力与无限民力的有机结合。

这里需要指出两点，一是肃宁社会管理创新是一个完整的整体，而非是简单的相加。无论是建立村民代表会议与激活农村党支部，发挥村民代表会议作用与发展农民合作社，还是推进农村民主政治建设与发挥群众性治安组织的作用，都是整体的一个组成部分，彼此之间具有内在的关联性。如果没有以"村民代表会议"为特征的农村民主政治建设，就不会激发农村党支部的活力；如果行政村仍然是"一元化"领导模式，农民专业合作社就难以真正培育和发展。二是肃宁并非简单地引入和采纳已有的改革政策，而是出于解决社会问题的外在压力和内在动力，开展一场"集成创新"的改革实践。肃宁不仅依据党提出的改革思路和政策，而且将这些思路和政策与具体制度（机制）相结合，并充分发挥改革组合的整体效益。这不仅符合现有体制下改革的总体要求，规避了一些责难和阻力，而且摒弃了落后的传统管理思想，进行了一些实质性的改革探索。

# 三、改革的保证：组织制度和运行机制的建立

农村社会管理创新是一个涉及多层面、多方面的改革实践，为了保证改革的深入性和长效性，必须建立相应的组织制度、运行机制以及相关程序。组织是指人们为了实现一定的目标，互相协作而形成的集体（团体），组织制度则是该集体的全体成员应共同遵守的行为准则，包括章程、规

定、程序、办法等。运行机制含有制度的因素，是在各种有效方式、方法的基础上总结提炼而成，具有一定的系统性和理论化，不同于主要体现为人们做事偏好或经验的工作方法。

近年来，各地在农村社会管理方面创造了一些好的方法，但是任何方法都有一定的局限性，而且极易为人的意志所改变。要把农村治理已经取得的成果真正巩固下来，防止消退和回潮，必须依靠制度的力量。因此，农村社会管理绝不能只停留在做法上，而是要把实践中形成的并且被证明是比较成功的经验上升为制度，不仅如此，为了保证制度得到真正地贯彻落实，还需要将制度进一步具体化，展开成为可以实际操作并确有成效的工作程序。在农村社会管理制度（机制）和程序方面，肃宁提供了一些值得借鉴的经验。

**1. 集成创新是肃宁改革的主要特征**

所谓集成创新是指将相关的创新要素，通过创造性融合并入一个系统，从而使创新系统的整体功能发生质的跃变，形成和产生独特的创新效果和竞争优势。"四个覆盖"作为一个整体性系统，其中各部分之间关联和互动见图1。从农村基层民主组织与农村党支部来看，由于引入和建立村民代表会议机制，尤其是要求党支部书记竞选村代会主席，而非传统意义上的"合法"兼任，这改变了传统的"一元化"领导模式，不但激发了村党组织的内在活力和动力，而且通过制度变革的压力改变了不少村党组织的懒散状况。从农村基层民主组织与农民专业合作社来看，农民合作社作为经济民主的产物，需要有政治民主的环境相呼应，因为无论经济民主还是政治民主都内含自由和平等的基本价值观，而农民合作组织的发育和发展，也有助于促进农村基层民主发展。从农村基层民主组织与农村治安组织来看，农村民主发展提高了农民的政治参与度，提高了农村群众的自我组织、自我教育、自我管理、自我保护的意识能力，而群众性治安组织的建立和运行，有利于农村社会稳定和经济发展，也有利于农村民主政治建设。由此可见，肃宁改革的真正价值和重要意义不在于某个单项改革实践，而在于体制内的集成创新。

**2. 村民代表会议的组成和主要职责**

村民代表会议经村民会议授权，在村民会议闭会期间作为一种常设性机构对日常村务工作行使管理、决策和监督权，以解决农村民主管理、

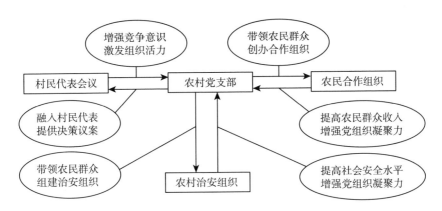

图 1　肃宁"四个覆盖"内部结构和逻辑联系

民主决策、民主监督的常态化问题。村民代表会议（简称村代会）是由群众民主推选的村民代表组成，村民代表可采用两种推选方式：一是按居住地区域划分，5～15 户村民直选 1 名代表；二是根据不同行业特点自由结合，5～15 户村民直选 1 名代表。村民代表会议设主席 1 名，代表人数较多的行政村可设 1 名副主席。村代会主席由全体村民代表投票或举手表决推选产生。为了履行相互制约和权力监督，村代会主席不得兼任村委会成员。为了保证党支部融入村民自治并发挥核心作用，县委要求村支部书记竞选村代会主席，党员竞选村民代表。

　　村民代表的主要职能包括：①讨论决定本村年度工作计划；②定期听取和审核村委会工作报告，监督村委会工作；③审查本村全年财务预算决算和上年度财务收支报告；④选举、罢免村代会主席、副主席及下设组织成员；⑤对造成重大失误或不称职的村委会成员提出罢免建议；⑥讨论决定村干部的工作报酬；⑦讨论决定村民会议授权涉及村民利益的其他重大事项。

　　为了保证村代会机制的正常运行，肃宁制定了一系列相关程序。以重大村务事项决策为例，凡是涉及重要村政村务、重大问题和与农民群众利益密切相关的事项，如村庄规划、村庄建设、集体土地承包租赁、集体资产处理、村干部报酬变动、农村宅基地发放、公益事业经费筹集、困难村民的救助资助、重大矛盾纠纷调处等，都要征求党员和村民代表的意见，并按下列步骤和程序进行决策，见图 2。农村社会管理的程序化既有利于村干部依法履行职责，也有利于保障村民群众依法行使民主权利。

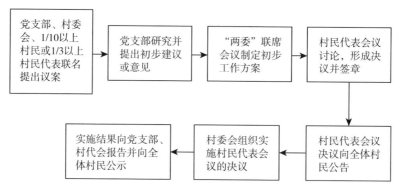

图 2　重大村务事项决策程序和步骤

# 四、改革的评价：效果显著与启示意义

肃宁"四个覆盖"为特征的改革创新，不仅取得了当地社会经济和谐发展的明显效果，而且突破了传统体制和机制的束缚，成为我国社会管理创新的典型经验，为农村政治体制改革和社会管理体制改革积累了宝贵的实践经验和理论探讨，并获得中央主要领导同志的肯定和重要批示。

**1. 经济社会效果显著**

（1）推进农村基层民主政治建设。"四个覆盖"的关键是村民代表会议制度，即按照我国政治体制改革的总体要求，通过建立健全农村基层民主组织，激发了农村党员干部和群众的积极性，引导和培育农村社会组织发展，依法形成政府与公众共治的社会管理机制，改变传统的政府对社会单向度的管控模式。根据科恩衡量民主程度的三个尺度：广度、深度和范围，肃宁不仅较快地普及了农民群众的民主意识，而且全面地建立了农村基层民主组织，提高了村民群众有序参与村庄管理的人数和质量水平，在一定程度上改变了仅由少数精英掌控村庄的格局，"使民主在人民的日常生活中发挥作用，即把民主控制的范围扩大到大多数人生活于其中的那些关键的制度中去"[7]。经过 3 年改革实践，"四个覆盖"机制基本正常运行，人们的民主意识普遍提高，村庄事务管理逐步规范化，社会主义新农村建设稳步发展。

（2）农村社会矛盾得到明显化解。肃宁改革的实质是农民群众依法直接行使民主权利，参与管理村庄公共事务和公益事业。由于实行民主管理方式，重要村政村务必须经过村民代表集体审议决定，这在相当程度上消除了原来主要矛盾产生的源头和空间，尤其是化解了村干部权力之争引发的"两委"矛盾，以及村干部专断独行引发的干群矛盾。2010—2012 年，肃宁农村群众上访人数分别比上一年减少 11.11％、58.01％、3.19％，上访批次分别比上一年减少 7.94％、41.90％、6.73％；同期，村干部经济违纪案件分别比上一年下降 57.14％、33.33％、16.67％。邵庄乡南庙头村党支部书记赵俊卿说：县委推行"四个覆盖"，让我们学会了用民主方式进行思考和工作，发挥村民群众的积极性，不仅得到了更多群众的支持，而且让村干部接受群众监督，提高了廉洁自律、奉公守法的自觉性。

（3）县域经济和农民收入明显增长。肃宁改革促进了经济较快发展，2010—2012 年全县财政总收入分别达到 106 079 万元、130 131 万元、150 006 万元，分别比上一年度增长 41.20％、22.67％、15.27％；同期，农村人均收入分别达到 5 711 元、6 585 元、7 730 元，分别比上一年增长 9.49％、15.30％、17.39％。2010 年 5 月，肃宁开始推行"四个覆盖"时，农民合作组织有 109 家，经过 3 年的发展实践，2013 年全县农民合作组织已达 459 家，带动农户 5 万多户，合作社包括销售型、种植型、加工型、科技型、服务型五大类型，其中绿苑蔬菜专业合作社成为国家级示范农业合作社。与 3 年前相比，肃宁农业生产规模、经营水平和农产品质量、安全性均有显著提高，专业合作组织被称为农民的"致富之路"。

（4）党组织执政能力在创新中提高。肃宁改革不仅没有弱化党的农村基层组织，而且提高了党组织的领导水平和群众信任度。肃宁强调村支书必须先当选村代会主席，即在通常情况下，村支书的候选人是党员村代会主席，以保证党支部获得村民群众的信任和支持，保证党支部发挥核心作用。由于基层党组织引入竞争和激励机制，增强了党组织的活力和内生动力。肃宁将党组织从行政村扩大到各种经济组织、农业产业园区，改变过去依靠自然成长、被动吸收新党员的做法，积极培养各种农村优秀人才。2010—2012 年，肃宁农村新党员发展数量分别为 688 名、749 名和 704 名，比前 3 年增长 180.23％，农村党员的文化和年龄结构明显优化。同时，新建农村党总支 20 个、党支部 81 个。

## 2. 肃宁改革的启示与意义

（1）民主政治建设需要社会管理创新。社会建设是与政治建设、经济建设相互渗透、相互作用的过程。我国农村民主政治进展缓慢的一个重要原因，就是在于农村社会组织发育不足，缺乏支撑政治改革的社会基础。只有积极推进社会管理创新，建立和健全新型社会组织，特别是构建适应改革要求的组织制度，才能真正取代传统的村庄"一元化"领导模式，实现我国社会转型的平稳过渡。肃宁改革的启示在于：破除传统的体制机制障碍，社会管理创新具有重要作用。通过培育和发展农村社会组织，把分散的农民重新组织起来，形成农村改革和发展的内生动力，从而推动农村民主政治和经济发展。

（2）关键是建立有效的利益表达机制。社会管理的现实意义在于真正解决或缓解社会问题，社会问题的产生根源于不同的个体之间、群体之间、公民与政府之间的利益之争。社会管理的重要任务就是整合与再分配经济社会资源，协调其他领域造成的利益失衡，保障人们的正常生活和社会活动[8]。从这个意义上讲，建立有效的利益表达机制是社会管理的核心问题。青县和肃宁经验都是通过建立村民代表会议常任制，落实广大农民群众的知情权、参与权和监督权，加强农村社会自我管理和自治管理，以此调整地方政府与农民群众、农村干部与农民群众和农民群众之间的利益关系。

（3）社会管理创新与中国实际相结合。农村社会管理的主要任务是为中国社会转型提供社会建设服务，特别是社会自我管理和社会自治管理组织建设，逐步实现政府与社会的合作治理。肃宁并非其创新经验中每个单项改革的原创者，但却很好地应用了国家法律政策和其他地区的成功经验，包括村民自治制度、村民代表会议常任制、农民专业合作组织等，在现有社会制度框架下采取"集成创新"的方式，进行社会管理创新和探索。既有效地推进农村政治改革和经济建设，取得社会主义新农村建设的诸多成果，又充分考虑基本国情和本地情况，避免激进式改革带来的社会不稳定，并规避了一些影响改革的障碍和阻力。

（4）肃宁改革发挥了示范和带动作用。肃宁改革的意义绝不局限于一个县域的成功，而对我国社会管理创新全局都具有一定的影响力和带动力。肃宁不同于其他地区的社会管理创新，他们针对现实社会的深层次矛盾和问题，将农村政治改革与社会管理创新相结合，在变革传统村级组织机制的同时，构建新型社会管理组织机制，充分体现了改革勇气和政治智慧。我国社会管理创新仍是起步阶段，绝大多数地区尚未涉及实质性改革，由此可见，肃宁经验仍将继续为我国农村改革发挥示范和带动作用。

## 参考文献

［1］李友梅．中国社会管理新格局下遭遇的问题：一种基于中观机制分析的视角［J］．学术月刊，2012（7）．

［2］中共中央马克思、恩格斯、列宁、斯大林著作编译局．马克思恩格斯全集：第30卷［M］．北京：人民出版社，1995．

［3］彼得·F.德鲁克．工业人的未来［M］．上海：上海人民出版社，2002：20．

［4］胡锦涛．坚定不移沿着中国特色社会主义道路前进　为全面建成小康社会而奋斗［M］．北京：人民出版社．2012：25．

［5］肃宁县委．肃宁县推进"四个覆盖"资料汇编［R］．2011．

［6］翁鸣．青县模式：一种我国村庄治理的创新机制［J］．理论探讨，2011（5）．

［7］赫尔德．民主的模式［M］．北京：中央编译出版社，1998：337．

［8］邓伟志．创新社会管理体制［M］．上海：上海社会科学院出版社，2008：16．

# 我国乡村治理的时代要求、
# 创新特征和现实挑战*

实现国家治理体系和治理能力现代化，是全面建成社会主义现代化强国的重要目标。党的二十大报告强调，未来五年是全面建设社会主义现代化国家开局起步的关键时期，要深入推进国家治理体系和治理能力现代化。乡村治理不仅是国家治理体系的主要组成部分，而且为农业农村现代化提供制度保障和基础支撑。我国乡村治理已进入一个新阶段，并纳入新时代国家现代化发展的目标框架。同时，实际状况与目标要求之间差距凸显了现实挑战。深入分析乡村治理的创新特征及其存在的问题，破除阻碍科学发展的思想观念和体制弊端，构建系统完备、科学规范、运行有效的乡村治理体系，是推进国家治理现代化的重大任务，也是理论创新与实践创新的重大课题。

## 一、加快推进乡村治理体系建设的时代要求

党的二十大报告指出，中国式现代化是中国共产党领导的社会主义现代化，既有各国现代化的共同特征，更有基于自己国情的中国特色[1]。对于农村基层治理来说，中国式现代化的时代要求不仅体现为外部的国家政策引导，还需要在农村社会内部形成共同的理性认识，并转化为内生的自我改革动力，支撑制度变革的可持续性。

### （一）加快推进乡村治理现代化是中国特色社会主义的根本要求

**1. 乡村治理现代化是坚持和发展中国特色社会主义题中应有之义**

乡村治理现代化是实现国家治理体系和治理能力现代化的重要基础，

　　* 本文原载于《中州学刊》2023 年第 10 期。

也是坚持和发展中国特色社会主义题中应有之义。推进乡村治理现代化是一种渐进式的制度变革，即在国家体制框架内，对农村社会治理体系机制进行较大的调整和创新，要求坚持和加强党的全面领导，坚持以人民为中心、以增进人民福祉为出发点和落脚点，以加强基层政权建设和健全基层群众自治制度为重点，以改革创新和制度建设、能力建设为抓手，建立健全基层治理体制机制。

不断促进物质富足、精神富有是社会主义现代化的基本要求。物质贫困不是社会主义，精神贫困也不是社会主义。物质文明和精神文明之间互相促进与协调发展是乡村治理现代化的重要目标。在推进乡村治理现代化过程中，既需要不断厚植现代化的物质基础，还要大力发展社会主义先进文化，弘扬社会主义核心价值观，加强理想信念教育，传承中华文明精华，摒弃传统文化糟粕，发展新思想新文化，提高全社会文明素养和道德水准，增强实现中华民族伟大复兴的精神力量，促进物的全面丰富和人的全面发展。

**2. 乡村治理现代化是团结全体人民共同奋斗的重要保障**

实现社会主义现代化强国宏伟目标，是关乎中华民族复兴的崇高使命和艰巨任务。党的二十大报告明确指出，全面建设社会主义现代化国家，必须充分发挥亿万人民的创造伟力[1]。以人民为中心是我们党的根本立场，亦是乡村治理现代化的根本原则。乡村治理现代化旨在最大程度地激发人民群众参与农村基层治理的积极性和主动性，团结一切可以团结的力量。

全过程人民民主是社会主义的本质属性[1]，亦是乡村治理现代化的根本遵循。坚持党的领导、人民当家作主、依法治国的有机统一，既是中国特色社会主义政治发展的正确道路，也是推进乡村治理现代化的根本路径。推进乡村治理现代化就是要加强人民当家作主的制度保障，拓展民主渠道，丰富民主形式，确保人民依法通过各种途径和形式管理社会事务。新时代中国特色社会主义社会治理的重要方面，即是积极发展基层民主，完善基层直接民主制度体系和工作体系，激发人民群众的创造活力。

**（二）中国特色社会主义的本质要求需要体现于乡村治理之中**

从全体人民共同富裕的本质要求出发，中国特色社会主义现代化要避免城乡两极分化的局面。为改变城乡发展不均衡状况，我们党提出了乡村振兴战略。习近平指出，"如果在现代化进程中把农村 4 亿多人落下，到头来'一边是繁荣的城市、一边是凋敝的农村',这不符合我们党的执政宗旨,也不符合社会主义的本质要求。"[2]从乡村振兴来看,不仅从国家层面,构建城乡均衡发展的体制机制,而且要在农村内部,构建体现公正公平、服务群众、高效廉洁的治理框架和运作机制,这是实现农业农村现代化的制度保障和基础支撑。

整体而言,实现乡村治理体系与治理能力现代化,要在国家政策的引领和指导下,促使农村社会产生内生的变革动力。在农村社会演进过程中,无数代人在同自然环境、社会环境相作用的实践中,产生了与自然、社会互相调和、相互适应的各种经验和知识,如表现为制度、规则、风俗等形式的社会知识。正是由于这样的知识积累和潜移默化,农民群众在行动中自觉或不自觉地运用这些制度和规则来进行行为判断和预期,而这样的行为决定又进一步形成新的经验启发或束缚社会其他成员的行为。而"这种行动的常规性并不是命令或强制的结果。"[3]就这个意义上而言,乡村治理变革的关键在于外因通过内因促成变化。

党的二十大报告强调,"我们要健全人民当家作主制度体系,扩大人民有序政治参与,保证人民依法实行民主选举、民主协商、民主决策、民主监督,发挥人民群众积极性、主动性、创造性,巩固和发展生动活泼、安定团结的政治局面。"[1]在新的历史时代,亿万农民群众已不再仅仅满足物质条件的改善,而是更多地开始关注和重视合法的政治参与、利益保障和自身价值实现。党根据人民群众的现实要求,提出发展全过程人民民主,进一步调动激发广大农民群众参与乡村振兴、乡村治理的积极性和创造性。健全人民当家作主制度是农村社会治理体系建设的关键部分,也是激发和调动农村改革创新动力的着力点。

需要认识到,建设社会主义现代化强国,实现国家治理体系和治理能力现代化,最艰巨、最繁重的任务仍在农村。建设农业农村现代化,首先是提升农村社会文明程度,提高农村干部群众的道德和法治认知水平。在继承中华民族传统文化精华的同时,摒弃传统文化的糟粕部分和不适应新时代发展的落后内容,积极践行社会主义核心价值观,以适应新时代的思想道德和法治社会要求。从这个意义上讲,乡村治理体系应体现国家现代化的法治建设、道德建设要求,进一步加强农村法治教育、德治教育和文化教育,从根本上改变长期以来城乡二元结构造成的农村落后局面。

## 二、新时代我国乡村治理体系的创新特征

中国式现代化给新时代乡村治理提出了新目标、新要求。从制度安排和体系建设来看，乡村治理现代化具有显著的时代要求和创新特征，如体制创新、结构创新和路径创新。深刻认识和科学把握这些创新特征，有助于推进我国新时代乡村治理体系和治理能力现代化建设。

### 1. 体制创新：完善农村党组织领导的治理体系

党的十八大以来，我国逐渐形成了党委领导、政府负责、民主协商、社会协同、公众参与、法治保障、科技支撑的全新社会治理体系，积极构建共建、共治、共享的社会治理制度。党的二十大报告强调，发展全过程人民民主，保障人民当家作主。这既不同于西方学者提出的"没有政府的治理"概念以及西方国家的"共治模式"，也有别于我国计划经济时期的行政管理模式，更不同于一些发展中国家社会治理的"威权依附"，而是党领导下多元主体参与的"一核多元"式社会治理体系，是对党如何领导新时代社会治理问题的创造性回答。

现在全国农村村级治理单元普遍实行"一肩挑"，即行政村党组织书记兼任村民委员会主任，以制度安排保证农村党组织的核心地位，这是符合新时代要求的农村基层治理体制创新。其创新意义在于：一是有利于贯彻落实党和国家的大政方针，即通过党的组织系统贯彻落实国家政策；二是减少农村"两委"之间的摩擦和矛盾。"一肩挑"模式有利于解决村"两委"矛盾，提高农村治理工作效率，降低农村管理成本。但是，这种模式的实行需要相应的监督制度与之相配合，以防止农村基层权力集中而产生的贪污腐败等问题，切实发挥以农村基层党组织为核心的引领作用。

加强农村基层干部的权力监督和相关制度建设，成为新形势下我国乡村治理的重头戏。目前，反腐败斗争形势依然严峻、复杂，铲除滋生腐败的土壤任务依然艰巨。如何在农村基层党组织书记"一肩挑"体制下，构建高效实用的农村综合监督机制，力争解决多年存在的基层治理难点和堵点问题，包括村务公开机制、财务公开机制、民主监督机制，村干部日常工作制度、上级党委巡查制度等，是体制创新的重点着力方向。推动村级组织工作规范，加强集体讨论和民主决策，提高岗位责任和服务意识，是

克服有权任性、规避各种风险的基本前提。乡村治理的创新重点在于实践创新和机制创新，"关键是赋权给群众选出的领导人的同时，要构建另一个制衡平台"[4]，形成有效的民主管理和民主监督机制，并使之成为推动农村社会内部自发形成基层民主氛围的制度基础。

## 2. 结构创新：由单一自治拓展为"三治"结合

党的十九大报告提出，加强农村基层基础工作，健全自治、法治、德治相结合的乡村治理体系。自治、法治、德治相结合的乡村治理体系的功能和优势，在于"以自治增活力、以法治强保障、以德治扬正气"，是我国乡村治理体制的重大创新。从农村"三治"内在关联看，自治体现基础地位，德治具有引导意义，法治提供保障支撑。从农村"三治"外部联结看，"三治"主要通过村干部负责、制度安排和激励方式，实现乡村治理的结构创新和有效运作，如图1所示。我国农村改革最具有标志性的制度变革，就是废除了人民公社体制，国家赋予农村社会自我管理的权力，实行村民自治制度。以村民自治制度为主要特征的农村管理，有其内在的经济逻辑和历史必然性。从理论上讲，农村集体经济不同于国有经济，其管理权、分配权和处置权归属于村民集体所有。按照这个逻辑思路，集体经济管理者理应由村民群众中产生，这符合经济逻辑和历史逻辑，这是"村民自治"思想的重要渊源，也是农村治理（农村管理）的重要基础。

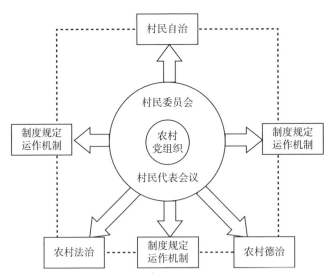

图1 农村"三治"内部联系示意图

当然，还应认识到，村民自治一旦脱离正确引导和制度规范，就极易发生负面蜕变。例如，部分农村的"民主选举"蜕变为花钱买选票，严重偏离了农村自治的原定目标，极少数农村基层组织负责人堕落成为当地农村黑恶势力分子，一些村级干部犯有涉黑涉恶等错误，这是乡村治理中值得深思的问题。据有关报道披露，经过3年扫黑除恶专项斗争，全国共打掉农村涉黑组织1 289个，农村涉恶犯罪集团4 095个，依法严惩"村霸"3 727名；全国组织系统会同有关部门排查清理受过刑事处罚，存在"村霸"、涉黑涉恶等问题的村干部4.27万名[5]。事实证明，必须加强对村民自治的正确引导和制度规范。因此，新时代乡村治理体系建设，要从治理结构上调整，加强农村德治和法治建设。

加强农村德治和法治建设，是国家现代化建设的整体要求。首先，中共中央、国务院《关于加强基层治理体系和治理能力现代化建设的意见》《关于加强和改进乡村治理的指导意见》指出，社会治理包括自治、法治和德治内容。其次，乡村自治、法治、德治建设是地方党委、基层党组织和村民群众经过共同努力，形成共同认可、共同遵守的农村制度规定的治理过程，本质上是新时代农村社会进步在制度化层面的体现和反映。最后，乡村自治、法治、德治建设相互依存、相互支持，共同推进农村社会治理体系建设。例如，开展乡村德治教育，必须借助于村民自治组织及其自我教育功能；同样，乡村德治与法治建设也密不可分。以"村规民约"为例，它既有法理性质又是共同遵守的道德规范，起草、宣传和实施"村规民约"即是德治与自治、法治相结合的典型。

从农村现代化建设来看，要扭转乡村社会内在秩序中存在的法制化弱、本土化强的倾向，确保农村经济社会沿着理性、规范和有序的方向发展，必须从政治教育、道德教育、普法教育等多方面发力，提高农村干部群众的思想认识和基本素质。其中，农村干部是教育培训的重点对象，既需要德治教育，也需要法治教育。要通过强化基层党员干部的政策意识、法治思维和法治方式，转变以"人情"关系办事的传统乡土习惯。同样，也需要通过乡村社会德治和法制教育，促进农民群众在生产生活实践中的自身行为规范，不断消融民间传统与现代国家法治之间的张力，加快提升农村社会文明、开放和进步程度。

### 3. 路径创新：多方合力打造共建、共治、共享

随着时代发展和社会进步，虽然社会治理仍会保留原有社会管理的某些特征，但是更多地反映新的内涵变化和创新特点。在计划经济时期，农村管理主要体现为"自上而下"的管理路径。农村改革开放以来，特别是社会主义市场经济体制确立后，传统的管理模式难以为继，需要构建国家意志与群众自治相融合的乡村治理体系，这也决定了自上而下和自下而上相结合的基层治理路径。

从社会管理转变到社会治理，是党把握国家发展要求和时代潮流，主动推进治理体系改革创新，以适应社会主义市场经济带来的巨大冲击（如经济组织多元化、人们思想多元化、职业选择多元化）。在这种背景下，党的十七大提出，要健全党委领导、政府负责、社会协同、公众参与的社会管理格局。党的十八届三中全会提出，创新社会治理体制，改进社会治理方式。党的十九大强调，打造共建共治共享的社会治理格局。一系列的政策推进清晰地表明，新时代乡村治理体系是由党、政府、社会组织和农民群众共同建设的，由自上而下的单向管理转变为上下互动的双向治理，农民群众不再是单纯的被管理者，而是乡村治理的重要参与者。同时，新时代社会治理的根本目的是满足人民多方面日益增长的需要，更好促进人的全面发展以及全体人民共同富裕。因此，乡村治理成果理应由参与各方共同享有。

实现社会治理"共建、共治、共享"，体现了"共同富裕"与"团结奋斗"的新时代特征，前提是从"单向管理""行政命令"的思想观念，转变为"总览全局""双向互动"的思维模式，关键在于地方领导和基层干部要准确、全面理解中央精神，不仅要认真贯彻落实上级指示，而且要主动探索新模式新路径。乡村治理的具体路径需要创新实践，不能简单地照抄或模仿他人。要根据各地农村的实际情况，探索和寻找符合中央精神与农民群众乐意接受的契合点，在大量基层实践中找到可操作的路径方式，形成"共建、共治、共享"的创新路径。其中，共建是基础，共治是过程，共享是成果。共建的前提在于形成思想共识，共治的关键在于共同参与，共享的要点在于公平分享，唯此，才能实现乡村治理"共建、共治、共享"格局。

# 三、我国乡村治理体系建设面临的现实挑战

乡村治理的关键在于治理体系和治理能力建设，中共中央、国务院印发的《关于加强基层治理体系和治理能力现代化建设的意见》（以下简称《意见》），提出了我国基层治理的总体要求，对照《意见》的目标要求，目前我国乡村治理水平还存在较大差距，深入剖析现实状况及其背后原因，有助于扎实推进乡村治理现代化。

## 1. 现实差距：农村治理存在明显短板问题

党中央对乡村治理高度重视，为加快推进基层治理体系建设，提出了基层治理的指导思想、工作原则和主要目标，规定了完成基层治理体系的具体任务和时间要求。可从以下几个方面，通过对标中央文件要求来分析具体存在的现实差距和主要问题。

第一，关于健全村（居）民自治机制方面，中央要求完善村民自治，在基层公共事务和公益事业中，广泛实行群众自我管理、自我服务、自我教育、自我监督，拓宽群众反映意见和建议的渠道；聚焦群众关心的民生实事和重要事项，定期开展民主协商。完善党务、村（居）务、财务公开制度，及时公开权力事项，接受群众监督[6]。调查和研究表明，经过3年多扫黑除恶专项斗争，在广大农村地区，村级组织换届选举得到了进一步规范，村（社区）"两委"班子成员资格联审机制得到全面落实，并取得了显著性社会效果。但在拓宽群众参与村务管理等方面进展则不明显，特别是村务、财务公开制度在不少地区农村尚未认真落实到位，甚至已成为村民自治制度建设中久拖未决的痼疾和障碍。这至少反映了两个问题：一是部分农村地区的"村民自治"退化为"村干部自治"，在一定程度上违背了村民自治的本意。二是由于村务、财务不公开，难以保证群众利益不受损害，无法真正调动农民群众的积极性和创造性。

第二，关于积极推进乡村法治建设方面。中央提出建设法治乡村，坚持用法治思维引领乡村治理，严格依照法律法规和村规民约规范乡村干部群众的行为，使依法决策、依法办事成为人们的习惯和自觉；健全乡村矛盾纠纷化解机制，畅通和规范群众诉求表达、利益协调、权益保障通道；全面推行村级重大事项决策"四议两公开"制度，开展形式多样的村级议

事协商，组织村民就村公共事务、重大民生问题开展民主协商。然而，不少行政村的民主管理制度不健全或没有真正实施，群众诉求表达渠道的畅通程度不足，部分村干部的法律意识不强，仍然囿于过时的传统观念。一些村干部因偏重自身利益或重视农村宗亲关系而奉行"人情"关系的处事原则，与现代社会提倡的"法治"原则相抵触。

第三，关于加强乡村思想道德建设方面。中央提出，要开展农村道德建设，培育践行社会主义核心价值观；健全村（社区）道德评议机制，开展道德模范评选表彰活动，注重发挥家庭家教家风的重要作用；遏制各类陈规陋习，抵制封建迷信活动；弘扬崇德向善、扶危济困、扶弱助残等传统美德，培育淳朴民风。我国农村道德建设取得了不少成效，但在部分农村仍然存在婚丧嫁娶大操大办、高额彩礼、铺张浪费、讲究排场、厚葬薄养等不良习俗。部分农村居民不愿赡养老人，热衷于陈规陋习等，一些行为触犯国家法律法规。少数村干部只有收到钱才办事，有些还借传统风俗名义收取群众的钱财。

**2. 机制缺失：影响乡村治理效果的重要原因**

目前我国乡村治理远未达到理想状况，其主要原因之一是社会治理机制尚不完善，其中主要存在两种情况，或是现代治理机制尚未建立，或是虽然建有机制但未发挥作用。社会治理机制不完善是农村社会出现某些"失序"状态的深层次原因，也在一定程度上凸显新时代乡村治理体系机制建设的重大意义。

第一，就乡村治理体系建设而言，乡村治理体系是一个庞大、复杂的系统性工程，涉及组织、政法、宣传、民政、农业农村、乡村振兴、公安、司法等多个部门。从全国治理整体看，需要从中央到地方紧密配合、无缝对接机制，以及地方党委统一领导、整体推进的工作机制，但由于在具体实施过程中缺少专门的主抓和协调部门，导致很多工作推进困难。相关国家文件指出，地方党委应该把乡村治理摆在重要位置，纳入经济社会发展总体规划和乡村振兴战略规划，开展乡村治理试点示范，及时研究解决工作中遇到的重大问题[7]。对此，虽然有的地区主动探索、积极实践，并取得了不凡成就，但是更多地区还未形成有实效的治理机制，有的地区以形式主义应付上级，以至中央政策无法真正落到基层并取得创新成果。例如，有些市、县委书记只重视招商引资，不重视乡村治理工作，认为基层治理工作就是做表面文章和应付上级检查的"留痕工作"。

第二，从乡村治理的重点治理单元——行政村的情况来看，行政村是农民集中居住的最小行政单位，也是实施乡村治理的主要空间载体。然而，现在不少行政村治理机制或不健全，或不能发挥应有的作用和功能。例如，部分行政村的村民自治机制不完善，主要表现为村民群众参与渠道和机会不足，没有真正实施民主协商、民主决策、民主管理的自治机制。又如，不少行政村的公示制度流于形式，或村里没有安置公示栏，或公示栏没有多少实质性内容，造成村务、财务信息不公开、不透明，村民群众难以进行有效的民主监督，严重影响民众参与村级事务的参与积极性。再如，基于村规民约的教育、监督和奖惩制度不健全，不少行政村的村规民约流于形式，没有发挥其应有的教育、规劝、约束作用；许多行政村缺乏村干部工作制度，这是村级治理单元干部管理的重大疏漏。

**3. 干部队伍：乡村治理体系建设的关键因素**

地方干部、基层干部是加快我国乡村治理体系建设的关键因素。只有将全体干部塑造成为政治坚定、勇于担当、开拓进取、业务精通、清廉自律的干部队伍，才能真正实现涉及亿万农民群众根本利益的改革创新，完成乡村治理现代化这个历史性艰巨任务。

第一，从地方政府层面看，影响乡村治理成效的主要原因既有客观因素，也有主观因素。客观因素：一是有些地方贯彻新发展理念不力，习惯于传统乡村管理模式，不自觉地陷入"路径依赖"，"穿新衣、走老路"现象较为普遍。二是近几年新冠疫情防控加重了地方政府的负担，导致许多临时性、突击性任务增加，基层干部不堪重负。三是为应对地方经济明显下滑，地方政府不得不更多关注经济发展，相对忽视乡村治理。主观因素：一是乡村治理体系建设涉及面广，对于地方领导干部需要承担一定的政治风险和政治责任，对此，有些地方领导缺乏改革勇气和决心。二是乡村治理体系建设面临复杂情况，需要深入农村基层调查研究，且往往经过多年实践探索才可能取得成功，不少地方领导心态浮躁，不愿为此投入大量精力。三是乡村治理体系建设需要大量专业知识，涉及政治学、社会学、管理学、历史学等理论，以及基层治理的经验积累，不少干部缺乏专业知识和经验积累，也不愿意请教专家学者，进而影响地方党委领导和指导乡村治理的作用发挥。

第二，从村级组织层面看，同样存在影响乡村治理成效的客观因素和主观因素。客观因素：一是作为农村基本行政单位，行政村缺乏充足的组织、财政、人力、信息等资源，不足以独立完成制度创新任务。二是农村社会中存在的一些传统思想观念和风俗习惯，对现代乡村治理构成了顽固性社会障碍。主观因素：一是村干部是特殊的干部群体，不同于公务员和事业编制人员，村干部可以从事农业生产或其他经营活动，相对容易受到市场经济的负面影响。二是村干部"常常陷入政府行政事务、村庄公共事务以及家庭私人事务三类承担着的角色冲突中。当出现角色冲突时，他们可能会利用自身的权力、威望以及关系，攫取不正当利益"[8]。三是在上级监督和村民监督不健全情况下，如果村干部不注重个人廉洁自律，不愿改变农村传统"人情"关系，很容易丢失"三公"原则。四是部分村干部的任职动机不纯，追求个人利益的愿望比较强烈，这也是导致村干部腐败的潜在因素，一旦时机成熟，潜在危险就转化为现实腐败。五是农村地区现代文明传播程度较弱，过度攀比、重视情面、情绪冲动和缺乏主见等人性弱点表现得往往更加明显，在相对封闭的社会氛围中，分散的个人无力改变农村社会风气。

## 四、推进乡村治理体系建设的思考和建议

新时代乡村治理体系建设是一个系统工程。从纵向来看，需要加强中央与地方、地方与基层之间的组织衔接、政策指导和督促检查，形成有计划、紧密型的工作关系。从横向来看，需要加强农村基层建设，从农村社会内部推进乡村治理体系建设。

### 1. 加强顶层设计，实施配套措施

中央社会工作部的成立是党和国家统筹推进党建引领基层治理和基层政权建设的重要举措。这将从国家体制层面上加强和细化乡村治理目标和实施计划。目前，其关键是构建有效地推进工作机制，重点是县级及以下推进机制。为避免地方机构由上至下弱化现象，一要加强中央社会工作部的顶层设计和政策落地功能；二要组建由社会工作部牵头的部门协调机制，增强农村社会治理的多方面支撑；三要在县级社会工作部层面广泛吸纳优秀驻村第一书记、帮扶干部和省级先进村党组织书记等，指导基层社

会工作人才队伍，加强农村基层改革的创新力量。

**2. 建立乡村治理改革试点**

为推进乡村治理工作有效进展，要在省、市、县各级设立改革试验区（点），集中力量进行乡村治理探索实践。一是鼓励基层干部创新精神，免除改革实践者的试错成本，解决基层干部的后顾之忧；二是总结提炼乡村治理的成功经验，为推广运用提供学习和经验借鉴；三是提供开放型乡村治理平台，吸引更多的有志改革者、研究者参与探索性实践，发挥人民群众参与改革的积极性；四是充分发挥专家学者的智囊作用，注意吸收专家学者加入改革试验区，梳理和提炼改革创新成果，创建符合新时代特征要求的治理机制和模式。

**3. 加大村级后备干部培养力度**

随着乡村振兴战略和乡村治理现代化深入推进，农村人才缺乏问题更加凸显，农村干部队伍素质亟待提升，需要从村干部来源结构进一步优化人才队伍建设。县委组织部要统筹做好基层人才工作，既要加强外部人才引入，包括外出创业者返乡、大学毕业生培养、选调生支援、复员军人回乡等，也要加强对村干部的教育培训和考察。例如，贵州省习水县组织部对外出创业人员进行常态化定向联系和考察，用制度选拔外出创业者返乡担任村干部。

**4. 推广农村基层治理成功经验**

近20年来，我国一些地方对农村治理作了不少有益探索，如青县模式、肃宁经验、中牟实践等，这些经验的价值在于：坚持党的领导、人民当家作主和依法治国有机结合，并将之贯彻落到农村基层的改革实践之中，形成了改革创新的制度性成果[9][12]。这些改革实践在贯彻落实党的路线和方针过程中，结合当地的实际情况和热点问题，找到村民群众十分关心和期待解决的问题，以此为突破口，创建了具有民主制度化、规范化、程序化的乡村治理机制，这不仅调动了农民群众的参与积极性，还为农村治理制度建设的后来者提供了值得推广的经验借鉴。

**5. 规范村级干部工作管理制度**

建立和规范行政村干部管理制度，是乡村治理体系建设的重要工作，也是有效开展乡村治理的制度保障。一是严格村干部的廉洁纪律，通过制度厘清村干部的岗位职责和权力边界；二是健全规范村干部工作制度、学习制度、会议制度、联系群众制度等，以制度建设规范村干部的工作方法；三是进一步完善村务财务公开制度、监督制度和巡查制度等，保证基层治理组织充分接受上级部门、村民群众的监督检查；四是村党组织发挥牵头抓总、统筹协调作用，充分发挥村干部、党员和村民代表的作用，实行集体讨论和决策机制，避免"一言堂"的工作作风及其工作方式。

**6. 推进农村基层治理体系机制建设**

推进农村治理现代化体系建设，一是健全行政村民主管理、民主决策和民主监督机制，确定承接这种机制的主要载体和运行模式，如河北青县"村民代表会议常任制"、河南中牟县"家庭联户代表制"。二是充分发挥基层党组织的核心引领作用及其民主议事机制，要善于通过工作机制创新将党组织的主张和决议转化为村民群众的自觉行动，增强群众自我管理、自我服务、自我教育、自我监督的实效。三是在构建农村治理体系和加强农民组织化的基础上，按照中央关于基层治理现代化建设的要求，稳步推进乡村治理各项工作。

## 参考文献

［1］高举中国特色社会主义伟大旗帜，为全面建设社会主义现代化国家而团结奋斗（党的二十大报告）［R］.

［2］习近平. 习近平谈治国理政：第三卷［M］. 北京：外文出版社，2020：257.

［3］哈耶克. 自由秩序原理（1960 年）［M］. 中译本，邓正来，译. 北京：三联书店，1997：52.

［4］张晓山，李周. 中国改革 30 年研究［M］. 北京：经济管理出版社，2008：33.

［5］引自全国扫黑除恶专项斗争总结表彰大会，搜狐网，https：//www. sohu. com/a/458261808＿100016593.

［6］中共中央国务院关于加强基层治理体系和治理能力现代化建设的意见［R］.

［7］关于加强和改进乡村治理的指导意见［R］.

［8］李永洪，杜俊霖. 社会角色冲突视角下村干部腐败的发生机理与治理对策［J］. 中州学刊，2020（8）：14.

［9］翁鸣. 青县模式：一种我国村庄治理的创新机制［J］. 理论探讨，2011（5）：144.

# 青县农民合作组织的经验与启示<sup>*</sup>

为了进一步了解和分析我国农民合作组织的实际情况，在亚洲基金会的支持下，中国社科院农村发展研究所课题组与青县县委共同开展了"新时期农民专业合作组织建设"实践项目。

青县地处河北省沧州市的北部，素有"津南第一县"之称，共有 6 镇 4 乡 345 个行政村；全县总面积 968 平方公里，其中耕地 5.5 万公顷，占总面积的 56.8%；植树造林面积 1.3 万公顷，占总面积的 13.4%。2004 年青县总人口 38.7 万，其中农业人口 32.9 万，占全县总人口的 85.0%。

## 一、青县实验的主要内容和效果评价

### （一）开展合作社基本知识培训，为农村干部群众提供智力支持

课题正式启动后，我们首先举办了 3 场大型有关合作社方面的报告会，邀请合作社问题专家讲课，其主要内容包括合作社基本知识、国际合作社运动经验借鉴、中国农民专业合作社发展现状与政策走向，参加对象有农民、乡镇干部、村干部和部分经济组织的管理人员，约 160 多人。此后，又陆续地举办了 10 次小型辅导会，除讲解合作社基本知识外，还帮助一些农民合作组织解决具体的问题。这些报告会和辅导会不仅帮助农民和农村干部学习合作社基本知识，而且调动了农民群众组建合作社的积极性。

### （二）消除制度性障碍和不利因素，为农村合作组织发展铺平道路

由于我国有关农民合作组织法律尚未出台，影响农民合作组织发展的一些制度障碍仍然存在，并且还起到了不利于农民合作组织发展的负面作

---

\* 本文原载于《中国经贸导刊》2007 年第 11 期。

用。在青县的实践中，我们不仅亲身体验和认识了这种制度障碍造成的困难，而且找到了解决这种制度障碍的途径和方法。

为了说明影响农民合作组织发展的制度性障碍，现以周官屯村土地流转托管服务社为例，该服务社是非营利性非企业法人的合作组织，也是我们课题组的一个实验点，按有关规定是在民政部门申请登记注册。2005年5月，我们在县民政局申请服务社登记注册时发现，当时民政局对申办农民专业合作组织设置了相当高的门槛，超过了一般农民群众所具备的能力。在繁杂的申请手续、较高的验资标准和缺乏有效帮助的情况下，农民很难完成申请办理合作组织的手续，登记注册环节成为阻碍农民组建经济合作组织的一个制度性障碍。如何打破这一制度障碍，成为推动青县农民合作组织发展的关键一步。

在取得第一手调查情况后，我们召开了有省农工委、市农工委和县农工部、农业局、财政局、民政局、工商局、科技局、林业局等部门参加的座谈会，对上述制度性障碍做进一步调查。提出建议，主要内容包括：提高青县干部对发展农民合作组织的认识，对不合理的政策规定进行改革，创造一个鼓励和支持农民申请办理经济合作组织的良好氛围。县委和政府专门研究了这一问题，决定采纳我们课题组的建议。

2005年9月8日，青县县委和政府出台《关于扶持农民专业合作组织发展有关政策的规定》，该文件明确提出从财政资金、注册登记、税收政策等方面给予扶持，其中县财政每年至少安排150万元支农专项资金，倾斜扶持各类农民专业合作组织和农产品行业协会建设；民政部门负责对非营利性社会服务活动、运作规范的农民专业合作组织进行登记注册，工商部门负责对经营性专业合作社以及有关合作组织所办企业的登记注册。同时，青县成立了农民专业合作组织建设领导小组，加强有关领导和协调工作。

### （三）农民经济合作组织蓬勃发展，政策扶持的社会效果明显

民政和工商部门的统计资料显示，截止到2006年5月8日，全县共有农业经济合作组织52家，其中2005年3月以前成立了13家，2005年3月至8月成立19家，2005年9月至2006年5月初成立20家。在这52家农业经济合作组织中，农民专业合作组织占46家。

促进农民专业合作组织发展的目的，在于推动农业生产发展和增加农

民收入。目前，青县农业经济合作组织已经表现出这种发展趋势，一是引导农民扩大农业生产规模，降低农业生产成本。二是组织农民学习和推广先进、实用的农业生产技术，提高农产品质量、安全性。三是解决个体农户与市场联结的困难，增加农民的销售收入。

### （四）青县实践表明：农民专业合作组织多样性取决于基本国情

以青县的农民经济合作组织为例，在合作基础上，是以农民自愿联合为原则，他们有着共同的经济利益，无论是大户、核心会员还是普通会员都是直接参加农业经营活动或农业生产劳动；在经济联系上，既有经济利益联系紧密的股份合作制、合伙制类型，也有以技术服务为特征的经济利益联系非紧密类型；在股权结构上，既有比较理想、合理的股份结构，但更多是个别领办人或几个核心会员（成员）占有绝大多数股份；在内部管理上，虽然章程规定了民主管理内容，但是决定合作组织的大事仍然主要听取领办人或核心会员（成员）的意见。

我们在对青县农民合作组织调查时发现，我国农民经济合作组织发展的多样性和不平衡性，是主要取决于农村社会经济和文化发展的不平衡性和差异性。农村改革开放以来，原来强加于农民身上的许多束缚被解除了，农民自由发展的机会和空间发生了很大的变化，不同农民之间的经济收入、文化教育、社会经历、思想观念逐渐形成了相当大差异，少数农村能人具有一定投资能力并敢于进行农村经济合作组织实践，而大部分农民既缺乏经济实力也不愿意承担经济风险。在现阶段我国农村，由能人和大户出资组建的农民合作组织占有较大数量，他们的出资份额在一定程度上决定了管理权的分配方式。同时，我们应该看到农村缺乏合作社基本知识传播，也是一个影响原因。我们既不能脱离中国农村实际情况，追求所谓的合作社理念，也不能放弃对农村经济合作组织的引导和规范，使其在较高的层次上得到长足的发展。

## 二、青县实践的经验、启示和意义

### （一）农民经济合作组织不会影响社会稳定

在一般情况下，农民合作组织发展不仅不会影响社会稳定，相反有利于促进社会稳定。这是因为：第一，影响目前中国农村社会稳定的关键因素以及相关诱因，是某些地方干部严重侵占农民利益或严重违背农民意愿，引起农民的不满和上访，而与农民经济合作组织本身无关；第二，我国亿万农民的根本愿望是发展农业生产，不断增加收入早日进入小康社会，发展农民专业合作组织是促进农业生产和农民增收的一个重要途径，所以发展农民专业合作组织有利于农村社会稳定；第三，自 1978 年农村改革开放以来，在很大程度上破除了二元结构的体制弊端，赋予农民的土地经营权、进城就业权等一系列权利，社会主义新农村建设将进一步解决"三农"问题，从这一意义上讲，已经大大释放了影响农村社会不稳定的风险，农民经济合作组织被利用的可能性非常小；第四，长期以来我国农村缺乏农民自己的利益表达机制，这既不利于人民群众参与改革和利益格局的调整，也影响决策层充分吸收人民群众的正确意见。显然，农民经济合作组织就是能够比较充分代表农民利益的合法组织和社会团体，应该是有利于促进社会稳定与和谐。

### （二）政府解决农民合作组织发展的制度障碍

由于多方面的原因，至今我国仍然存在着不少制约合作组织发育和发展的制度性障碍，与此同时，我国还没有建立起权威性宏观调控全国农村经济合作组织的管理机构，其职能分散在全国供销合作社总社、农业部、商务部等部委，从这个意义上看，地方政府对促进农村经济合作组织发展可以发挥较大的作用。青县经验说明，促进农民专业合作组织发展的一个重要环节就是要进行改革，破除原有的障碍性制度和政策，出台鼓励性、扶持性制度和政策，为农民创造出一个有利于合作组织发展的政治环境和法律环境。

### （三）农民合作组织发展要符合中国实际情况

合作社的理念必须服从基本国情，农民经济合作组织发展不能脱离现实的经济发展水平，不能脱离中国农民群众的现实需要。我们应该看到，我国农村地域广阔和国情复杂，不同省份之间经济发展水平差异很大，即使同一县域农民之间收入差异也会很大；农民普遍缺乏合作社知识教育，从而影响了农民合作组织发展；过去人民公社带给农民群众的阴影，也在一定程度上影响了农民的积极性。因此，我国农村经济合作组织发展呈现出与世界上其他国家农村合作社不同的局面和趋势。如何将合作社精神与中国实际相结合，推动具有中国特色的农民专业合作组织健康发展，这是需要不断实践和研究的重要课题。

### （四）我国农村需加强合作社基本知识培训

国际合作化运动表明：理念传播对社会实践的重要意义，特别是欧文等著名学者和社会活动家亲自参加，不仅推动和普及了合作化思想，而且吸引广大劳动群众参与，并将他们培养成合作化运动的中坚力量。目前我国农村普遍缺乏合作社知识培训，我国发展农民专业合作组织，就必须搞好这项基础性工作，特别是要与农民培训工程有机结合起来，提高农民和农村基层干部的合作社意识和基本知识，这对我国农民经济合作组织发展具有深远的意义。

### （五）农民专业合作组织发展与规范的关系

虽然我国农民专业合作组织有着不同于西方国家的特征，但是从长远来看，合作组织的规范仍是一个大趋势。我们认为，考虑农民专业合作组织发展与规范关系，需要注意这样几个问题：第一，我国农民专业合作组织不仅具有不同于西方国家的背景特点，而且现阶段还处于农村合作社发展初期，因此应更多地关注农民合作组织的发展问题，这样有利于推动我国农民合作组织发展，也有利于在实践中进一步认识合作组织的发展规律；第二，我国应尽早出台有关农民经济合作组织的法律，一方面明确我国经济合作组织的法律地位，另一方面明确经济合作组织的法律边界，这对农民专业合作组织的发展和规范都将起到重要作用；第三，我国各地农村发展情况差异很大，需要在经过充分的社会实践与理论探讨的基础上，对我国农民专业合作组织给定具体的标准，例如合作社成员持股问题等。但是理论界要形成这样一种共识，则需要一个较长的学术讨论过程，所以不能因强调规范而影响发展。

# 五、农村建设与创新发展

# 社会主义新农村建设实践和
# 创新的典范<sup>*</sup>

## ——"湖州·中国美丽乡村建设
## （湖州模式）研讨会"综述

2010 年 11 月 19—20 日，"湖州·中国美丽乡村建设（湖州模式）研讨会"在浙江省湖州市召开。会议由中国社会科学院经济学部、中国社会科学院农村发展研究所、浙江省农业和农村工作办公室主办，浙江大学、湖州市委市政府承办。来自国家级研究机构、高等院校、中央有关部委和地方政府的 100 多位学者、专家和领导参加了专题研讨和实地考察。

美丽乡村建设是社会主义新农村建设在湖州的具体实践形式，也是湖州新农村建设的精彩之作，充分展现了"科学规划布局美、创业增收生活美、村容整洁环境美、乡风文明素质美、管理民主和谐美"。研讨会以推进社会主义新农村建设为主线，以美丽乡村建设为切入点，多层次、多角度地探讨和分析湖州新农村建设的成功经验及其发展理念和创新机制。会议讨论的热点问题包括：新农村建设与生态农业、现代农业的技术支撑体系、新农村建设与农业多功能性、新农村建设中政府主导与农民参与的互动、城镇化与新农村建设的关系等。这些问题既是新农村建设中难以回避的现实问题，又是具有某些规律性并值得深入研究的理论问题。

## 一、湖州新农村建设经验的核心和本质

在新的历史时期，社会主义新农村建设已经不再局限于某一方面的发展，而是谋求包括"生产发展、生活宽裕、乡风文明、村容整洁、管理民

———————————

　＊ 本文原载于《中国农村经济》2011 年第 2 期。本文经过了中国社会科学院农村发展研究所湖州新农村考察组及会议代表潘晨光、杜志雄、张军、翁鸣的集体讨论。

主"的全面发展。根据社会主义新农村建设目标要求，湖州以科学发展观为指导，确立了"以人为本、城乡统筹、科学发展、生态文明、合作共赢"的基本理念，并在此基础上形成了"以科学促进发展，以市场激活发展，以合作带动发展，以统筹保障发展，以制度持续发展"的"五位一体"的发展模式。这是湖州经验的核心和本质，也是湖州新农村建设取得丰硕成果的根本原因。

湖州新农村建设的过程充分体现了上述理念和思路。湖州市委强调：新农村建设要以提高农民群众的生活水平为出发点，着力解决广大群众最关心、最直接、最现实的利益问题，从而保证农民群众积极参与新农村建设。在农村新民居建设、村庄环境整治、农业规模经营、农业产业化园区建设等方面，湖州形成了一套调查民意、汇集民意、尊重民意、采纳民意的机制和办法，将新农村建设工作建立在农民群众需求的基础之上，使市委、市政府的相关决策和工作部署有效地转化为广大农民群众自觉的建设家园行动，形成了共建双赢的局面。

## 二、湖州新农村建设的主要经验

### 1. 城乡统筹发展规划先行

党的十六大提出的统筹城乡发展，是一种新的战略思想和发展思路，改变了原来重城市、轻农村的"城乡分治"的观念和做法，把城市和农村经济社会发展作为整体进行统一规划。湖州城乡统筹发展的经验有：第一，建立城镇化和农村新社区建设联动机制，即以"新农村建设与新型城镇化联动推进、协调发展"的思路，以中心镇、中心村建设为重点，统筹城乡规划、建设与管理，有序地提高农村城镇化水平和农民居住相对集中率，有效地避免了仓促建设、随意建设带来的"后遗症"。第二，农村新民居建设不搞"一刀切"，而是采取因地制宜、因史制宜的办法，充分考虑村镇不同的地理风貌、历史文化和民族风俗，加强对历史文化名镇和名村的保护，最大程度地将新农村建设与村镇的历史、文化、民族特色有机地结合起来。例如，对待名镇和名村的新农村建设，尽量采取修旧如旧的方法，保存其历史原貌特征。第三，在城乡统筹规划下合理利用农村土地。一方面，通过土地整理和开发以及推进农地依法有序有偿流转，扩大农业经营规模,为发展现代农业创造条件,以提高农业生产效率和经济效益;另一方面,将新增建设用地用于发展工业特别是农产品加工业和服务业,吸纳从小规模农业生产中转移出来的富余劳动力,以保证农村劳动力就业转换有序、稳步推进。

**2. 生态文明构建美丽乡村**

生态农业是现代农业发展的趋势,生态环境是新农村建设的重要内容。湖州历史源远流长、自然景色宜人,具有自然风光和人文历史的双重积淀。早在商周时期,湖州就是吴越文化的主要分布区域。2 000多年前,浙江境内最早的省会就坐落在湖州的安吉县。民国初期,湖州人更是积极地参与了中国工商业的兴办和发展。近现代历史上不少名人出自湖州,并保留了一些颇具特色和历史价值的文物。

湖州精心设计美丽乡村建设。第一,在充分利用自然风光和人文历史的基础上,重点建设一批"美丽乡村示范村",其中最有代表性的村庄是:有着诗画般山色湖光景色的高家堂村,它是山水交融、水木清华的著名生态村;拥有始建于乾嘉年间的积川书塾旧址,曾走出过数十位进士和名人,并保留江南小桥流水风貌的荻港村。第二,大力开展植树造林,形成山清水秀的生态环境,这已成为湖州干部群众的共同认识和自觉行动。2006年,安吉县被评为全国首个"国家生态县"。湖州农村植被覆盖率总体上达到了75%以上,也就是说,除了水面、公路和建筑以外,绝大部分山地和耕地都有植被覆盖。最具代表性的是安吉竹乡国家森林公园、天荒坪风景名胜区和龙王山自然保护区。第三,重视和实施农村环境综合整治,重点是"道路硬化、垃圾收集、污水处理、卫生改厕"。全市农村生活污水处理率已达60%以上,农村垃圾收集已经常态化,即形成了"农户集、村庄收、乡镇运、区县处理"的运行机制,解决了目前中国农村普遍存在的生活垃圾无法处理的顽症,较好地实现了"村容整洁"。

**3. 产业发展富裕群众生活**

农业多功能性理论指出,农业除了具有生产食物和纤维等主要功能以外,还具有社会发展、环境保护、粮食安全、人文教育、观光休闲等其他多种功能,这就表明农业可以进一步开发,农村资源要素可以重新配置,以此丰富和促进农村经济社会发展。湖州不仅注重粮食生产和农产品深度开发，而且充分利用和开发青山绿水等自然资源，大力发展休闲农业和乡村旅游业。

湖州将高新技术运用于竹产品生产，例如，从竹叶中提取具有抗衰老作用的竹叶黄酮，从竹子中提取竹纤维用于纺织品等。目前，湖州竹加工业已开发出竹地板、竹工艺品、竹叶生物制品、竹炭等七大系列共 6 000 多个品种。与此同时，湖州提出"乡村经营"的概念。美丽乡村的最终目标就是经营乡村，即用高水平的乡村建设夯实乡村经营的基础，用高效益的乡村经营实现新农村建设和发展的可持续性。乡村休闲旅游就是乡村经营的一个"重头戏"，即通过乡村休闲旅游带动农村产业的全面发展和提升。

湖州在发展休闲农业中，注重和兼顾农业的经济、生态、教育、文化等多方面意蕴，主要做法有：第一，编制《休闲产业与乡村旅游发展规划》，做到布局科学、产业联动；第二，注重旅游产品和精品线路的开发，尤其是农业题材、特色主题、节庆活动等新型旅游项目；第三，抓好农业园区建设，将现代农业与农业旅游融为一体；第四，提升"农家乐"的文化内涵和服务水平；第五，抓好休闲农业经营管理人才的培养。湖州农村产业的发展有效地提高了农民收入，2009 年，全市农民人均纯收入达到 11 745 元，比 2005 年增长 61%；与此同时，城乡居民收入比从 2005 年的 2.11∶1 缩减到 1.98∶1。

### 4. 以人为本创建和谐社会

新农村建设的根本目的，是提高农民群众的生活水平。湖州经验值得借鉴的有：第一，充分考虑和注意保护农民群众的利益，在新农村建设中，特别注意"三个集中"与"三个提高"的关系，即在农业资源集中、农村工业园区集中、农村新社区集中的过程中，强调提高现代农业发展水平，提高农民收入水平，提高农村公共服务水平，以保证农民群众享受改革发展的成果。第二，促进乡镇特色产业发展和经济转型升级，全市 18 个中心镇成为区域农民就业转移、创业增收的重要平台。同时，为了帮助农村劳动力更快地适应新的工作岗位，湖州兴办了农民学院、农村社区学院并开展了农民职业教育、远程教育和技术培训。第三，积极推进社会保障制度创新。其中包括：加大推行城乡居民社会养老保险的力度，提高适龄人员参加率；完善被征地农民基本生活保障制度；逐步完善农村居民最低收入保障制度。目前,湖州市农村居民最低收入标准已达到城镇居民的70%。第四,加强政策的引导作用。在政府主导的农民集中居住区建设中,探索推行宅基地置换居住用房或物业用房的安置模式,为农民提供居住或创业的场所。同时,注意听取和重视农民群众的意见,运用民主协商的方式解决有关问题。

**5. 市校合作推动农业农村发展**

新农村建设的一个重要目标是"生产发展"。通过现代农业技术实现农村和农业发展无疑是最为理想的途径,但对于一个地级市来说,诸多现代产业元素的形成必须借助于外部力量。湖州与浙江大学合作共建浙江省社会主义新农村试验示范区,走出了一条产学研相结合的成功之路。

一方面,浙江大学依托其雄厚的科研实力,为湖州新农村建设做出了贡献。自 2006 年 5 月至 2010 年 10 月,市校合作项目累计达到 636 项,包括农作物种植、水产品和畜禽新品种培育、农产品深加工、农村基础设施建设、农产品质量安全监管、农村工业技术推广、人才教育培训等多个方面,形成了一个多层次、复合型的农村发展技术支撑体系。其中,有的先进技术的应用带来了农业生产方式的重大变革,例如植物气雾立体栽培技术。浙江大学借鉴发达国家的经验,设置农业技术推广教授和副教授岗位,鼓励和支持教师投身于农业生产实践,以解决科技成果难以有效转化为农业生产力的瓶颈,实现了农业技术支撑体系的可持续发展。

另一方面,湖州通过提供土地资源,与浙江大学共建农业技术推广示范基地,建立了新型农业技术创新和推广体系。目前,湖州已经形成 39 个产学研联盟,其任务是以高校、科研院所为技术主导,以县级农业技术推广体系为核心单元,将高等院校与地方农业技术人员、农业企业和农民群众有机地组合起来,形成了"$1+1+n$"的产业分联盟,即一个教授团队、一个本地农业技术推广小组和几个农业经营主体的组合,这不仅改变了原来农业技术推广体系功能失效的问题,而且探索了教学科研与社会实践紧密结合,高校在参与新农村建设中实现自身价值的有效途径。

**6. 党政善治发挥领导作用**

社会主义新农村建设是中国共产党带领亿万农民实现小康社会目标的伟大历史任务,地方党委担负着本地区新农村建设的重大责任。湖州经验可供借鉴的有：第一，坚持以科学发展观为指导，认真搞好科学规划，杜绝盲目建设和瞎指挥，做到没有规划不设计，没有计划不施工。第二，注重农村调查研究，认真听取农民群众的意见，做到政策制定为了群众利益，政策内容符合群众需要，政策实施得到群众支持，政策结果实现群众满意。第三，站在历史的高度把握未来的发展，善于发现、集中、总结和升华广大干部群众的集体智慧，充分调动干部群众的积极性，并将其转化为新农村建设的具体实践行动。第四，从统领地方全局出发，把握好经济发展与社会发展、工业发展与生态环境、城镇发展与农村发展、近期发展与远期发展的相互关系。第五，注重队伍建设、制度创新和人才培养，特别是农村基层党支部和村委会建设，通过加强民主管理、民主决策，妥善处理经济社会发展中的各种利益关系。实施村民事务代办制，促进乡村干部作风改变，为美丽乡村建设提供制度保障和人才保障。

## 三、湖州新农村建设经验的重要意义

湖州新农村建设经验不仅丰富了社会主义新农村建设的实践途径和形式，而且提供了一个科学、全面、和谐发展的典型样板。湖州新农村建设经验集中体现了"四性"：一致性，即政府作为与农民需求保持一致；全面性，即新农村建设各方面的目标要求全面推进；全域性，即新农村建设不仅在一个县、一个区推进，而且在全市农村范围内全部推进；均衡性，即在全面推进新农村建设的过程中，各方面都取得显著成效。

湖州新农村建设注重六个"结合"：一是社会主义新农村建设目标与本地实际情况相结合；二是地方党委、政府的工作任务与人民群众的发展要求相结合；三是新农村建设与美化生态环境相结合；四是新农村建设与农村工业化、城镇化相结合；五是新农村建设与发展现代农业相结合；六是新农村建设与历史文化传承相结合。

湖州新农村建设经验对于社会主义新农村建设具有很好的借鉴意义。近几年，有些地区在新农村建设过程中出现了一些问题，例如，不顾当地的实际情况和农民群众的经济条件，以开展"形象工程"为目的大拆大建，既破坏了原有的生态环境，又引发了新的社会不稳定因素。从这个意义上讲，湖州新农村建设更具有示范和引导作用，而且其影响和作用是相当大的。湖州新农村建设成功的关键在于：深刻领会科学发展观的内涵和本质，结合当地的具体情况，不搞"政绩工程"，不做表面文章，做到实事求是、科学发展、统筹兼顾、扎实工作、开拓进取。同时，湖州新农村建设经验也展现了湖州干部群众谋事、干事和干成事的品质和追求。

# 构建科技兴农创新体系的有益探索<sup>*</sup>

## ——湖州经验的启示和借鉴

在工业化和城镇化快速发展的背景下，我国有些地区出现了农田抛荒、农业萎缩和农村凋敝的情况。如何保持农业发展、农民增收和农村繁荣，这是我国"三农"面临的一个大问题。有效推进农业现代化，这不仅是农民增收的产业支撑，而且是农村繁荣的内在动力。浙江湖州位居全国地级市农业现代化程度综合评价第二名，它以制度创新为架构、科技推广为重点，通过综合集成形成了科技兴农创新体系，突破了原有的瓶颈和困境，这既有重要的现实意义，又具操作性和可复制性，其经验值得研究和借鉴。

## 一、用科学发展观指导创新体系

现代农业是区别于传统农业的发达农业，它更加依赖于科技进步和劳动者素质的提高，更加依赖于现代生产要素的引进作用，更加依赖于现代科技要素的综合发挥。湖州以科学发展观为指导，按照科学规律和方法，构建科技兴农创新体系，不断提升农业科技水平，大力推进生态农业发展，加快转变农业生产方式，走出了一条产出高效、产品安全、资源节约、环境友好的现代农业发展道路。

### 1. 通过集成创新构建科技兴农新体系

集成创新的理论研究始于 20 世纪 70 年代。1982 年，美国学者 R. Nelson 和 S. Winter 提出了创新系统演进的观点，他们认为：技术创新过程的集成促使各种资源要素经过优选，以适宜的结构形成一个有利于资源要素优势互补的有机整体。从经济学意义讲，技术创新是指包括新产品、新过程、新系统和新装备等形式在内的技术向商业化实现的首次转

---

  \* 本文原载于《农业经济》2016 年第 9 期。

化。湖州市通过集成创新方式，将新技术、新人才、新过程、新装备等要素进行有机组合，并以政策引导、机制运行等方式实现制度安排，形成了现代农业发展的新系统和新动力，破解了现代农业发展的制约因素，加快了由传统农业向现代农业的转化进程。

湖州科技兴农集成创新体系的主要架构：一是技术集成，大力引入和推广先进、实用的农业技术，形成了推动现代农业发展的技术支撑。二是知识集成，通过专项技术培训和农民学院，加强对农业科技人员的知识更新，强化对高素质农民的技术培训，形成了推动现代农业发展的人才支撑。三是组织集成，通过创建市校合作机制，搭建新型、实用的农业技术推广组织，形成了推动现代农业发展的组织支撑；四是管理集成，通过理念更新和管理模式更新，将重点由传统的人、财、物管理转变为以科学技术、信息、人才为主的管理，形成了推动现代农业发展的管理支撑。

**2. 借助外力引入现代农业的稀缺资源**

从实现途径看，发展现代农业最根本的是依靠现代科技及装备改造传统农业，依靠掌握现代农业科技知识和先进经营管理手段的新型农民。[1]但是，对于一个地级市而言，湖州无疑存在技术研发、人才储备、组织体系等多方面不足。对此，湖州通过"市校合作"机制①，依托浙江大学的研发优势，弥补自身技术资源的"先天不足"，形成了对农业技术供给的强有力支撑。据统计，2006年5月至2015年11月，湖州市与浙江大学合作项目共计935项②。其中，用于农林业种植、畜禽和水产养殖的项目共计323项。例如，浙江大学湖州水稻优特新品种繁育基地项目，水产良种选育、种苗繁育创新、优质水产饲料开发项目等，这些项目的引进和推广，极大地丰富了湖州现代农业的技术含量。湖州构建农技服务平台，加快农技创新和转化能力。一是建设区域性农业科技服务中心，即依托有关科研院所、农技推广机构、龙头企业和农民合作社，以当地农技人员为骨干，以农业科技园区、种子种苗场站为示范，重建一批有特色的农业科技服务中心，解决了农业科技研发与推广脱节的顽症。二是实施农业科技入户工程，即依托浙江大学新农村建设志愿团、各类农科教机构、社会力量

---

① 中共湖州市委［2006］6号《关于湖州与浙江大学共建省级社会主义新农村实验示范区的实施意见》。

② 湖州市新农村建设领导小组办公室编：《湖州市与浙江大学合作项目汇总表》，2015年12月。

参与的农业技术推广服务，构建现代农技推广服务体系，解决了农技服务难以入户的问题。同时，借助湖州广播电视大学、湖州农民学院等，开办各类农业技能培训，形成了规模可观的高素质农民队伍。

### 3. 用绿色理念发展现代生态循环农业

湖州作为中国美丽乡村建设的发源地和全国第一个生态文明地级示范市，充分运用生态文明理念和现代农业技术，践行"绿水青山就是金山银山"的科学论断。一是科学规划农业生态化布局。优化农业生产布局，控制养殖规模和总量，推广种养结合生态模式，创新农业作业方式，构建"生产主体小循环、农业园区中循环、县区范围大循环"的生态循环农业格局。二是加强农业污染综合治理工作。实施化肥农药减量增效行动，推广测土配方施肥方法，鼓励有机肥、配方肥和新型肥料施用，推进农作物病虫害的绿色防控工作，推进科学用药、精准用药，减少农药、化肥对环境的污染，建立农田土壤污染检测预警体系。三是全面实施农业标准化生产。加快发展绿色食品、有机食品和地理标志产品，实现产品有标准、生产有规范、市场有检测、质量可追溯，形成种子种苗生产、施肥用药、栽培技术、生产操作、产品准出等各个环节的管理规范①。

## 二、构建"市校合作"的科技体系

湖州科技兴农创新体系的主要特色之一，是湖州市与浙江大学合作共建的"八大主导产业联盟建设"项目，即围绕现代农业产业发展计划，形成了新型农业技术推广模式，这不仅弥补了原有农技推广组织解体带来的功能缺失，而且加强和丰富了现代农业技术的传导途径，这是推动现代农业发展的关键性环节。

### 1. 湖州创建"市校合作"模式的起因

湖州市与浙江大学共建"市校合作"模式可追溯至 2006 年，党的十六届五中全会提出了建设社会主义新农村的重大历史任务，按照浙江省委提出的新农村建设要求，浙江成为新农村建设水平最高的省份之一，湖州应努力位居全省新农村建设的前列。为此，湖州市与浙江大学多次磋商，

---

① 《湖州市现代农业发展"十三五"规划》。

并征得省委、省政府的同意，双方共建省级社会主义新农村实验示范区，率先探索符合中国国情和时代特色的新农村建设路径。其中，一个重要内容是构建"三个平台"，即科技创新服务平台、科技人才支撑平台和体制机制创新平台。以科技创新服务平台为例，依托浙江大学"现代农业科学与技术研究院"等科研机构，推进南太湖科技创新中心、南太湖农业高科技创新服务中心、湖州淡水渔业生产力促进中心等建设，推进成熟技术集成示范，发挥高新技术引领示范作用。

**2. 湖州农业主导产业联盟创新模式**

在农业技术推广体系出现"线断、网破、人散"情况下，"市校合作"围绕现代农业产业发展计划，形成了"农技推广联盟＋首席专家＋教授基地＋示范园区＋专业合作社（龙头企业）＋农户"的新型农业技术推广模式[①]，简称"1＋1＋$n$"产业联盟，如图1所示，即在8个主导产业（蔬菜、水产、

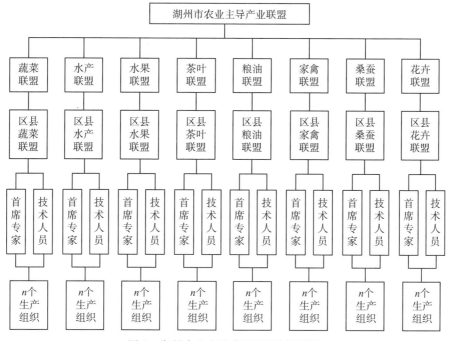

图1　湖州农业主导产业联盟创新模式

---

① 湖新农发〔2012〕1号文件《关于印发〈浙江大学与湖州市深化市校合作、共建美丽乡村"新1381行动计划"〉的通知》。

水果、茶叶、粮油、家禽、桑蚕、花卉苗木）范围内，形成市级产业联盟，每个产业联盟由 1 个浙江大学专家团队、1 个湖州农业技术人员团队和联盟内 $n$ 个农业生产组织所构成。市级产业联盟下设省区县分联盟，区县分联盟的组成结构类似市级产业联盟。这种以紧密型为特征的产学研联盟，不仅有利于将研究成果转入农业推广体系，而且直接帮助农民解决生产过程中的技术问题，真正发挥科技支农、科技兴农的重要作用。

## 三、创建农民学院培育高素质农民

农业现代化，归根结底是农业生产者运用现代农业技术，从事现代农业生产。湖州科技兴农创新体系的另一个特色，就是创办农民学院等培训基地，培育高素质农民，为现代农业可持续发展提供人力资源。

**1. 体现党政主导，创新办学体制**

湖州农民学院创建于 2010 年 4 月，其目标是专门培养"学历＋技能＋创业"型农民大学生，以满足现代农业发展和新农村建设急需型、领军型人才的需求。为了解决农业技术人才不足问题，借助于浙江大学的师资力量和市校合作机制，湖州市委和市政府决定创办一所农民大学，由湖州职业技术学院（湖州电大）与湖州市农办、浙江大学联合发起成立湖州农民学院。

为了保证"以农为本、服务三农"的本质属性，湖州农民学院实行管委会领导下的院务会议负责制，形成了"党政主导、各方共建、上下联动"的办学格局。市委副书记和副市长担任管委会主任，市农办、湖州职业技术学院和浙江大学农业生命环境学部为副主任单位，市委组织部、宣传部、财政局、农业局等部门为成员单位。[2] 这从办学方向、办学体制上，坚持了农民学院"姓农为农"的立身之本。

**2. 强调学以致用、推进学历衔接**

湖州农民学院坚持"以用为本"的思想，强调农民教育的特殊性，注重农业产学结合，要求专业理论与实践性的紧密结合。在充分考虑湖州农业产业特点的情况下，设立了畜牧、兽医、园林、茶叶加工、淡水养殖等农业技术专业，以及农村行政管理、农业经济管理、乡镇企业管理和观光农业管理等管理专业。

湖州农民学院在人才培养方面，形成了"中职＋专科＋本科＋硕士研究生"的分级培养层次。借助于湖州农业类中职学校平台，培养全日制中专＋大专（3＋2）的五年一贯制学生；借助于职业技术学院（湖州电大）平台，培养农民大专生和本科生；与浙江大学合作办学，开办了农业推广硕士班，致力于培养具有硕士学位的高素质农民。农民学院在编辑相关教材中，多以湖州本土案例与实践经验介绍为主，引导农民大学生积极投身于现代农业。

**3. 注重培养高素质农民和新型农业经营主体**

农民学院是以培养现代农业所需人才为目标，其招生主要面向种植大户、养殖大户、农民合作社、家庭农场等新型农业经营主体，这是我国传统农业转向现代农业过程中的重要力量。由此可见，农民学院的培养重点体现了高素质农民和新型农业经营主体的"双新融合"[3]，农民学院的学生来源于农民，毕业后成为有知识、懂技术、会经营的高素质农民，农民学院显示了职业教育的巨大优势，也展现了推进现代农业发展的重要作用。

湖州农民学院培养大批农村人才。截止到 2016 年 4 月，累计毕业农民大学生 2 726 名，在读学员 2 359 名；累计毕业农业推广硕士研究生 49 名，在读农业推广硕士研究生 93 名；培训高素质农民累计 4 972 名，认定颁发证书 4 650 名。湖州农民大学生创业成就显著，同时，吸引更多农民前来学习深造，产生了颇具特色的社会效果和经济效果。湖州市构建了高素质农民教育培训体系，将传统意义上的农民提升至高素质农民，使之成为建设现代农业的主要力量。

# 四、湖州科技兴农体系的政策支持

现代农业发展需要科技支撑，科技兴农体系须有政策扶持。湖州市通过多方面支持，尤其是财政扶持政策，充分发挥地方党委、政府的引导作用，保证科技兴农创新体系正常运行。

**1. 产业规划引导现代农业发展**

为了推进现代农业发展，湖州市以科学发展观为指导，结合当地的实际情况，先后制定了现代农业发展"十二五"规划和"十三五"规划。通过全面落实各项支农惠农政策，确定发展目标和主要指标，以及财政资金投入农业项目，引领现代农业有序、稳步发展。

湖州的基本经验是：坚持农业发展规律，把准现代农业发展方向；坚持转变发展方式，加快推进农业转型升级；坚持产业融合发展，全面拓展农业发展空间；坚持深化改革创新，不断激发农业发展活力。例如，坚持生产发展与生态保护相协调，秉承以"桑基鱼塘"为代表的传统生态循环农业典型模式，创新一批"稻鳖共生""稻菜轮作""农牧结合"的生态循环农作制度，推动现代农业可持续发展。[①] 再如，以农业主导产业培育为基础，发展产业链和农业功能拓展，大力推进传统农业向规模化、集约化、产业化经营转变，推进一产接二连三、跨二进三，促进三次产业融合发展。其中，以"江南山水、诗画农业"为目标，以新型城镇化和美丽乡村建设为依托，将农业元素与旅游、文化、历史和教育相结合，构建具有较强影响力的休闲农业与乡村旅游。

**2. 政策创新激发科技人员活力**

为了充分调动科技人员的积极性，保证现代农业的有效进程，特别是进一步发挥市校合作机制的功能，2013 年，湖州市出台了《鼓励推行农业技术入股实施办法》。技术入股是指技术成果持有人（或技术出资人）以技术成果作为无形资产作价出资现代农业经营主体。技术出资方取得股东地位，相应的技术成果权能按双方协议转归现代农业经营主体享有。技术入股形式包括：领办、创办实体；合作共同研发；技术成果转化运用。技术成果作价的金额占注册资本的比例一般不超过 20%，市级以上科技部门认定的高新技术成果，其作价金额占注册资本的比例可达 35%。

同时，浙江大学为配合湖州现代农业政策创新，出台了《关于鼓励推行农业技术入股实施的通知》，形成了市校合作的共振效应。该文明确了浙江大学所属单位和学者参加湖州现代农业技术入股创新试点。收益分配可采用多种形式，如技术服务费、持股年底分红等。技术入股协议由各产业联盟与经营主体签订，产业联盟单位可由浙江大学湖州市南太湖现代农业科技推广中心盖章。实践表明，《鼓励推行农业技术入股实施办法》有

---

① 《湖州市现代农业发展"十三五"规划》。

效地调动了农业科技人员的积极性，成为持续推进湖州现代农业发展的智力保障的一个重要部分。

**3. 财政支农提供可靠资金保障**

为了保证现代农业发展的资金支持，湖州市制定了加快农业现代化的若干政策意见，其主要内容包括六个方面。一是设立市校合作专项资金，用于支持湖州与浙江大学等科研院校的合作项目，符合现代农业发展方向和提升产业化经营水平是该项目资金的基本要求。二是建立现代农业发展专项资金。整合已有农业发展资金、粮食生产功能区建设资金、现代农业园区建设资金等，建立现代农业发展专项资金，集中用于现代农业发展的财政扶持，并根据财力情况逐年给予一定发展。三是创新财政资金扶持方式。探索建立农业产业引导基金，对符合生态文明建设要求，促进农民增收和保障市场供应起支撑作用的产业，通过创新扶持方式加大支持力度，弥补市场机制产生的负面效应，鼓励农民生产粮食等重要农产品。四是提高农业机械化水平。扩大以水稻机械栽植为代表的农机使用面积，提高秸秆综合利用水平。对当年新购的播种和秸秆综合利用等机械，在中央、省补助的基础上，给予加价补助支持，最高补助不超过购机价格的70％。五是加快现代农业园区建设。对于批准设立的现代农业园区，按照达标要求和不同类型给予补助，市级主导产业示范区补助 30 万元，特色农业精品园补助 20 万元。六是通过政府、学院双补助的方式，减轻农民大学生的个人学费，鼓励农民提高学历、技能和创业能力。部分"学历＋技能＋创业"型大学生免交全部学费；其余农民大学生均可享受湖州市财政设立的奖学补助，分为学历补助（每届 3 000 元/人）和技能补助（通过职业资格考证，每届 500 元/人）；学院也对农民大学生提供补助（每届 1 368 元/人）。

# 五、经验借鉴和政策建议

2016 年中央 1 号文件再次提出，加快农业现代化实现全面小康目标。但是，现阶段我国大多数农村远未达到农业现代化水平，有些地区尚未有效地推进农业现代化。湖州科技兴农创新体系为我国农业现代化发展，提供了具有示范意义的创新模式。

**1. 用系统思维推进农业现代化**

农业现代化是一项庞大的系统工程，而非单项工作任务，系统内子系统之间相互影响，需要科学分析和实际调查，确定影响农业现代化的主要因素。湖州通过集成创新方式，构建科技兴农的创新体系，针对系统中的薄弱环节，加强相应的子系统建设，显著地提高了整体效果。

**2. 借助外力增强农业技术供给**

加快农业现代化进程，我国要解决两方面问题：一是增大先进、适用的农业技术供给，二是重构农业技术推广新系统，但是大多数市县的研发力量和技术推广人员不足。湖州通过建立"市校合作"机制，解决了农业现代化技术供给不足的问题，并组织起新的农业技术推广力量。

**3. 重构农业技术推广的新模式**

原有的农业技术推广组织处于瘫痪状况，为了保证农业技术的有效供给，以及解决农民生产中的技术问题，湖州借助于"市校合作"机制，构建新的农业技术推广组织，这不仅弥补了农业技术推广组织的缺位，而且形成了适应新时期特点的农业技术推广组织。

**4. 培养高素质农民的有效途径**

高素质农民是农业现代化的主力军，是农业现代化的领军力量。但是，如何培养高素质农民一直是我国"三农"的难题。湖州通过学历、技能和创业的有机结合，通过政府的引导和扶持，变"要农民学习"为"农民要学习"，形成保障农业发展、农村繁荣的人才队伍。

**5. 市场经济方式激励科技人员**

作为农业现代化的先进生产力，农业科技人员具有十分重要的作用。湖州通过农业技术入股方式，激发了农业科技人员的工作积极性，增强了农业技术创新和推广的动力，促进了农业技术由研发向应用的转化，从而加快农业现代化发展进程。

**6. 成功经验应提升为政策方案**

改革开放以来，我国农村改革实践和创新经验层出不穷。农村深化改革更需要顶层设计，而顶层设计的源泉来自基层改革实践，关键是如何将包括湖州在内的地方改革经验，有组织、有序地提炼并转化为顶层设计，由此推动农村改革和农业现代化。

## 参考文献

[1] 农业部课题组．现代农业发展战略研究［M］．北京：中国农业出版社，2008．

[2]［3］蔡颖萍，王柱国．新型职业农民培育的"湖州模式"［C］//中国社会科学院农村发展研究所，国家统计局农村社会经济调查司．农村绿皮书：中国农村经济形势分析与预测（2014—2015）．北京：社会科学文献出版社，2015．

# 科学地认识农业供给侧结构性改革<sup>*</sup>

近 30 多年来，我国经济快速持续发展，国内市场供给达到相当丰富的程度。以农业为例，2015 年我国粮食实现了连续 12 年增产，蔬菜、水果、畜禽、水产品等农副产品供应充足，为国内消费者提供了美味佳肴的物质基础，这是我国改革开放带来的巨大成就。但是，农业生产发展并不适应我国经济发展的新要求。从总体来看，农业生产方式依然落后，农产品质量、安全性有待提高，农业生产力和竞争力不足，农业供给侧结构性改革是解决上述问题的有效途径。

## 一、农业供给侧结构性改革的主要原因

中央农村工作会议提出：深入推进农业供给侧结构性改革。农业供给侧结构性改革正在成为我国农业经济改革的重要内容。[1] 从根本上讲，随着我国经济不断发展和人民收入水平提高，大众的消费能力和消费要求也相应不断提升，与此不相适应的是，我国农业生产在一定程度上仍依赖于传统耕作方式、传统小农生产，农产品供给跟不上消费需求的变化，导致供求出现结构性失衡，由此形成了农产品供需关系的矛盾。

**1. 玉米等粮食品种出现阶段性、结构性过剩**

我国粮食生产发展保证主要粮食连续增产的同时，由于劳动力价格和土地租金较快上升，推动国内粮食成本和销售价格不断提高，导致进口玉米的配额内到岸税后价（1％关税＋增值税）远低于国内北方产地运至南方销地到港价。也就是说，在粮食丰收和库存较多的情况下，玉米、大麦、高粱等粮食作物进口较多。更为严重的是，如果将进口玉米换算成配额外到岸税后价（65％关税＋增值税），这时进口玉米价格稍高于国内销

＊ 本文原载于《农村经济》2017 年第 3 期。

区玉米价格。由此推测，一旦玉米进口的配额外到岸税后价与国产玉米价持平，国内粮食加工企业、贸易商就可能选择进口玉米，国外玉米对国内市场的冲击就可能发生。

**2. 农产品质量、安全性需要上升至一个新台阶**

人们收入不断增长，必然导致对食品消费的增长。但是，大多数国内消费者已不再满足追求食品数量，还要求更高的质量、安全性。从总体上讲，新世纪以来我国农产品质量有了较大提高，大中型城市已经普遍销售无公害农产品，但是农产品质量安全问题仍有待完善。第一，虽然国内大中型城市实行"无公害农产品"标准，但是许多县、乡（镇）和农村的各种市场，尚未严格执行"无公害农产品"标准，需要进一步扩大"无公害农产品"标准的实施范围。第二，我国现有的"无公害农产品"标准，已经不能满足老百姓的食品消费要求，即从"无公害农产品"需求升级为"绿色农产品""有机农产品"需求。第三，水产品已成为我国安全事件高发的食品种类。《中国食品安全发展报告（2016）》指出，农业部主要监测的对虾、罗非鱼、大黄鱼等13种大宗水产品，监测合格率连续3年低于96%，在五大类农产品中排名较低，安全水平稳定性不足。

**3. 低收入消费者不适应农产品价格过快上涨**

我国是一个人口大国，同时各地区发展程度极不平衡。按照2010年农民人均纯收入2 300元的扶贫标准，2015年我国农村贫困人口仍有5 575万。同时，包括大城市在内，还有相当数量的城镇低收入人群。对于上述几千万人口来说，他们难以承受国内农产品价格的较快增长。由于贫困人群或低收入人群的消费能力严重不足，即使他们具有较强消费欲望，也无力增加食品消费支出。实际上，我国一部分农产品价格已经达到某些发达国家的同类价格水平，但是我国人均收入明显低于发达国家，这表明从供给侧方面抑制了消费的增长，要从降低生产成本方面改进农产品供给，以增加对低收入人群的有效供给。

如果仅从需求侧看消费，会带有较强的静态特征。实际上，许多新的消费动力的产生，并非是因为消费需求发生了变化，而恰恰是对消费的供给发生了变化，[2]即供给变化可以刺激需求增长。显而易见，我国农产品供需矛盾的主要原因来自供给侧，需要通过农业供给侧结构性改革，实现农业供需关系的新平衡。

## 二、农业供给侧结构性改革面临的困难

推进农业供给侧结构性改革，主要从农业生产方式转变、新型经营主体建立、农业科技推广应用等方面，调整农业生产结构、生产方式等，提高农业生产效益和市场竞争力，实现农业供需关系的新平衡，但是这种改革并非易事。

### 1. 调减玉米等产量涉及深层次改革

从供需关系来看，我国玉米生产数量过多。近年来我国库存玉米曾高达 2.25 亿吨，加上每年新增玉米产量，需要用几年时间将过多的玉米库存量降低到合理的库存量，因此，调减国内玉米产量是迫在眉睫的任务。2016 年国家取消玉米收储政策，实行市场收购和玉米种植补贴，增强市场化运作的作用，应用市场方式调控玉米生产。虽然通过调整收购政策，降低了国家收储玉米数量，但是这种政策调整并非易事，需要有进一步改革措施配套，以解决深层次的农业供给侧问题。

长期习惯种植玉米的农民难以在短期调减。由于玉米种植技术相对简单，生产技术含量较低，除去机械化收割等作业外，1 名农民种植每亩玉米耗时 3~4 天，以每户 6 亩地计算，1 季玉米种植大约 20 天，其剩余时间可以外出务工或者农闲消遣，这是农民偏好玉米生产的主要原因。如果农民不种植玉米，改为种植其他农作物或从事畜牧生产，则需要地方政府积极引导农民调整种植结构，并且出台有实际效果的措施方法，包括农业技术培训、提供有市场需求的路径方式、农业结构转型的鼓励性政策等，而非简单地传达中央政府文件。对于农民来说，调整农业生产结构，不仅需要学习和熟悉新技术，增加多方面的支出成本，而且需要承担一定的市场风险。在缺乏农业技术推广和农业生产组织化程度较低的条件下，对于中老年农民来说，改变其生产习惯和调整种植品种，可能是一件较为困难的事。

从实际情况来看，包括东北地区在内，调减玉米生产均遇到了不少困难，不种植玉米从事何种农业生产？实际上，这反映了我国传统农业向现代农业转型过程中的深层次问题，即生产组织化程度低、农业生产方式落后和农业生产者素质较低的现实状况，难以适应现代社会和市场变化对农

业生产的调整要求。同时，地方政府（尤其是县级政府）不善于用市场经济方式，引导农民从事农业生产，造成中央政府的方针政策难以落地。以我们的调研情况为例，县级农业部门主要培训和推广农业技术，大多数县极少或从未举办市场信息培训，其主要原因是农口部门干部自身不懂农业经济，自然也就谈不上培训农民。由此可见，用市场方式调控和引导农业生产难以落到实处。

**2. 加快农业绿色转型面临诸多问题**

《中共中央关于制定国民经济和社会发展第十三个五年规划的建议》明确提出"创新、协调、绿色、开放、共享"发展理念。中央经济工作会议提出，要把增加绿色优质农产品的供给放在更加突出的位置。农业供给侧结构性改革的内容之一，是加快农业生产方式转型升级，为市场提供绿色优质农产品，通过供给方面改革开拓新的消费需求。实现农业的绿色转型发展，确保农产品质量安全，是新常态下必须解决的现实问题。

农业绿色转型发展面临着诸多问题。从水资源来看，水利是农业发展的命脉，影响农业绿色转型的不仅是水源数量，还有水源质量。《农村绿皮书：中国农村经济形势分析与预测（2015—2016）》指出，总体上讲，中国水环境污染日益严重，清洁水源更加短缺。环境保护部发布的《2014 中国环境状况公报》表明，2014 年全国 423 条主要河流、62 座重点湖泊（水库）的 968 个国控地表水检测断面（点位）中：Ⅰ、Ⅱ、Ⅲ、Ⅳ、Ⅴ、劣Ⅴ类水质断面分别占 3.4％、30.4％、29.3％、20.9％、6.8％、9.2％。Ⅳ、Ⅴ、劣Ⅴ类水质占比高达 36.9％，这无疑直接影响农产品质量、安全性。

从耕地资源看，在我国耕地资源构成中，优质耕地面积所占比例仅仅为 2.9％。[3]《农村绿皮书：中国农村经济形势分析与预测（2015—2016）》指出，在优质耕地严重不足的同时，中国耕地资源污染日趋严重，特别是耕地土壤的重金属污染进入"集中多发期"，呈现工业向农业、城区向农村、地表向地下、上游向下游转移的特点，继而积累到农产品之中，导致突发性、连锁性、区域性的集中暴发。中国土壤环境状况总体不容乐观，部分地区土壤污染较重，耕地土壤环境质量堪忧，这直接影响了农产品的产量和质量。

从化肥农药看，化肥在提高农作物产量的同时，也带来耕地和地下水的污染。《农村绿皮书：中国农村经济形势分析与预测（2015—2016）》指出，2005—2014 年，我国化肥施用强度从 306.53 千克/公顷增至 362.41 千克/公顷，中国耕地的施肥水平为世界的 462％。显而易见，我国农产品数量增长，特别是粮食产量增长与化肥投放量直接相关。全国多个地区农区化肥使用量超过国际化肥施用安全上限，直接影响粮食等农产品质量、安全性。与此同时，我国农药使用量也表现出明显的增长态势，从 2005 年 145.99 万吨增加至 180.19 万吨，增长 23.43％。另外，我国许多农民不会正确使用农药和不懂销售安全期，例如，许多农民不知道农药施用安全期后才能上市销售，这些都导致了我国农产品污染程度有所加重。

**3. 农产品成本上涨过快有待合理调整**

价格理论指出，在其他条件不变的情况下，商品价格下降将刺激需求增长；反之，商品价格上涨会导致需求下降。通过农业生产方式改变，促使生产成本和价格降低，就会刺激农产品需求增长，特别是中低收入消费者的需求增长，即农业供给侧结构性改革产生新的消费需求。但是，农产品价格上涨具有一定的刚性特征，遏制农业生产成本上涨或引导农产品价格适当下降，我们需要做出多种不懈努力。

近 10 多年来，我国土地价格和劳动力价格上涨非常明显，这是导致国内农产品成本和价格上涨过快的主要原因。据我们调查，许多地区农村耕地租金 10 年翻了一番。有研究表明，人工、土地成本是引起粮食生产总成本上升的主要因素。[4]这两项成本不仅所占比重较大，而且成本增加较快。2014 年人工成本、土地成本分别占粮食总成本的 41.81％、19.09％；2004—2014 年这两项成本分别实际增长了 87.35％、123.50％。《农村绿皮书：中国农村经济形势分析与预测（2015—2016）》指出，中国粮食价格与国际粮食价格相比，2005 年我国小麦、稻米、玉米价格分别高于国际市场价格 30.43％、8.09％、50.61％，2015 年我国小麦、稻米、玉米价格分别高于国际市场价格 91.10％、77.78％、98.18％。

上述以粮食为例，说明我国粮食成本和价格上涨的主要因素。实际上，我国多种农产品价格已经接近甚至超过发达国家市场价格，这不仅抑制了我国中低收入消费者的消费需求，而且对我国粮食安全带来了潜在危险。已有的研究表明，2012 年以来，我国主要粮食品种受到的市场挤压效应趋于增强。[5]2013—2015 年这种挤压效应增强尤为显著，小麦市场挤压效应值从 0.745 上升至 3.333；玉米市场挤压效应值从 0.775 上升至

3.125；大米市场挤压效应从 0.532 上升至 3.073，这表明我国粮食市场不仅受到进口粮价"天花板"不断降低的压力，而且受到国内粮食生产成本不断上涨的推力，国内粮食价格的调整空间和粮食政策的调整空间均被压缩。农业供给侧结构性改革的重要任务，不仅是增加新的需求，而且也是加强国家粮食安全的题中应有之义。

## 三、如何推进农业供给侧结构性改革

农业供给侧结构性改革是基于我国农业发展过程中的矛盾和问题，并在反思西方主流经济学框架的基础上，展开的一个重要的理论思考和实践创新活动。它以推动机制创新为切入点，以结构优化为侧重点，着力从供给端入手推动我国农业改革和发展。从这个意义上讲，农业供给侧结构性改革具有涉及面广、触及点深和改革力度大的特征，绝非仅仅局限于粮食生产结构调整方面，而是涉及所有与农业供给端有关方面。

**1. 要有农业变革性和创新性思维**

农业供给侧结构性改革是从供给端入手，农业生产方式变革是关键环节。首先，我们应具备变革意识和创新思维，超越传统农业思想的束缚。这些包括农业新技术推广应用、农产品新物种引进和培育、农业智能化孵化基地和新技术推广等，甚至对传统农业具有颠覆性的新技术、新方法的诞生，例如，依靠营养液生长的水养技术和工艺种植农作物，该新技术使农作物脱离了对土壤的依赖。这些新技术、新方法不仅改变了农作物的生长条件、改变了传统农业具有的双重风险特征，而且可以实现对农产品质量安全性的跨越式提高。

**2. 从系统性看待农业供给侧改革**

从系统工程观点看，凡是涉及农业供给端的各个方面，都应是农业供给侧结构性改革大系统内的一部分，并可分为上下联系和相互关联的子系统。农业供给侧结构性改革涉及面广泛，研究某一个主要问题，就必须研究与其关联的若干具体问题，否则研究就难以深入和透彻、研究结论不能反映本质、改革实践也难以收获成功。同时，抓住农业供给侧结构性改革的主要方面，以先易后难入手，逐步推进这项改革实践任务。以提高农业生产率和竞争力为例，既有农业新技术的研发、农业科技知识普及和推广，又有农业生产组织和农业技术推广体系的重新构建。

**3. 推进农业转型升级是改革关键**

农业供给侧结构性改革的起因，是为了解决我国农业供给端所暴露的一系列问题，但是只有实现农业的全面转型升级，才能真正解决农业供给端问题。从这个意义上讲，改革实践过程是为其目标服务的，推进我国农业转型升级和现代农业，这是农业供给侧结构性改革的关键所在。例如，提高农产品质量、安全性，这是改进农业供给端的重要内容，其改革关键是实施绿色农业。只有通过绿色农业发展，才能真正地实现农产品的优质安全。

**4. 以"三农"机制创新为切入点**

农业供给侧结构性改革，自然要与机制创新密切相关。以农业生产方式变革为例，涉及农业技术推广组织和机制创新、农业经济主体的组织机制创新、农产品标准系统和检测机制更新完善、农业新技术创新和组织形式变革、高素质农民培育机制和路径创新、农产品销售方式和网络组织创新等。例如，可以说，农业供给侧结构性改革对传统农业具有"颠覆性"意义，它与"三农"机制创新密不可分。

**5. 引入现代农业稀缺资源新途径**

从实现途径来看，发展现代农业最根本的是依靠现代科技及其装备改造传统农业，依靠掌握现代农业科技知识和先进经营管理手段的新型农民。但是对于一个县级市或地级市而言，这无疑存在农业技术研发、人才使用、组织体系等多方面不足。[6]因此，如何引入现代农业的稀缺资源，就成为农业供给侧结构性改革取得成功的支撑力量。浙江湖州通过"市校合作"机制，提供了极有借鉴价值的典型经验，即依托浙江大学的研发能力、人才优势，弥补湖州农业技术、人才的"先天不足"，形成了对农业技术的强有力支撑。市校合作不仅为湖州农业提供了数百项的先进、适用技术，而且构建了湖州农业主导产业联盟创新模式及创办了农民学院培育高素质农民。

**6. 从农业多功能性拓宽改革的思路**

从农业供给端入手，扩大农产品的有效需求，这是农业供给侧结构性改革的基本要求。但是，这并非局限于农业生产领域范围之内，而是从更大的领域和范围拓展农业供给。农业多功能性理论表明，用于饮食和服装的传统农产品不再是农业的全部产出，我们应该认识和利用广义的农业产出品，开发出更多的社会需求。国外农村建设经验显示，农业除提供粮食和其他农产品的机能之外，还具有国土保全、水源涵养、自然环境保护、农村景观、传统文化继承等多种功能。进一步开发这些功能，也应列入农业供给侧结构性改革的视线之内。

最后强调的是，我国的供给侧结构性改革并非照搬西方供给学派理论。在西方新自由主义经济学流派中，新供给学派是其主要部分之一。新供给学派强调私有化，并且尽可能减少政府的干预，实行全面的市场化。西方国家把这套规则推向发展中国家和转型国家，即所谓的"华盛顿共识"。我国供给侧结构性改革与西方供给侧经济学有相似之处，但是两者有本质区别。[7]我们的供给侧结构性改革，是以中国特色社会主义政治经济学为理论核心，是以人民为中心的发展思想，最终目标是实现共享发展成果和共同富裕，这是社会主义制度性质所决定的。上述两者的出发点、目标、路径、方法等均存在不同和差异，不应混为一谈。

## 参考文献

[1] 宋洪远. 关于农业供给侧结构性改革若干问题的思考和建议 [J]. 中国农村经济，2016（10）.

[2] 贾康，苏京春，等. 新供给经济学：理论创新与建言 [M]. 北京：中国经济出版社，2015.

[3] 段武德，陈印军，翟勇，等. 中国耕地质量测控技术综合集成研究 [M]. 北京：中国农业科学技术出版社，2011.

[4][5] 翁鸣. 中国粮食市场挤压效应的成因分析 [J]. 中国农村经济，2015（11）.

[6] 翁鸣. 构建科技兴农创新体系的有益探索 [J]. 农村经济，2016（9）.

[7] 蔡昉. 遵循经济发展大逻辑深化农业供给侧结构性改革 [N]. 中国社会科学报，2016-11-16.

# 都市型农业：我国大城市郊区农业发展新趋势*

随着我国经济的较快发展，城市作为经济增长极的作用日益突出，与此同时，大城市的人口不断膨胀、消费需求不断变化，特别是超大型城市和特大型城市的消费需求更是显示新的趋势，客观上要求原来的城郊型农业升级转型至都市型农业，这已成为大都市农业发展的一种新趋势。

## 一、大城市发展催生都市型农业

都市型农业伴随着大都市发展而生成，为大都市提供更加适合的农业产品的供给服务。统计资料显示，2016年我国超过1 000万人口的超大型城市已有13个，除去农村人口占较大比重的城市，还有9个超大型城市和特大型城市，它们分别是上海市、北京市、成都市、天津市、广州市、哈尔滨市、苏州市、深圳市、石家庄市。北京、上海、广州、深圳等大城市人口结构变化的一个特征是高学历、高技能、高收入的人群比重不断上升，随之带来的是恩格尔系数的大幅下降，以及新的消费需求的不断产生，这要求农业供给不断适应农业需求的变化，即大城市发展促生了都市型农业。

都市农业不同于传统的城郊型农业。都市型农业是指产生于现代大都市及其城市化地区，以满足现代城市生活的多种需求为主要目标，并与城市融为一体的农业生产类型。与都市型农业相比，城郊型农业是指产生于城市周边地区，从一般农区中分化而成，以生产本地城市需要的鲜活农产品为目的和特征的农业生产类型。需要强调的是，都市型农业是在城郊型农业的基础上发展而来的，城郊型农业向都市农业转型升级的关键取决于

---

* 本文原载于《民主与科学》2017年第5期。

大都市的形成和发展，可以说，都市型农业是一定经济发展阶段的产物和结果。

我国经济呈现较快的发展态势，现已成为世界第二大经济体。北京、上海、广州、深圳等已成为全球知名大都市，无论是人口规模、收入水平，还是消费能力和消费欲望均达到了较高水平。但是，与日本东京等国外大都市相比，我国大都市的供给能力还不能全面满足消费需求，需要改进包括农业供给在内的供给能力和服务，实现大都市消费需求与供给之间更高程度的新平衡。这也是供给侧结构性改革的一个基本思路和主要内容。

## 二、都市型农业的主要特征

都市型农业是以满足现代城市生活的多种需求为主要目标的，其主要特征与城郊型农业有显著的不同。

### （一）主要特征

（1）生成背景。都市型农业是在市场经济和都市现代化发展至相当程度，为满足现代都市生活的多层次和多方面需要的多功能农业。

（2）生长起点。都市型农业的生长起点是城郊型农业，即从城郊型农业发展和转化而来，都市型农业的基础是城郊型农业。

（3）生产区域。都市型农业生产区域位于现代大都市及其城市化地区，有时与城市连成一体，都市型农业生产区域的边界并不明显。

（4）产出形态。都市型农业不仅生产实物形态的鲜活农产品，还生产具有多种形态的产出品，包括提供生态环境的公共产品、调节生活节奏的旅游服务等。

（5）产业布局。都市型农业不仅要满足城市人群的食品消费需求，而且要满足都市其他方面的要求，例如，因公共卫生和疫病防控要求而严格控制禽类养殖。

（6）产业结构。都市型农业的产业结构特征，既有传统的第一产业结构，又有第一二产业融合结构，还有第一二三产业融合的结构；既有纵向产业融合的特点，又有横向产业融合的特点。

（7）市场融合度。相对于城郊型农业，都市型农业多方面与城市需求相融合，包括生态环境保护、乡村旅游、农业教育、文化遗产保护等。

## （二）主要差异

城郊型农业与都市型农业特征对比，这两种类型农业存在着本质差异，了解和认识这些不同，有助于对都市型农业本质的把握。

（1）生成背景不同。相对于城郊型农业，都市型农业生成于市场经济和都市现代化发展至较高的环境下，两者生成的经济发展阶段和条件是有显著区别的。

（2）生长起点不同。城郊型农业的起点是传统农区农业，而都市型农业的起点是城郊型农业，由此可见，城郊型农业是都市型农业的基础。

（3）生产区域不同。城郊型农业的生产区域是城区以外的郊区农村，具有明显的城乡边界，而都市型农业的生产区域是在城市之中。例如，花园式城市中的农业就是典型的都市型农业。

（4）产出形态不同。城郊型农业的主要产出品是食物，都市型农业的产出品不仅有食品，而且有生态环保、文化教育、乡村旅游、历史遗迹等多种形态的公共产品。

（5）产业布局不同。城郊型农业的产业布局，主要是根据城市消费人群的食品需求而确定；都市型农业则要考虑大都市的多种因素，选择合适的农业产业布局。

（6）产业结构不同。都市型农业的产业结构形式多于城郊型农业，更注重多种产业之间的融合，更关注于都市消费需求的变化，更注重将传统农产品转变为环保型日用消费品。

（7）融合程度不同。城郊型农业与城市需求的融合程度较低，而都市型农业与城市需求的融合度较高，因为都市型农业反映了农业的多功能性，以满足现代都市的不同需求。

## 三、两种类型农业的理论基础

由于都市型农业是在城郊型农业的基础上生成的，所以这两种类型农业具有一定的共同理论渊源。同时，都市型农业又具有独特的理论支撑，这是由两者不同的本质特征所决定的。

### （一）城郊型农业的理论基础

1826 年，德国农业经济学家约翰·冯·屠能出版了《孤岛国同农业和国民经济之关系》一书，首次系统地阐述了农业区位理论的思想，奠定了农业区位理论的基础。为了研究需要，屠能在德国梅克伦堡购置了特洛农场，详细地记录了十多年的农业数据。在构建其农业区位理论体系时，他采用了科学抽象法，设定了"孤立国"假想空间，得到了一种关于农业经营方式区位的理想模式。

农业生产方式的空间配置，一般在城市近处种植相对于其价格而言笨重而体积大的作物，或者是生产易于腐烂或必须在新鲜时消费的产品。随着与城市距离的增加，则种植相对于农产品的价格而言运费小的作物。在城市的周围，将形成在某一圈层以某一种农作物为主的同心圆结构。以城市为中心，由里向外依次为自由式农业、林业、轮作式农业、谷草式农业、三圃式农业、畜牧业这样的同心圆结构。

尽管屠能是在假想空间的条件下，提出了农业经营区位的理想模式，但是对后来的农业产业结构形成起到了一定的指导作用。190 多年前的欧洲，城市人口规模较小，市场经济发展程度远不及现在，道路和通信设施也远远落后于今天，在一定程度上符合屠能的假想空间，所以他的理论为人们所认可、接受。

屠能不仅论证了土地位置与地租的关系，而且为后人从事区域规划和农业开发事业提供了理论基础。例如，20 世纪 90 年代，在保鲜技术极其落后的情况下，上海郊区的农业布局是以城市中心区为圆心，以各类农产品保鲜活的难易程度与运输距离为半径参照系，围绕城市中心区，依次梯度分布，形成环状的蔬菜区、瓜果生产区、家禽和水产养殖区、粮油生产区等。上述情况说明了屠能农业区位理论的正确性，这对于城郊型农业和都市型农业形成都具有相当的影响。

### （二）都市型农业需要新理论

推动经济社会发展的动力主要来自大都市。大都市作为经济发展的增长极，改变了原有城郊型农业发展模式。一是城市规模极大地扩展，造成城郊土地租金上升，为抵消土地成本增长，原有的圈层向外延扩。二是由于受大都市的吸引，城郊农民从农村流失，造成劳动生产力降低，提高了农产品的成本。三是大都市消费市场巨大，周边农村逐渐凋敝，无力保障农产品供应，外来农产品成为主力。四是各种基础设施较完备，公路运输有很大改善，冷链技术逐步应用，保鲜技术进一步提高，互联网信息广泛应用。这些变化都表明，屠能设定的假想空间，已被现代城市发展的现实状况所取代。从城郊型农业转型为都市型农业，已成为部分超大型和特大型城市周边农业的发展趋势。

都市型农业的主要功能和作用，已经不再是局限于农产品原料供应，而是需要满足大都市的多方面要求。例如，为了改善大都市的生态环境，保证大都市人口的身体健康，都市型农业需要承担环境保护的功能。又如，大都市人口密度很高，住房成本也很高，都市型农业可以承担缓解人口压力（主要是老年人）的功能。再如，大都市人们的工作节奏呈现高度紧张状态，这容易导致亚健康和致病隐患，都市型农业可以发挥休闲旅游的功能。

体现都市型农业发展的本质要求，就是以农业多功能性为主的相关理论。农业多功能理念源于日本"稻米文化"。传统的"稻米文化"是围绕稻米生产和收获形成的一系列庆典和活动。20 世纪 90 年代初，日本学者将"稻米文化"演化成为农业的多重机能。1996 年世界粮食首脑会议通过的"罗马宣言"和"行动计划"提出了农业多功能性概念。

农业多功能性是指农业在生产过程中，创造出农作物以外的各种有形和无形的价值。一是环境保护功能。它包括农业景观和生态环境问题，其中，具有水土保值、补充地下水、维持生物多样性、缓解气候变化、防止沙漠化、减少空气和水污染等。二是社会调节功能。农业不仅为农村居民提供谋生手段和就业机会，减少农村富余劳动力盲目向大都市流动，有助于保持社会稳定；同时，大都市周边农村人口密度较低，有助于城市老年人居住，缓解大都市人口拥挤的压力。三是文化教育功能。这是指农业具有形成和保持农村独特文化和历史的功能。由于农村地区和农业生产与部分历史遗迹关联密切，农业对形成和保持特定的传统文化、维护文化的多样性具有重要作用，有助于历史文化和农业知识教育。四是休闲娱乐功能。现代都市生活节奏快，人们需要精神放松和娱乐休闲，农村田园风光是大自然赐予的产物，也是绿色、健康、开放、经济的生活调节方式。

# 四、城郊型农业向都市型农业转型

随着我国经济快速发展，特别是超大型和特大型城市消费需求升级，由城郊型农业向都市型农业转型已成为大趋势。如何把握城郊型农业的转型条件，是推进都市型农业发展的关键。

## （一）消费需求升级是前提条件

城郊型农业向都市型农业转型的前提，主要取决于超大型和特大型城市消费需求的重大变化，有学者指出，温饱型城市的经济社会生活对应的是城郊型农业，小康型和现代城市的经济社会生活对应的才是都市型农业。具体来说，就是在这些大城市消费者中，高端消费者人数是否达到相当规模，他们的收入是否处于较高的水平以及他们的消费欲望是否已经提升。以北京为例，2016 年末常住人口 2 172.9 万人，年人均可支配收入达到 52 530 元，其中，城镇居民年人均可支配收入为 57 275 元。招商银行针对国内大型城市高收入群体调查发现，北京的高收入者比例最高，占城区总人口的 8%。国家统计局公报显示，2016 年全国居民恩格尔系数为 30.1%，比 2012 年下降 2.9 个百分点，接近联合国划分的 20%～30% 的富足标准。由此推断，我国大都市中较高收入人群的居民恩格尔系数不足 20%。有关调查表明，在我国大都市高收入人群中，不少人已不满足现有消费品的供给，开始追求更高水准的物质享受和精神享受。显而易见，都市人群的消费需求升级是重要条件。

## （二）规划布局调整是关键因素

即使大都市的消费升级具备了条件，城郊型农业也不会自动转变为都市型农业。只有将潜在的转型要求变为人们的认识和实践，才能完成城郊型农业向都市型农业的转型升级。

虽然都市型农业是在城郊型农业的基础上发展而来，但是两者存在本质差异和格局不同。第一，城郊型农业的产业格局，是由里向外不同生产方式的层圈所组成，这符合屠能设想的理论。但是，都市型农业的产业格局是由新的产业园区和生产企业所组成，它呈现出片状或块状。第二，都市型农业的特征之一，其城区与郊区的融合程度远大于城郊型农业，有时城区与郊区之间的区分不再显著。第三，城郊型农业的一二三产业融合程度不高，而都市型农业的一二三产业融合度较高，不仅有纵向产业链，还有不同产业之间的横向融合。第四，都市型农业的消费品中，原料形式的饮食消费比重大幅下降，更多的是以其他农业多功能性展现的消费形式。因为存在上述差异，在城郊型农业向都市型农业转型过程中，需要对原来农业布局进行重新规划和调整。

### （三）基础设施建设是重要抓手

在城郊型农业向都市型农业转型过程中，基础设施建设是重要的环节。第一，郊区公路建设。通过道路建设，加快城乡发展一体化进程，密切城乡经济社会的内在联系。同时，降低农产品的运输成本，为农业转型升级创造条件。第二，卫星城建设。大都市周边的卫星城建设，实施都市型农业规划和布局，为城乡融合、产业融合提供物质基础和空间节点。第三，产业园区建设。包括农产品深加工，不仅有传统的食品加工，更多的是向高端保健品和纯天然日用品转型，其重要特征是科技含量大大提高，特别是生物技术的应用，极大地拓宽了农产品的用途，也极大地提升了农产品的附加值。

### （四）各大产业融合是主要措施

都市型农业的显著特征是配合大都市经济社会发展，满足大都市消费者的需求，即体现农业多功能性。其中，主要途径是加快一二三产业融合。从产业融合来看，在保持传统食品加工的同时，更加注重先进科学技术的应用，向高端保健品和纯天然日用品转型；在保持传统的"农家乐"旅游的同时，开发多种集历史、文化、教育和娱乐为一体，特别是适合青少年和儿童需要的主题园区；不仅要有深加工形式的纵向产业连接，还要有并存形式的横向产业融合，全面体现农业多种机能。从农业生产和生态环境保护来看，城乡一体化发展整体考虑更好地开发利用植物，形成植物生态保护的新产业，减少污染物排放保证空气质量，推进大都市的可持续发展。

# 六、国外农业发展经验借鉴

# 韩国农村行政管理及
# 制度建设的启示[*]

韩国作为中国的友好邻邦，其"新村运动"取得巨大成功并为我们提供了宝贵经验，更值得研究的是，韩国新村运动及之后农村发展过程中，随着农村经济增长和社会生活改善，并未明显地出现过农村社会矛盾的高发期。从韩国社会结构、制度机制方面进行考察和剖析，或许会对我国农村社会管理创新带来有益的启示。

## 一、韩国农村行政管理体系

从韩国地方行政区划来看，特别市是首都首尔，6 个广域市（相当于直辖市）是釜山、大邱、仁川、光州、大田、蔚山，9 个道（相当于省）是京畿道、江原道、庆尚北道、庆尚南道、忠清北道、忠清南道、全罗北道、全罗南道、济州特别自治道。广域市和道分别下设郡（相当于县），但是光州和大田 2 个广域市只设区没有郡，其他广域市和道均有郡地方政府。2011 年统计资料显示，韩国共有 86 个郡。其中，全罗南道的郡最多，共有 17 个；庆尚北道有 13 个郡，江源道有 11 个郡；济州道的郡最少，只有 2 个。釜山、大邱、蔚山 3 个广域市分别设有 1 个郡，仁川广域市设有 2 个郡。

从韩国农村行政管理来看，虽然有的道是通过市、区代替郡，但大多数情况是通过郡管理农村基层。郡下设邑（相当于镇）和面（相当于乡），见图 1。2011 年韩国共有 215 个邑、1 201 个面，36 564 个里，479 855 个班。郡、邑和面都是地方自治政府，郡守（相当于县长）、邑长（相当于镇

---

　＊　本文原载于《当代韩国》2013 年第 1 期。本文是 2011 年中国社会科学院国情调研重大项目"我国农村民主政治的创新机制与发展模式——党的领导、人民当家做主与依法治国在农村基层的实现途径与问题研究"阶段性成果。

长）和面长（相当于乡长）分别为不同等级的地方行政官员。邑和面下设里（相当于村）和班（相当于组），里和班都不是行政单位。里长（村长）的社会角色是协助邑长或面长工作的办事员，负责上传下达的任务，而班长（组长）的任务则是协助里长，里长和班长均由不脱产的农民担任。

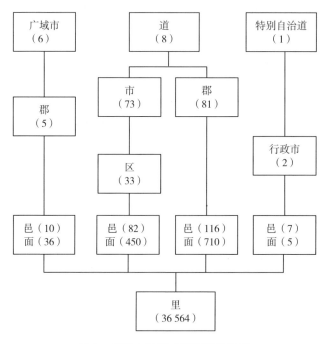

图 1　韩国农村行政管理结构示意

由于韩国的国土面积较小、人口相对较少，以及多年来农村居民不断迁移到城市，其郡、邑（面）、里的人口数量和国土面积明显少于中国的县、乡镇和行政村。以庆尚北道的高灵郡为例，该郡下辖 1 个邑、7 个面、152 个里（村）、663 个班（组），该地区总面积为 384 平方千米，人口 35 448 人，其中 35% 的劳动力从事农业生产活动，主要农产品有草莓、西瓜、土豆和粮食作物等。[①] 在高灵郡辖区内，人口多的里（村）有 600 多人，人口少的里（村）约 50 人。高灵邑是该郡人数最多的邑（面），共有 25 个里（村），约 12 000 人。全邑约有一半劳动力从事农业生产活动；另有一半劳动力从事工业生产活动，包括生产塑料制品和铸件等。本馆二

---

① 选自翁鸣在韩国庆尚北道高灵郡的调查访谈记录，2012 年 9 月 11 日。

里是高灵邑的一个里（村），在册的共有 80 户 120 人，其中 5 户农村居民已迁移城市，但是尚未办理户籍身份转移手续。[①]

根据韩国地方自治法律，郡守是通过地方居民投票选举产生，每 4 年选举 1 次，参选的竞争者必须不是政府公务员。如果是政府公务员，则退职 120 天后才能参加郡守竞选。邑长和面长则是由郡守任命的，他们是政府公务员。里长和班长不是公务员，他们只是普通的农村居民。里长不仅要有较高的群众威望，更要有为大家服务的信念，因为他们基本上没有行政权，只有为大家服务的责任。高灵郡本馆二里金祥奎里长说，他的工作职责是将邑政府与里的群众联系起来，传达邑政府的政策和决定，反映本里群众要求和意见，并协调村里事项。在本馆二里，有 5 名班长协助里长的工作。韩国地方政府给予里长的报酬较低，金祥奎每月可得到 25 万韩元（约相当 1 350 元人民币）的报酬，其中 20 万韩元是工作费，5 万韩元是误餐费，这些收入对韩国人来说是很少的。他每天都要听取农民的意见，所以许多人不愿意担任里长。为了鼓励和支持里长们努力工作，服务于农民群众，高灵邑政府决定对里长们的孩子给予奖学金资助。韩国农村的班长则是完全义务的，他们没有工作报酬，所以其工作量也较少。

需要强调的是，韩国农村地区行政权限主要集中在郡守，邑长和面长也掌握一部分管理权，里长基本上不掌握行政管理权。由于郡守是选举产生的，所以郡守主要对本地区选民负责，这体现在郡守不仅定期向地方议会述职，而且平时要认真倾听群众的意见和建议。高灵郡郡守郭龙焕指出，他是当地百姓选举出来的，必须对选民负责，平时必须很亲切地接待群众，倾听他们的叙述和愿望，否则不仅要失信于当地群众，在未来竞选中失去选民的投票，而且还会受到地方议会的质询。[②] 邑长、面长都是由郡守任命的，他们向郡守负责。里长是先经本里群众推选，再由邑长（面长）任命的。

## 二、韩国郡政府的主要职能

对于韩国农村行政管理来说，郡政府具有十分重要的地位和作用。韩

---

①② 选自翁鸣在韩国庆尚北道高灵郡的调查访谈记录，2012 年 9 月 11 日。

国不同于中国，虽然郡的地理位置属于广域市或道，但是根据韩国地方自治法，郡守是由本郡居民选举产生，郡政府与广域市政府或道政府之间主要体现为协调关系，而非行政管理的上下级关系，即广域市的市长或道知事（相当于省长）不能直接指挥郡守。对于韩国农村经济社会发展，郡政府不但负有重要的领导责任，而且在法律上拥有独立的决定权，无须经过广域市政府或道政府批准。

韩国郡政府的主要职能是制定和实施郡经济社会发展计划，促进地方经济（特别是农村经济多元化）发展，加强地方公共设施建设，改善农业生产条件，保护自然环境和发展旅游事业，提高居民的经济收入和社会福利，提高人民文化教育和身体健康，防灾减灾和救助贫困居民，满足当地人民群众的合理要求，保证社会和谐稳定和良好秩序。

郡政府的机构设置可以体现其主要职能。以大邱广域市的达城郡为例，该郡面积为 426.6 平方千米，下辖 3 个邑、6 个面、251 个里、1 819 个班，共有人口 180 351 人，其中从事农业生产人数约占当地劳动力的 10%。达城郡设郡守 1 名、副郡守 1 名，郡政府公务员 719 名。郡政府的主要机构为行政支援局、居民支援局和都市建设局，这 3 个局分别管理 6 个科室，郡守（副郡守）领导上述 3 个局以及企划室和政策研究室。行政支援局设有行政支援科、税务科、会计科、综合民愿科、土地信息科、信息通信科；居民支援局设有居民支援科、社会福利科、经济支援科、文化体育科、环境科、卫生科；都市建设局设有建设科、都市设施科、水利科、建筑科、交通科、公园绿化科。①

郡政府的财政预算也体现了其主要职能。以 2012 年度高灵郡政府财政预算为例，全年财政预算为 2 276 亿韩元，其中一般项目预算为 2 056 亿韩元，特别项目为 220 亿韩元。其中包括：公共行政经费为 112.54 亿韩元，公共秩序及安全经费为 47.76 亿韩元，文化教育经费为 28.92 亿韩元，旅游观光经费为 27.37 亿韩元，环境保护经费为 137.73 亿韩元，社会福利经费为 131.39 亿韩元，卫生保健 131.95 亿韩元，农业水产 378.35 亿韩元，产业建设（中小企业）150.20 亿韩元，交通运输 212.76 亿韩元，工业园区 180.28 亿韩元，地域开发 124.09 亿韩元，困难救助

① 资料来源：韩国达城郡政府机构设置示意图，2012 年 8 月 1 日制。

37.09 亿韩元，预备经费 121.93 亿韩元，其他经费 133.92 亿韩元。在上述财政预算中，农业水产投资最多，交通运输投资其次，分别占高灵郡全部预算的 16.62％和 9.35％。由此可见，韩国地方政府重视农业和交通基础设施建设，特别是重视农村欠发达地区发展，帮助贫困农户改善生活条件。

郡政府机构比较齐全，邑和面政府机构较为简化。以高灵郡为例，该郡设有 18 个科室，共有工作人员约 600 人，而下辖的高灵邑设有 5 个系（相当于股），有总务系、民愿系、产业系、居民福利系和财务系，包括邑长和 1 名副邑长在内共 18 名工作人员。虽然邑（面）的系与郡的科有对应的工作关系，其工作职责和范围大体相仿，但是邑和面更像是郡的派出机构，这不仅体现在邑长（面长）是不经选举而由郡守任命的，而且邑长和面长的权限远不及郡守。以地方建设项目为例，邑（面）的建设项目超过 1 亿韩元须由郡政府直接管理，邑（面）政府则负责管理较小的、临时性或应急性项目，例如紧急救灾性项目等。据我们的实地考察，邑（面）政府承担更多的服务性职能，即直接为当地居民群众服务。

值得注意的是，郡政府均设民愿科，邑（面）政府也设民愿系，这是为百姓服务并听取他们意见的部门，类似于我国地方政府的综合性服务窗口。韩国地方的民愿科（系）主要管理与群众生活密切相关的一些事项，如居民身份、公共卫生、车辆管理、土地管理、建筑物管理等。该部门负责接待来访群众，听取他们的意见和建议，将群众的意见建议转交有关职能部门处理，并在规定时间内做出相应的回答和解释。由于韩国农村居民大都有微型计算机并可以在家上网，所以他们可以通过网络反映问题，民愿科（系）负责处理和答复由网络传来的信息。高灵郡民愿科的公务员说，居民的意见和建议大都是通过上网反映的，直接前来质询政策和反映情况的居民并不多。

## 三、郡政府管理权的制度约束

韩国郡政府在行使管理权时比较谨慎，这不仅反映在公务员工作兢兢业业，在建设项目管理上井井有条，以工作过程的认真负责来保证工作成绩，而且体现在地方行政长官（郡守）在处理公务和对待群众，强调"尊重法律、尊重民意"的理念认知中，这与韩国政治体制及制度建设密切相关。

**1. 地方直选让郡守敬畏人民**

根据韩国法律规定，全国每 5 年选举一次总统，每 4 年选举一次市长、道知事、郡守、区长等地方行政长官，郡守由郡选民直接选举产生。韩国并未规定郡守必须异地任职，事实上许多郡守都是本地人。高灵郡的郭郡守指出，选民选举行政长官时，他们非常注重是否熟悉候选人，只有经常为百姓办好事的候选人才有可能受到选民的信任。[①] 郭郡守就是土生土长的高灵人，他曾长期在郡政府当公务员，许多本地人都认识他并了解他的品质和主张。郡守作为选民直选产生的地方行政长官，他深切地感受到其任职直接来自选民，所以他必须关心群众、服务群众。郭郡守在谈到接待群众反映问题时，强调不但要亲自与群众谈话，而且要亲切地接待来访群众，决不能怠慢和轻视群众，否则大家就不信任你了，以后就不会再选举你了。[②] 由此可见，韩国并不强调地方官员的异地任职，但是他们解决了一个关键性问题，即让地方长官明白权力来自人民，是人民授权让他负责管理地方事务，地方直选迫使郡守不得不敬畏选民群众。平民百姓有问题可以直接约见郡守，郡守不能也不敢拒绝与群众见面谈话。郡政府没有专职的门卫，群众可以自由进出政府办公楼。

**2. 地方议会对地方官员制约**

总的来说，韩国既具有西方国家的现代民主制度，又具有浓厚的东方文化，这反映在郡议会与政府之间的关系上，即在监督基础上的合作关系。从法律上讲，议会对政府有一定监督和制约作用，韩国郡议会每年有若干次正式会议，对郡守的财政预算和工作政绩进行评价，对郡守的工作失误提出质询和批评，也可以反映群众提出的重要问题，要求郡守改进工作并解决问题。韩国地方议会是每 4 年一届，与地方长官同时选举产生。高灵郡议会现有 7 名议员，其中 1 名任议长，设有专职办公室和专职秘书，处理日常事务和接待群众。该议会除每年几次正式会议（郡守必须

---

①② 选自翁鸣在韩国庆尚北道高灵郡的调查访谈记录，2012 年 9 月 11 日。

到场接受质询）外，一般每月召开两次工作会议，郡政府有关部门负责人（科长）参加会议，并将有关意见和建议带回政府研究，在下次工作会议做出答复。郡议会作为议决机构，对政府的制约主要体现在预算、政策的审核批准方面，如果议会与政府存在明显分歧和对立，则议会可以不通过政府提交的经济发展政策和财政预算，但是韩国地方议会与政府的合作远大于对立，因为两者都出于发展地方经济社会的目的。韩国人在遵守法律原则的同时，讲究儒家传统文化中的合作精神，这不同于欧美国家。

### 3. "居民召还制"的制约作用

为了防止地方自治政府独断专行的弊端，2007 年 7 月起韩国实施了"居民召还制"的法律规定。即当地方自治政府出现严重的问题时，当地居民群众可以采用"居民召还制"反制地方政府，因为除非郡守严重违法受到法律制裁，否则广域市和道政府不能依法将其撤职查办。韩国"居民召还制"规定，当选举产生的地方行政长官或地方议员独断专行或出现严重问题时，有一定比例的选民联合签名并经过地方议会表决通过，即可对现任地方行政长官进行信任表决。如果超过 30％有选举权的当地居民参加投票，并且超过 50％的投票人对地方行政长官不信任，则可向地方选举管理委员会提出罢免地方行政长官。虽然事实表明，韩国几乎极少实施"居民召还制"，但是这种制度对地方长官具有相当的震慑作用，这正是"居民召还制"的意义所在。

### 4. 公务员制度的规范作用

韩国公务员可分为立法、司法和行政公务员，公务员要通过相应的国家考试才能录用，通常公务员考试竞争非常激烈，大学毕业生成为公务员实属不易。公务员的晋级是根据个人的能力和成绩进行，科长以下公务员的晋升程序为：根据个人的工作成绩评估、经历评估及教育训练成绩的总分来排列顺序，郡政府的晋升审定委员会对候选人进行审核并做出评审意见和建议，由郡守批准候选人晋升新的职位。如果公务员不能胜任工作或违反法律规定或违背道德准则，这样的公务员就会受到一定的行政处分。例如，公务员免职处分包括自愿的"意愿免职"、未到退休年龄的"名誉退职""职权免职"及"惩罚免职"等。职位解除是指公务员由于不能完成工作、在被惩罚程序过程中、被刑事起诉等原因不能执行工作，在一定期限之内被解除其工作义务。① 上述情况表明：韩国地方长官要受到选民、议会、法律和社会团体等多方面制约，并将其转化、分解为对机关公务员的监督压力，郡守根据公务员制度规定对下属（包括郡政府科长、室长及邑长和面长）进行奖励和处罚，从而形成了对地方公务员的制度约束。同时，韩国重视公务员队伍建设，公务员录用后实施定期的教育培训。

**5. 公开透明制度限制腐败空间**

韩国地方政府的政策透明程度较高，极大地压缩了腐败现象可能出现的空间。例如，郡政府的各项政策、预算方案、决算报告、福利补贴、建设项目进展等都向社会公开，其渠道包括政府网站、服务窗口、咨询解答等，而且当地居民可以直接约见郡守、政府科长和邑（面长），要求地方官员回答问题。这种公开透明度不仅反映在政策执行方面，而且还体现在工作岗位的空间布局上。我们参观郡、邑（面）政府时发现，郡守及副郡守有其单独的办公室，但是科长和科员们都是在大办公室工作；同样，邑（面）长有独立的办公室，其他公务员都是在一个大办公室里工作。这样不仅简化办公条件和节约办公经费，而且公务员们的工作情况可以一目了然，形成了互相监督、互相促进的工作氛围。同时，韩国媒体可以比较自由的报道，这有利于发挥新闻舆论的监督作用。

**6. 邑（面）长和村长所受制约**

在韩国农村地区，邑长和面长不是选举产生的，而是在综合个人的能力、资历、威望、人品等方面的情况下，由郡晋升审定委员会对邑（面）候选人进行审核评价，即从公务员中选拔，最后由郡守任命产生的。与其任命相对应，邑（面）长主要接受郡长的管理和监督，同时也接受当地群众的监督。里长与邑（面）长不同，里长不是公务员，而是协助邑（面）长工作的群众代表，与其说是由邑（面）长任命，倒不如说是由群众推选所决定的。在达城郡的桥项里，一位名叫李品子的女村民说，她所在村是一个 1 100 多人的大村，村里有不少自发的群众组织，例如老年协会、妇女会、农业协会和男性团体。在选拔里长时，这些团体互相协商后推荐人

---

① ［韩］金重养：《韩国公务员制度概况及改革趋向》，《中国行政管理》2005 年第 8 期，第 73~76 页。

选，再经过邑（面）长研究后任命。在一般情况下，邑（面）长是要充分考虑民意的，否则他指定的里长难以开展工作，所以说里长还是由老百姓来决定。[①]

**7. 关键是对郡守的监督和制衡**

上述表明，韩国农村行政管理权集中于郡政府，作为地方自治团体组织，郡不仅具有独立于广域市、道的行政管理权，并且对邑和面具有管辖权，所以对郡守的监督和制衡是问题的关键。韩国通过民众选举、议会制度、法律规定、新闻舆论等多种渠道和方式，对郡守进行了有效的监督和制衡，并取得了不平凡的成绩。由于解决了郡守这个关键环节，对邑长、面长的监督和制衡就容易解决了。从近 20 多年来看，韩国无论在经济快速发展的过程中，还是从军人政府过渡至民选政府的过程中，没有明显地出现过一个以郡守为代表的官员集体贪污腐败的高发时期，我们有理由推断：这其中与韩国农村行政管理体系对应的监督和制衡机制发挥了巨大的作用，即通过制度建设遏制了腐败蔓延。不可否认，20世纪 70—80 年代韩国的民主运动高涨，这对普及和提高韩国人民的民主意识起到了积极作用，也为后来韩国社会的民主、法制有序发展铺垫了重要基础。

## 四、韩国经验的思考与借鉴

韩国作为东亚近邻和经济快速发展国家，与中国在历史、文化及经济发展等方面有着诸多的相似之处，尤其是两国都经历了长期的封建社会和近现代外来列强的入侵。韩国农村地区行政管理和制度建设的成功经验，确实值得我们学习和借鉴。

（1）在市场经济迅速发展的同时，必须加快与市场经济相适应的社会管理制度建设，重点是推进民主政治建设和加强对行政管理权力的制衡和约束，特别是对地方政府官员的有效监督和制约。针对掌握农村行政管理大权的郡守，韩国制定了多维、有效的制衡机制和方式，比较有效地遏制了农村社会腐败现象。政治学理论指出，绝对权力必然导致腐败，只有消

---

① 选自：翁鸣在韩国庆尚北道高灵郡的调查访谈记录，2012 年 9 月 14 日。

除绝对权力，才能遏制腐败滋生。

（2）民主政治建设必须是整体地、有序地推进。对于农村民主政治建设而言，仅仅局限于村庄层面的村民自治是远远不够的，必须以整体推进县、乡（镇）和村的民主政治建设，因为缺乏整体性民主氛围的农村基层民主，不仅难以得到上级的有力支持，而且会受到冷遇或压制而举步维艰，如同一粒种子在贫瘠的土地上难以发育生长。

（3）注重地方政府行政管理的实效性。日本、韩国等随着经济快速发展，不仅注意改善行政机关的办公条件，而且更注重提高行政办公效率。在韩国的郡政府，除郡守等几位负责人以外，包括科（室）长等公务员基本上是在开放式大办公室工作，这样既节省办公成本又便于互相监督，还大大提高了办事效率。

（4）注重公务员的培养和选拔。韩国是一个高等教育普及的国家，大部分公务员都具有全日制本科学历。在公务员进入政府机关后，还有定期的培训和考核，注重业务能力和素质提升。公务员的晋级需要经过严格的程序，并需要有相应的政绩、能力和品质为依据，而非仅凭关系就可以提拔任用，这也是韩国公务员认真负责的一个重要动因。

（5）"亲民、敬民、为民"是政府的根本所在。从我们的访谈来看，韩国郡守至地方公务员大都具有亲民和敬民的意识，他们深切地认识到行政权力来自人民，因为郡守的选票直接来源于选民，其竞选承诺必须向选民兑现，这种意识和感受由上向下传递，最终成为全郡公务员的共同理念。显而易见，对地方政府主要官员的有效制约，是遏制农村腐败滋生和官僚主义的最重要环节。

（6）韩国社会群众团体的发展、协调和共同行动。韩国社会组织、团体的发展和活跃，是对政府权力构成一种社会力量的制衡，这是政治民主发展的重要基础之一。韩国农民自发组织的发展和成熟，可在一定程度上代表民众意愿，对郡政府起到了积极的制约作用。在国家法律框架内，推动农村社会组织发育和发展，并构建新的农村社会管理体系，是我们研究和实践的重要问题。

# 莱茵河流域治理的国际经验[*]

## ——从科学规划和合作机制的视角

在全球流域治理过程中，莱茵河流域管理是一个成功案例，它包含了科学与民主治理的重要经验。二战结束后，欧洲工业迅速复苏和发展，大量工业废弃物泄入河流，莱茵河遭受了严重污染，并且曾被称为"欧洲的下水道"。同时，大量开垦河流湿地、修筑大坝、河道裁弯取直，导致了生态环境破坏、洪灾频繁。但是，莱茵河国际保护组织敢于直面问题，总结经验教训，制定治理目标并开展有效行动，各成员之间密切合作，历经多年的努力，现在莱茵河边人与自然和谐相处，重现了生命之河的美丽景象。

## 一、位于欧洲重工业区的莱茵河

莱茵河是位于欧洲西部的最大河流，也是一条与农业、工业和沿岸人民生活密切相关的重要河流，总共涉及 6 个国家，流域面积大约 22 万平方千米，长度达 1 232 千米，平均流量为每秒 2 200 立方米，是名副其实的国际性大河流。

莱茵河具有良好的水流条件，常年自由航行里程超过 700 千米，是世界上最繁忙的内陆航道之一。莱茵河流域沿岸的平原农业较为发达，其支流的峡谷地区大量种植葡萄等农作物，并酿制和销售高质量的葡萄酒。莱茵河流域人口约 5 000 万，城市化特征日益明显，其中 1/3 人口集中在几个地区，德荷边境的鲁尔工业区是最大的聚集区。聚集区基本上位于干流，或干流与运河连接的地区。

莱茵河不仅作为一条航运的通道，发挥着内陆航运的功能，而且在阿

---

[*] 本文原载于《民主与科学》2016 年第 6 期。

尔萨斯平原开发水电，在河流下游逐渐变为供水水源。同时，莱茵河沿岸又是化学工业和其他工业的主要基地，在20世纪欧洲工业化发展中，莱茵河周边建起密集的工业区，以化学工业和冶金工业为主。从1900年至1977年，莱茵河中的铬、铜、镍、锌等金属离子严重超标，河水已达到有毒的程度。20世纪中叶，莱茵河发生了许多污染环境的重大事故，引发了欧洲社会的极大关注，一些国家开始重视莱茵河流域的治理工作。

20世纪80年代前期，莱茵河治理效果并不明显，河流污染事件仍在不断发生。最典型事件是1986年瑞士桑多斯发生火灾，消防灭火时使用莱茵河水，导致大量农药流入莱茵河，造成大量鱼类和其他水生生物消失。这起事件引发了欧洲公民的震惊和愤怒，人们走上街头举行抗议活动。荷兰的饮用水和鲜花产业也因来自德国和法国的工业污染而深受其害。上述社会行动成为一个有力的历史契机，激发了人们对工业化危害的反思和对优美生态环境的渴望，推进了保护和治理莱茵河流域的重大政策和措施出台，这为莱茵河治理和重现自然的生命之河，发挥了至关重要的作用。

## 二、莱茵河流域治理

莱茵河流域治理可追溯至20世纪中叶，1950年7月，由荷兰提议成立莱茵河保护国际委员会（ICPR），早期成员有荷兰、德国、卢森堡、法国和瑞士，共同应对莱茵河污染问题，欧盟的前身欧共体于1976年加入该组织。ICPR成立初期收效甚微，经过70多年不断改进，该组织已发展成成员之间高效率合作的机构。它不仅设有政府组织和非政府组织参加的监督各国计划实施的观察员小组，而且设有许多技术和专业协调工作组，包括水质、生态、排放、防洪、可持续发展规划等工作小组，将治理、环保、防洪和发展融为一体，形成了统筹兼顾、综合治理的科学理念和整体战略。

ICPR秘书长本·范德韦特灵指出，多国合作的起步阶段是最困难的，需要达成共识、确定问题在哪里。ICPR刚成立时，针对当时莱茵河面临的污染问题，把建立检测机构并兴建污水处理设施，确定为优先解决的问题，这不仅体现了以科学方法和实事求是为原则，而且找准了问题的突破口，达成了共识的基础。ICPR 最初确定为对莱茵河污染进行调查研究，并对氯化物污染源进行调查。调查结果显示，法国钾矿排放物占据氯化物污染源之首（占总排放量的 1/3），德国位居第二。与此同时，ICPR 成员意识到，在处理莱茵河污染问题上需要专门的组织进行协调并提供建议。

1963 年《伯尔尼条约》签署，ICPR 获得了为莱茵河污染防治提供建议的权力，并设立了秘书处。但是《伯尔尼条约》并未涉及氯化物污染的削减和防治方案，此后一段时间内，莱茵河污染问题更加严重。1972 年第一届莱茵河部长级会议就化学污染物和氯化物相关问题达成协议，开始制定《化学污染物公约》（CCP）和《莱茵河氯化物污染防治公约》（CPRACP）。

1976 年 12 月，ICPR 成员签署《莱茵河氯化物污染防治公约》。该公约规定，1980 年 1 月 1 日之前，法国要削减 60% 的氯化物排放量，荷兰、德国和瑞士分别承担治理费用的 34%、30% 和 6%。尽管各成员在 20 世纪 80 年代前期做了不少治理工作，但未能解决莱茵河的物种消失问题，生态退化依然很严重。1986 年发生的桑多斯污染事件为新法规的出台创造了重要条件。

针对桑多斯污染事件，ICPR 迅速举行了 3 次会议，并于 1987 年制定《莱茵河行动计划》（RAP），力争用先进的技术手段和严格的生态指标，促进莱茵河生态系统的恢复，并制定莱茵河预警机制以防止突发污染事件发生，见表 1。

表 1　《莱茵河行动计划》（RAP）的目标和主要行动

| 目标 | 主要行动 |
| --- | --- |
| 1. 至 2000 年莱茵河的生态系统要恢复到高等生物（如鲑鱼）重回莱茵河的程度<br>2. 必须保证莱茵河沿岸的饮用水安全<br>3. 减少有害污染物，改善沉积物污染状况。当沉积物用作陆上或海上的填埋材料时不会对生态环境造成负面影响 | 1. 在莱茵河整个范围内，制定量化的水质标准<br>2. 与 1985 年排放量相比，至 1995 年 43 种（组）污染物的排放量要削减 50%，这一指标根据各国不同工业使用的先进处理技术不同而不同（1990 年铅、镉、汞和二噁英的削减量增至 70%）<br>3. 开发和实施相应措施减少意外污染事故发生<br>4. 拟定扩散污染源调查计划草案以及扩散型污染削减时间表<br>5. 水文、生物和河道调整计划的开发和实施 |

《莱茵河行动计划》实施结果表明，大部分目标已经完成甚至超额完成。1985—2000 年，大部分点源污染源的处理率达 70%～100%，生活废水和工业污水的处理率也达到 85%～95%，莱茵河的大部分物种已开始恢复，部分鱼类已经可以食用。这项治理计划显示，以科学论证和规划为指导，以生态环境的整体改善为前提，以高等水生生物为生态恢复指标的做法取得了成功。

## 三、莱茵河合作机制

莱茵河流域包括多个国家，多国之间合作治理是成功的重要因素。莱茵河合作治理的核心机制是莱茵河保护国际委员会（ICPR），该流域组织合作的原则是：以成员的共同认识作为合作的基础，只有取得共识，才能形成真正的合作；ICPR 作为莱茵河合作治理的纽带，具有将各成员的治理愿望凝结为共同目标，并转化为美好现实的关键性作用；ICPR 具有多层次、多元化的合作功能，既有政府间的协调与合作，又有政府与非政府的合作以及专家学者与专业团队的合作。

合作基础。莱茵河治理取得成功，首先是沿岸各成员具有合作治理的共识和愿望，这是国际合作的基础。早在 19 世纪，莱茵河沿岸就开始修建码头、发展航运，之后又修建铁路和公路，莱茵河地区成为欧洲西部繁忙的交通枢纽。交通便利带动了工业发展，莱茵河地区成为重工业和化学工业基地的同时，莱茵河污染问题日益严重，地处下游的荷兰深受其害，这是荷兰最先召集共同讨论莱茵河保护、寻求共同对策的原因。

需要指出的是，ICPR 的前身是一个自由的国际论坛组织，随着社会公众对莱茵河污染的关注度越来越大，客观上需要有一个专门的研究和监督机构，于是该论坛就发展为莱茵河沿岸国家和欧盟代表共同组成的国际组织。由此可见，ICPR 的诞生是与莱茵河流域人们对莱茵河治理的共同认识密切相关的，即使 ICPR 成立后，该组织仍然保持着一定的非官方色彩，仍然具有各成员政府与非政府组织合作、官方组织与学术机构合作的特征，这充分体现了上述共同认识已经渗透到 ICPR 的理念之中，并转变为人们的社会实践。从这个意义上讲，共同认识就是莱茵河合作机制得以生成，并发挥重要作用的思想基础。

合作纽带。ICPR 作为区域性国际组织，其联接和纽带作用非常显著。ICPR 主要有两部分：一部分是政府之间合作机构，另一部分是非政府组织机构，两者相互协调合作，共同构成莱茵河跨国合作机制。它有三个层次：第一个层次是权力机构，包括全体会议和协作委员会，最具实权的是各国部长级会议；第二个层次是秘书处，负责在决策通过后实施战略措施；第三个层次是专项工作组和专家组，在每个项目中，工作组和专家组相互配合，共同完成专项工作。

在第一个层次，协商机制有部长级会议、决策方式和惩罚措施三种形式。部长级会议决定 ICPR 的一切重大决议，决议通过后不仅具有一定的法律约束力，而且便于统一执行和互相合作，各成员都需要共同遵守，这是沿岸成员之间互相合作的重要纽带。

在第二个层次，秘书处不仅是常设性工作机构，而且承担 ICPR 与各成员、非政府组织、专家学者之间协调沟通的重要职能。秘书处由 12 人组成，负责 ICPR 的日常事务，自行筹措活动经费。其主要任务是负责实施制定计划，协调各成员之间关系，促进沟通交流，参与莱茵河管理，执行具体立法和监督工作，以及定期提交工作报告。

在第三个层次，各项专业性工作由一些专项工作组和专家组承担。ICPR 设有三个常设工作组和项目组，即排放水质组、防洪组、生态组、可持续发展规划专家组等，分别负责水质监测、莱茵河流域生态系统的恢复重建以及污染源监控等工作，为 ICPR 决策提供草拟方案。

合作方式。ICPR 不是一个完整意义上的官方性机构，更像是一个多层次、多元化的合作平台，它具有很大的包容性、参与性和非政府组织特征，能够调动各成员政府、专家学者、非政府组织、新闻媒体、相关利益体等积极参与。其中，有政府层面的部长级会议，这是协调各成员利益并达成一致性行动的重要机制。ICPR 不具备处罚成员的权力和职能，它的非政府组织性体现在独立性、公正性、科学性、监督性等方面。

ICPR 的独立性表现为资金自筹，不依附于某个成员或利益团体而独立存在，能够独立自主地开展各项工作；ICPR 的公正性表现为公开透明，动员广大民众参与调查研究，开展不同意见之间讨论争辩，从而选择最优的可操作方案；ICPR 的科学性表现为它不仅具有较强的专家团队，而且能够协调相关大学和科研院所参与技术研究，对水质、水文、气象、地质、环保等多种数据，运用先进技术手段进行综合性分析；ICPR 的监督性不仅表现为技术手段，而且其非政府组织的性质强化了其监督职能，既能监督企业和民众的行为是否失当，也能监督政府是否履行了承诺，形成有社会影响力的监督效果。

## 四、国际经验的启示

从治理理论看，跨国合作治理机制的优越性在于：它能在整个政府与非政府力量的基础上，既发挥政府在制度保障方面的优越性，又发挥非政府组织在动员、调研、监督方面的作用。以 ICPR 为例，它在整合了政府与非政府力量之后，确实既发挥了政府的法律保障、制度保障和制度约束的作用，同时又发扬了非政府组织在国际性、动员性、超前性和监督性方面的作用。

ICPR 的显著成就与其政府性组织提供的较为完善的制度保障紧密相关。ICPR 部长级会议是成员政府协商决策的机构，代表成员政府的立场，这赋予 ICPR 政府性特色。部长级会议通过一系列决议章程，为 ICPR 的环境治理提供了法律保障、制度保障和制度约束，这使得 ICPR 能够正常、有效地运行，也使 ICPR 的政策能够得到成员政府的认可与实施。

ICPR 制度保障包括：一是综合决策机制。莱茵河是一个综合性系统，并具有跨境性，要用一种整体的观点看待其治理。ICPR 部长级会议规定，各流域成员应在 ICPR 的主持下，就流域重大事项进行协商和决策，将人口、资源、环境与经济协调、可持续发展这一基本原则融入决策之中。

二是沟通与协调机制。"协调机制能节约合作的运行成本与参与者之间的交易成本"，通过设定合理的协调机制，ICPR 能够激励人们为集体作贡献，从而激励个人积极维护公共利益，最终取得治理成效。

三是政府间的信任机制。一切合作都是建立在信任的基础之上，"互相信任可以推动地方政府间合作，减少集体行动的障碍，出现一个正和的博弈结果"。ICPR 通过树立"共赢"的利益意识，使流域内上下游的各成员政府意识到：构建共同治理水污染目标的重要性和紧迫性，强化了认同感，促进各成员政府更好地合作。

四是流域环境影响评价机制。合理的评估是确定问题的重要途径，国际流域环境影响评价制度要求流域国家，对其即将实施的有关项目进行跨界影响评价，同时还将项目提交给流域管理机构和国际组织进行评价，这是保证 ICPR 流域管理落到实处的重要环节。

# 从产业协调看中国与东盟
# 农业合作发展的新动力<sup>*</sup>

## 一、现状与机遇

中国-东盟自贸区的建立有力地促进了中国与东盟的货物贸易和经济合作，农产品贸易与农业合作也有了较快发展。"一带一路"倡议的提出为中国与东盟农业合作及农产品贸易发展提出了更高的要求和目标。

### （一）农产品贸易增长快、份额高

2009—2014 年，中国与东盟的农产品进出口额增长 109.34%。其中，农产品出口和进口额分别增长 152.59% 和 82.86%。近六年来，在中国农产品进出口贸易中，东盟是贸易额增长最快的地区。2014 年中国与东盟的农产品贸易额达 295.72 亿美元，占中国农产品贸易总额的 15.33%。其中，农产品出口额为 135.39 亿美元，农产品进口额为 160.33 亿美元，分别占当年中国农产品出口总额和进口总额的 18.98% 和 13.2%。2014年，中国对东盟的农产品出口占全部农产品出口总额的 18.98%，这个占比超过了中国对欧洲（15.65%）、北美洲（11.82%）、非洲（3.98%）、南美洲（3.1%）和大洋洲（1.84%）的农产品出口份额的占比。

### （二）中国农业投资比重仍然较低

截至 2013 年底，中国对东盟投资存量为 356.7 亿美元，其中包括国内企业对东盟非金融类直接投资 297.4 亿美元。投资额超过 20 亿美元的国家包括新加坡、柬埔寨、老挝、印度尼西亚、缅甸和越南。2010—2013年，中国对东盟直接投资总额增长 107.25%，投资增速比较明显。其中，

---

　　* 本文原载于《国际经济合作》2015 年第 11 期。

电力、燃气、水的生产和供应位居第一，制造业位居第二。中国对东盟农林牧渔业投资偏低，2007 年仅占中国对东盟投资总额的 3.7％，2010 年仅占中国对东盟投资总额的 3.8％，2014 年占中国对东盟投资总额的7.5％。虽然农业投资比重有上升趋势，但是总体上仍然比较低。

### （三）经贸合作区涉农产业比较少

中国已在东盟国家建立了若干个经贸合作区，如柬中西哈努克港经济特区、泰中罗勇工业区、越中龙江工业园、越中（深圳-海防）经贸合作区、中国-印度尼西亚经贸合作区和马中关丹经贸合作区，这些合作区发挥着经济与贸易合作的重要作用。但是上述合作区中涉及农业产业较少，以中国-印度尼西亚经贸合作区为例，虽然园区规划中包括农产品加工，但是产业定位主要是汽车装配、机械制造、家用电器、精细化工及新材料等产业类型，未能体现东盟的农业资源和农产品优势转化为农产品加工优势的特征。

### （四）农业投资规模小、关联程度低

中国农业企业"走出去"存在明显不足。首先，农业投资规模较小，而且比较分散，一般农业投资不过几千万元。同时，投资分散在多个投资主体和农业项目中。其次，项目区域日趋广泛。例如，中国数万渔民在东盟作业区，包括马来西亚、缅甸、印度尼西亚等周边（公海）作业区，广东农垦在泰国等地收购并扩建天然橡胶厂。再次，项目投资较为分散，涉及粮食种植、经济作物种植、动植物保护、设施农业、农业机械、农村能源、远洋捕捞等。最后，中国对东盟的农业投资尚未与工业投资、港口和公路等设施建设形成有机、密切的关联。

### （五）"一带一路"倡议带来拓展机遇

2014 年，李克强总理在东亚合作领导人系列会议上指出，中国与东盟要采取实质性举措，进一步提升贸易投资自由化、便利化水平，实现2020 年贸易总额（包括服务贸易）达到 1 万亿美元的目标。2014 年，中国与东盟的双边贸易额为 4 803.9 亿美元，中国与东盟的经济合作水平仍有拓展空间。从农产品贸易看，2014 年中国与东盟的农产品贸易额不足

300 亿美元，未来上升空间很大。从农业合作看，2013 年中国对东盟的农业投资（年度流量）为 5.43 亿美元，主要分布在越南、老挝、泰国、柬埔寨、缅甸、印度尼西亚和菲律宾，随着"一带一路"倡议的实施，未来中国对东盟的农业投资增长潜力可观。

## 二、问题与分析

中国-东盟自贸区增进了中国与东盟国家的农业合作，从操作层面看，主要是发挥地方政府和企业的积极性，尤其是广西等边境省（自治区）政府，这不可避免地产生分散性、随意性和关联性等问题。作为国家层面的倡议，"一带一路"应该具有前瞻性、全局性、指导性和协调性，这样才能解决上述问题。

### （一）克服分散性

现在中国对东盟农业投资较为分散，这不仅受限于地方政府和企业的经济实力及海外投资能力，而且投资主体的各自利益和不同视角造成投资缺乏大局观和统一的组织协调，这种农业投资方式难以形成投资合力和产业互动，而且与西方经典的投资案例相差甚远。以日本丰田公司为例，丰田公司在泰国投资非常成功，从汽车制造、汽车销售、维修保养、相关配件产业直至橡胶园种植，形成了从机械制造业、售后服务业到农业种植业的不同产业链之间的有机组合，充分地体现了上游、下游产业互动的内在逻辑性，将其经济效益发挥到极致。由此可见，在"一带一路"倡议制定之际，要考虑如何发挥其全局性功能，克服海外投资分散性的缺陷。

### （二）克服随意性

在中国对外投资过程中，投资主体有时表现出一定的随意性，它们或因为不了解投资对象的法律政策造成投资损失，或因为不熟悉当地社会的风俗习惯引发各种矛盾，甚至需要通过所在国的法律诉讼解决纠纷问题。例如，有的企业投资时违反所在国环境保护政策法规，受到处罚，有的不了解当地劳工保护条例而惹上麻烦。大洋洲 JLF 集团总裁约翰·菲茨杰拉德指出："中国投资者习惯于把国内想法或做法带到国外投资中去，这样就在有形或无形中损失本来可以取得的更高的投资收益。"香港科技大学教授丁学良认为：“要尽可能深入地了解投资目标国的政治、经济、文化、生活方式及消费心理等方面的情况，不能想当然地思考问题，要认识到两国之间的不同之处，理性投资。"通过“一带一路"倡议及其实施细则，加强中央政府的指导性，克服投资企业的随意性。

### (三) 提升前瞻性

对外投资要有预见性，即选择对未来中国发展具有重大影响，或者为国际市场带来重大机遇的产业和领域进行投资，在可行性分析和论证的基础上开展投资。但是，普通投资企业难以具备前瞻性的研究能力，这需要借助国家力量，对海外市场开展长期跟踪研究，包括投资对象国的经济、政治、历史、文化、社会等多个方面，形成具有独特优势的软实力，以此提升海外投资的前瞻性分析，为本国在海外投资提供有关信息。以泰国为例，现在许多泰国大学建立了日本文化研究中心，这是日本深入了解泰国社会的软实力，这种软实力是日本在为其海外投资做准备。换言之，日本对泰国等东盟国家的资本投资，是以长期对投资对象的研究为支撑。与日本相比，中国缺乏长期的海外驻点跟踪研究机构，国内企业也不太愿意听取科研院所的意见建议，这需要通过国家指导予以纠正和改变。

### (四) 发挥指导性

中国对外开放已进入新阶段，从主要吸收国外投资支持国内经济建设，转变为吸收外资与海外投资并举，但是如何规避国际市场的多种风险，包括政治风险、经济风险、社会风险、自然风险等，实现理想的投资效果仍是一项艰巨的任务。东盟国家的社会制度与中国有很大差异，有的国家政局变幻莫测，有的政府利用大国相争、小国得利的心理行事。作者曾在泰国考察，许多学者、律师、在校学生都反复强调，泰国政府在考虑中国的高铁项目等大规模投资时，一定会反复考虑中美日三个大国之间的关系，并在大国博弈中获取最大利益。他们建议，中国政府一定要认真了解泰国情况，加强对中国企业的指导。著名华侨领袖和律师刘华源指出："中国高铁投资不仅要发挥经济实力优势，更要凭借智慧赢得泰国社会认同。"他提出："可用一部分知识产权分享方式，超越和战胜其他国家竞争对手，中国政府要加强对企业海外投资的指导。"

### （五）突显协调性

"一带一路"倡议不仅具有全局性而且具有权威性，这体现在重大投资项目的论证规划和组织实施上，从而避免地方政府和企业各自强调自身利益，无法取得国家利益的最大化。对于铁路、港口、公路等重大基础设施的海外投资，以及具有较大影响力的工业投资，应考虑相应的配套产业和相关项目，以充分发挥其整体的经济社会效应。以高铁投资为例，如何借助海外高铁项目，带动其他工业、农业和服务业的海外投资，形成海外投资的集聚效应，这不但可以消化国内工业产能过剩问题，而且可以解决农业资源相对不足的问题，并充分利用和发挥铁路、公路和水路运输效能，尽早收回中国海外投资的款项，实现海外投资的多重目标。

## 三、思考与建议

中国经济发展面临的机遇和挑战同在，一方面，中国作为世界第二大经济体，加快实施"走出去"，将成为新时期开放型经济的重要特征。另一方面，国际政治经济格局深刻调整，大国之间竞争更加激烈，困难和风险不断增多。在这种背景下，完善"一带一路"倡议的内容和措施，其重要性和必要性不言而喻。

### （一）以国家项目带动农业投资

为解决农业投资分散性和规模小的问题，应该在充分调研和论证的基础上，形成既体现"一带一路"倡议思想，又与《中国与东盟全面经济合作框架协议》有机衔接的农业投资实施计划，并结合中国农业发展的薄弱点，以国家项目作为该计划的核心，从而展示战略性、主导性和整体性，充分发挥政府引导农业企业开展海外投资的积极作用。

### （二）加强对海外投资的培训辅导

近年来，国家发展改革委、商务部、外交部、财政部等部门为规范海外投资，创新境外合作区发展模式，规避投资风险并提高效益，制定了多个相应的文件，但在海外投资过程中问题仍时有发生。从这个意义上讲，应该建立相应的制度机制，有针对性地强化海外投资培训辅导。从长期来看，需要将国内外培训有机结合起来，着重提高应对和化解海外投资风险的实际能力。

### （三）注重产业投资整体性和互补性

解决中国农业企业规模小、较为分散的问题，建议由国家主管部门牵头，出台政府引导和鼓励政策，吸引有实力的企业参与农业投资，农业投资要与其他基础设施相配套，注意产前、产中、产后之间链条的连接，体现各类投资的关联性和协调性，力争实现项目整合的综合效果，并考虑农产品流通的便利性。

### （四）深化中国东盟经济合作机制

中国与东盟合作机制需要深化和细化，中国应主动引导合作机制创新，适合国际规则的发展趋势，适度加大开放和自由化程度，降低因国家动荡引发的经济风险，特别是建立预防和处理社会风险的法律机制，建立相应的仲裁、司法救助机制和机构，加强与东盟国家的沟通与合作，减少和消除投资企业的顾虑和风险，释放企业参与海外投资的内在动力。

### （五）发挥海外侨胞的热情和力量

中国侨胞是一支重要的海外力量，他们熟悉所在国法律政策和风土人情，发自内心地愿意为祖国出力。特别是一些华侨领袖、著名华侨学者和知名人士，他们不仅能够提出有价值的意见和建议，而且具有较强的社会活动能力，这可以弥补中国在海外长期驻点观察匮乏的不足。在实施"一带一路"倡议和海外投资过程中，挖掘和发挥华侨社会的聪明才智，形成可借助的海外支撑点。

# 中日海外投资差异分析和对策建议[*]

## ——以高铁和农业投资为例

中国和日本分列全球第二和第三大经济体，随着中国经济快速发展和对外投资力度加大，中日在海外投资市场的竞争日趋白热化。在海外投资领域，日本不仅起步早，而且日本企业积累了丰富的运作经验，实施了国家海外拓展战略，包括建立国际协力机构（JICA）、日本贸易振兴机构（JETRO）、海外日本文化研究中心等，为日本企业提供直接或间接的支持和帮助，形成兼具软硬实力的海外投资体系。因此，在中日海外投资市场的竞争中，企业背后的国家战略博弈更具重要意义。

## 一、中日海外投资的主要目的和特征

在外资引进大国向外资引进与海外投资并举转变的过程中，中国应该把握国际投资市场的风险所在，包括竞争对手的主要目的、特征和方式，尤其是中日海外投资的共同特征和主要竞争点，它可能成为激烈竞争，甚至导致不利局面的主要因素，这是我们需要充分准备和深化认识的必修课。

### （一）高新技术产品具有高收益性

高新技术的高技术含量决定了它的高收益性，它是推动国际贸易高速发展的主要力量，更是出口国获取巨大经济利益的一种途径，无论日本还是中国都将高新技术出口作为推动本国经济发展的重要动力。2013 年，中国以一般贸易方式出口高新技术产品达 1 106.5 亿美元，高新技术及其产品成为中国对外投资、贸易和合作的显著增长点。目前，全球铁路市场容量是 1 620 亿欧元，未来有望以每年 3.4% 的速度增长。作为现代交通

---

  * 本文原载于《国际经济合作》2015 年第 10 期。

的典型代表，高铁集中了电传动技术、信号控制技术、供电技术、钢轨技术、材料技术和施工技术等尖端科技，是综合性的系统装备，它包括机车和车厢等运行设施，以及钢轨、信号、路基等基础设施。高铁技术拥有者不仅通过出售技术装备获取超额回报，而且还可以带动海外基础设施建设，其经济价值是巨大的，这是中日两国竞争高铁国际市场的经济原因。

### （二）国内的巨大产能向海外转移

一方面，现代技术发展日新月异，技术创新和技术进步加速了企业固定资产的更新模式，即技术进步产生了固定资产的无形损耗，这需要通过技术折旧对固定资产进行更新改造。另一方面，高新技术迅速转化成为生产能力，使得国内市场占有率下降和国内产能过剩，这要求开拓新市场。向海外输出相对技术先进、国内过剩的产能和设备，这无疑是加快输出国的技术折旧，解决国内产能过剩的一种有效途径，也是为未来的高新技术研发积累充足的资本。日本经济高速发展的一个重要动因，就是通过输出过剩产能促进资本周转率，例如，日本钢铁、汽车等产业在海外建厂或转让生产技术。中国作为发展中的经济大国，同样要面临并解决发达国家曾经遇到过的问题。

### （三）汲取海外低成本的各种资源

一个国家经济高速发展，在让本国人民分享经济发展成果的同时，不仅消耗了大量的国内自然资源，而且推动了劳动力价格上涨，这是构成影响经济发展可持续的新问题。作为一个资源匮乏的岛国，日本寻求海外各种资源和低成本劳动力，无疑是生存和发展的本能需要，日本对海外农业投资就是出于这种目的的战略投资。程国强指出："日本政府通过与粮食出口国建立良好的合作关系，鼓励企业进行海外投资，渗入主要产粮国和全球主要粮食贸易网络，保证其粮食的稳定供给。"虽然中国国土面积辽阔，但是人均耕地面积不足1.5亩，农业资源相对不足、压力增大，农业"走出去"是必然的选择。

### （四）海外投资带来难以预料的风险

海外投资除了一般市场风险外，还积聚了国际政治和经济风险以及自然风险等，包括政局不稳、社会动荡等。另外，一些投资引进国为使其利益最大化，或采取"鹬蚌相争、渔翁得利"的策略，或采取放弃引进投资项目的做法，这使得海外投资市场更加复杂和险恶。以高铁为例，2014年11月，中国公司赢得墨西哥城至克雷塔罗市的高速铁路建设项目，但是墨西哥政府出人意料地撤销了高铁招标结果。印度尼西亚政府也撤销了高铁项目，泰国高铁建设项目几经周折仍不确定。这对中国和日本来说，增加了投资的不确定性和运作成本。近日，《日本经济新闻》以"印度尼西亚平衡外交愚弄中日？"为题指出：印度尼西亚把中日放在天平两端，为本国争取最佳条件，却均不采用中日高铁方案，这对日本基础设施出口战略带来沉重一击。2015年笔者在泰国考察时，泰国学者、华侨领袖、社会活动家等反复告诫，泰国政府在引进高铁项目时，一定会反复考虑泰国与中美日的平衡关系以及自身利益的得失，绝非项目招投标本身这样简单。

**（五）投资东盟具有重要战略意义**

作为资源匮乏的岛国，日本始终将东南亚海上航线看作海外资源的生命线，同时也是石油、矿石、农产品等物资的运输线，从这个意义上讲，日本格外重视对东南亚的投资和贸易。同样，中国南海是中国海上丝绸之路的重要组成部分，一部分进口石油也要途经上述航线。东南亚各国是中国的重要邻邦，两者具有紧密相关的地缘政治关系，中国不仅历来重视与东盟的关系，而且"一带一路"倡议将覆盖东南亚地区。从地缘政治上看，日本向来自诩为"亚洲领头雁"，但现在中国的GDP（国内生产总值）超越了日本，日本倍受刺激和失落，所以日本一改在国际问题上不张扬的套路，主动出击，东南亚自然成为双方必争之地。在上述背景下，中日两国不仅会加大对东南亚的投资，而且两国之间的投资竞争也将更加激烈，其背后的重要战略意义是不言而喻的。

# 二、日本海外投资的主要模式和策略

20世纪70年代，日本开始启动"走出去"，其海外投资和贸易均有快速增长。东南亚是日本进口重要原料的主要产地，也是日本商品出口的重要销售市场，更是日本苦心经营多年、颇具影响力的主要投资目的地。

日本在东南亚国家的投资充分体现了其海外投资的模式和策略。

## (一)"官民一体"的海外投资模式

日本政府通过政策制定、协议签订、信息收集、金融服务和鼓励措施为企业在海外投资创造良好的环境。企业作为独立的法人,负责投资项目的具体运作。以农业海外投资为例,日本政府、国际协力机构等与东道国政府签订经贸合作协定,并负责协调由于法律和政策不同而产生的分歧,解决企业投资过程中的有关问题。农林水产省下设海外农业开发协会,为投资海外农业项目提供一定经费支持。日本国际协力银行为企业海外投资提供长期的低息贷款,日本贸易保险提供有关保险业务,降低企业海外投资和贸易可能发生的风险。日本政府、国际协力机构、国际贸易振兴机构等提供各种情报信息,帮助企业深入了解当地情况,以避免日本企业在海外投资中出现失误。

## (二)日本注重长期的战略性投资

在对东南亚的投资中,日本不仅关注中短期投资效益,而且注重长期性、战略性投资,这种投资包括外交活动、经济援助、文化交流等多方面。日本政府通过外交活动和经济援助等方式,发展与东南亚国家、当地农民组织的合作关系,为日本农业海外投资建立良好基础。在东南亚国家,日本大学、学术机构设立了多所日本文化交流中心和非营利性的非政府组织,从而促进了日本文化与当地文化的交流融合。日本大学每年提供一些奖学金和资助经费,接收不少东南亚国家青年人来日接受高等教育,包括日本政府对外国公务员的培训。从某种意义上讲,日本通过文化传播方式培养了相当数量的东南亚国家亲日力量,一旦这些留学生回国并进入政府部门,将有助于日本在当地开展投资和贸易活动。

## (三)日本精心挑选和组织海外投资项目

日本企业管理非常严谨规范,不仅有完善的管理制度和流程体系,而且强调为了同一目标进行全面质量管理。在为海外投资选择项目时,日本企业同样发挥出精益求精的工作特点,加上政府和相关机构的大力支持,从而提高了海外投资项目的成功率。以高铁为例,日本高度关注海外高铁市场，包括泰国、印度尼西亚、马来西亚、新加坡、印度、墨西哥和澳大利亚等国家。为了提高日本企业的竞争力，日本政府已开始构建基础设施出口支持机构，即海外交通和城市开发事业支持机构，推动企业在国际市场参与铁路项目竞争。日本不仅注意当地的环境保护、社会效益等，而且注重对产业链环节的投资建设。例如，丰田汽车公司在泰国投资取得很大成功，它不仅建立汽车生产厂、销售网络和维修网络，而且还延伸到农业领域的橡胶种植和化工领域的轮胎生产，同时也解决了许多泰国人的就业问题，取得了很好的经济效益和社会效益。

### （四）重新扩大对东南亚的投资规模

20世纪90年代初，由于日本经济衰退和随后发生的亚洲金融危机，导致日本在东南亚投资规模一度萎缩。近几年，日本再次推动对东南亚投资的扩大，有关资料显示，2012年日本在东盟的投资总额为64亿美元，比2005年高出近50%。过去10年间，日本与东南亚的年均贸易额超过2 000亿美元，同期日本在东南亚地区的直接投资也超过600亿美元，是东南亚最大的投资国之一。日本重新扩大对东南亚的投资规模主要基于两方面考虑：一是在国内市场低迷情况下刺激经济复苏，即撬动和利用东南亚6亿人口的市场潜力和消费能力，改变国内生产能力与消费能力不对称的情况。二是出于地缘政治的考虑，即拉拢某些东南亚国家，企图遏制中国的崛起和发展，并确保日本战略物资的长期供给和运输安全。

### （五）日本的经验值得中国借鉴和学习

尽管中日是海外投资市场的竞争对手，但是近现代日本海外投资时间远长于中国，从综合性、协调性和精细化方面来看，无论是"官民一体"的海外投资模式，还是企业的投资可行性分析与组织实施，日本都是值得学习的竞争对手，尤其是如何加强海外投资的科学化，按照国际通行规则和投资地实际情况，对投资项目进行科学决策而非主观臆断，以及应对投资风险的能力，等等。大洋洲JLF集团总裁约翰·菲茨杰拉德指出："中国投资者习惯于把国内想法或做法带到国外投资中去，这样就在有形或无形中损失本来可以取得的更高的投资收益。"由此可见，加强国家和企业之间的协调配合，加强对投资东道国的分析研究，可以避免决策失误，提高海外投资成功率。

## 三、对策建议

随着中国"一带一路"倡议的实施，大批国内企业将进入复杂多变的海外市场，面临巨大的政治风险、经济风险和市场风险，化解各种风险成为中国海外投资企业的重要任务，这已不再是某一个企业对外投资面临的挑战，而是应该从国家整体视角，整合国内资源为企业提供更多、更有效的保障。

### （一）加强中国对外投资的配套体系

加强与中国外交政策、"一带一路"倡议、双边投资协定、自由贸易区协定相适应的对外投资配套体系建设，包括政策法规、咨询服务机构、情报信息服务等方面，形成立体性、多层次、多方面的支持体系，发挥政策引导、专家参与、机构咨询的作用，改变一个部门、一个单位闭门决策的狭隘思维和工作方式。

### （二）加强对企业海外投资的培训辅导

为了规范海外投资，规避国际市场风险，国家发展改革委、商务部、外交部、财政部等制定了相应的文件。但是，海外投资中的问题时有发生，中国应该建立相应的制度机制，有针对性地强化海外投资培训。从长期来看，需要将国内外培训有机结合起来，加深了解投资东道国的法律、政策和现状，提高应对海外投资风险的实际能力。

### （三）深化中国与东盟经济合作机制

中国应主动引导合作机制创新，适应国际规则发展趋势，适度加大开放和自由化程度，降低国家动荡引发的经济风险，特别是预防和处理社会风险的法律机制，建立相应的仲裁、司法救助机制和机构，加强与东盟国家的沟通与合作，减少和消除投资企业的顾虑和风险，释放企业参与海外投资的内在动力。

### （四）加强不同产业投资之间的关联性

解决中国海外投资的分散性问题，由国家主管部门牵头起草与"一带一路"倡议配套的整体方案，重点是围绕基础设施建设，引导相关产业和企业参与投资。例如，高铁项目与机械生产和维修项目配套，农业项目与道路设施的配套工程。应注意不同产业之间的有机组合，注意产前、产中、产后之间的链条连接，体现各类投资的关联性和协调性，力争发挥项目整合的综合效果。

### （五）加强对日本及东南亚的研究

日本是中国对外投资的主要竞争对手，东南亚是中国对外投资的主要地区，加强对日本和投资地国家的专门性研究，包括当地法律政策、民族宗教习俗、社会保障情况、竞争者投资策略、投融资规定、基础设施状况等，以及现存的突出问题。例如，某些国家利用大国投资的竞争心理，以谋取自身最大利益为目的，任意改变投资和竞标规则，这严重影响了海外投资的预期进程，需要有针对性地研究对策。

### （六）增强投资企业的抗风险能力

目前，中国对外投资企业不太重视海外市场风险，有关调研结果表明，不少投资企业缺乏真正意义上的可行性分析报告，这不仅对海外风险估计不足，而且一旦出现风险也没有应对预案。尤其是一些从事工程建设的企业，根本没有对国际政治环境和市场风险的分析能力。因此，投资企业应该增强海外风险意识，并与国内研究机构开展合作，同时智库应为投资企业提供相应的支持和服务。

### （七）发挥海外侨胞的作用和力量

中国侨胞是一支重要、可靠的海外力量，他们熟悉当地法律政策和风土人情，特别是一些华侨领袖、著名学者和知名人士，他们不仅能提供有价值的意见和建议，而且具有较强的社会活动能力，这可以弥补中国在海外长期驻点观察匮乏的不足。在发挥华侨力量的同时，扩大中国文化传播和设立交流机构，以形成可借助的海外支撑点。

## 参考文献

潘晓明，2015. 从墨西哥高铁投资受阻看中国对外基础设施投资的政治风险管控 [J]. 国际经济合作 (3).

程国强，2013. 日本海外农业战略的经验与启示 [EB/OL]. 中国经济新闻网，2013 - 10 - 28.

翁鸣，2015. 海外高铁项目需扎实推进 [N]. 环球时报，2015 - 05 - 20.

李国章，2013. 日本投资回马东南亚 [EB/OL]. 中国经济网，2013 - 09 - 03.

张曙光，2015. 日本海外投资的特点及对中国的启示 [J]. 大庆师范学院学报 (4).

# 七、乡村振兴与全面发展

# 乡村振兴启示教育新使命<sup>*</sup>

2018 年 2 月，《中共中央　国务院关于实施乡村振兴战略的意见》正式发布，提出了贯彻落实乡村振兴战略的政策措施和实施途径。目前农村人才的匮乏，是一个实际且严峻的问题，也是实施乡村振兴战略的堵点和难点。这就给我国教育界尤其是涉农教育提出了一个急需关注和破解的现实问题。

## 一、人才队伍是乡村振兴的基础

坚持以人民为中心的发展思想，不断促进人的全面发展、全体人民共同富裕，是乡村振兴战略的基础。现在和未来几十年的中国发展历程，既区别于早期资本主义发展历史，区别于某些发展中国家的历史，也不同于我国计划经济时期城乡发展情况。乡村振兴战略的主要目的，就是要在未来几十年中国工业化、城镇化发展过程中，避免农村凋敝、农业衰败、农民贫穷的局面出现，实现城乡共同发展、人民共同富裕。这充分体现了中国特色社会主义新时代、新征程的鲜明特征，同时揭示了乡村振兴的艰巨性和繁重任务。

党的十九大报告指出，"中国特色社会主义进入新时代，我国社会主要矛盾已经转化为人民日益增长的美好生活需要和不平衡不充分的发展之间的矛盾。"这种发展不平衡不充分问题在乡村反映最为突出。这不仅是城乡之间文化教育、医疗卫生、交通设施、电力通信等方面的差距，而且还有城乡之间各类人才数量质量的巨大差距，特别是现阶段农村人才仍然呈现净流出状况。如果不改变这种状况，不仅乡村振兴目的难以实现，而且城乡差距可能明显拉大。

---

＊　本文原载于《光明日报》2018 年 8 月 2 日。

乡村振兴是一个长期战略，涉及农村经济建设、社会建设、文化建设、生态文明建设和党的建设。面对相当复杂和繁重的任务，没有农村各类人才队伍的支撑，乡村振兴是无法实现的。据有关统计，农村各类人才占农村人口总量的比例很小，实用人才数量严重不足，而且多数是通过经验传授和自学成才，他们接受正规教育和培训较少，尚未获得系统的理论知识，这无疑限制了他们在实际生产中发挥作用。

与发达国家对比，我国农村人才存在着明显差距。美国有相当数量的农场主是农业大学毕业生，他们掌握了农业技术和农业管理的专业知识，成为美国农业生产和经营的主力军。荷兰农民90%以上接受过中等农业职业教育，德国农民70%以上接受过中等农业职业教育。在我国农村中，不仅中等文化以上的劳动力大多数外出务工，而且从事农业生产的大多为老年人和妇女。从某种意义上讲，我国农村社会的老龄化、文化低和培训少的特征极为明显，严重地制约了农业现代化和农村社会发展。所以，要实现乡村振兴，首先要搞好农村人才队伍建设，而搞好农村人才队伍建设，教育必然承担新使命。

## 二、院校教育与乡村结构性人才需求差距明显

乡村振兴是一个农村全面发展的过程。党的十九大报告提出，要坚持农业农村优先发展，按照产业兴旺、生态宜居、乡风文明、治理有效、生活富裕的总要求，建立健全城乡融合发展体制机制和政策体系，加快推进农业农村现代化。这不仅需要多方面、多层次的农村人才队伍，而且要建成相应的农村人才结构配置，以满足乡村振兴战略的各方面要求。

实施乡村振兴战略需要各类农村人才，包括实用型人才、专业型人才、创新型人才、组织型人才和综合型人才。其中，实用型人才有种植、养殖、运输、加工能手，还有市场营销、农技推广、传统工艺等方面；专业人才有教育、卫生、科技、文化、环境保护、规划、法律等方面；组织型人才有农村基层组织、农民专业合作组织、农村社会组织等方面。但是，我国农村不仅严重缺乏专业型人才，尤其是缺乏建设规划、环境保护、历史文化、法律法规等方面的中高级专业人员，而且实用型人才大多集中在农业生产领域，主要集中在种植、养殖等生产领域，技能推广、市

场营销等人才不足。另外，创新型、组织型和综合型人才更是缺乏。可以说，我国农村人才结构不合理、不均衡分布情况，严重地影响了农村各项事业的发展，也与乡村振兴的目标和要求存在着相当大差距。

从农村人才培养来看，许多方面亟待改进和完善。首先，我国地方院校尤其是应用型大学，在师资力量、课程设置、教学方式和社会实践等方面，与乡村振兴目标和农村需求存在很大差距。一些地方大学的校长、院长和系主任，并不真正关注"三农"工作，不少教师并不真正了解农村和农业，他们更多关心的是学校能否进入更高层次教学评估，学院是否能够获得研究生学位授予权。这种指导思想必然与实施乡村振兴的需要不一致。有些院校的课程设置和教材内容较为陈旧，未能将我国农村社会的新变化、新发展、新需求和新知识编入教材。一些老师习惯于学院式教学，不能够将生产实践内容及时编入教材，也不愿意在课堂中补充现实内容，习惯于多年使用一本教材、一套教案。这在一定程度上导致部分院校教学与社会需求脱节，尤其是脱离农村和农业发展现实。

而地方中等教育尤其是县城高中，主要是传授文化知识、准备高考升学，缺乏普及性的农业技术和经营知识课程。实际上，县域高中学校除一部分高中生进入高等院校深造外，大部分高中毕业生将返回乡村，由于没有掌握实用性农业技术和经营技能，他们难以在返乡后发挥应有的作用，这是许多农村中学毕业生外出务工的原因之一。

同时，县域职业培训学校不少是民营机构，不仅师资力量薄弱，而且涉农职业培训实际效果较差。同时，县级政府和主管部门缺乏统筹考虑涉农职业教育培训，尚未形成涉农教育培训与人才使用紧密结合的联动机制，这使得县域涉农职业教育和培训在一定程度上流于形式。

## 三、完善教育培训体系，培养乡村振兴急需人才

实现乡村振兴的宏伟蓝图，就得破解农村人才缺乏的难题。一方面，要通过引进人才的途径，发挥社会主义制度的优越性，实施城乡统筹发展政策，吸引外来人才支持乡村振兴；另一方面，要编制本地区农村人才培养培训计划，包括地方院校、职业教育、专业培训、职业培训等，壮大农村人才队伍成为乡村振兴的有力支撑。

　　根据教育部深化产教融合的要求，地方大学特别是应用型大学应加快改革步伐，增强师生为"三农"服务意识，调整学科专业设置，拓展开门办学理念，增加农业生产和经济类实用型课程，增加实验教学环节，加强大学生的素质培养和就业能力提高。有条件的院校应与社会力量联合，举办有关应用型分校，主动适应和支持乡村振兴的人才需求。地方高中和中等职业学校要适应形势发展，增设实用性农业技术和农业经济课程以及适合农村经济社会发展的其他课程，包括农村工业、文化、社会、建筑、规划、法律、旅游等方面，为乡村振兴培养农村青年人才队伍。

　　按照各地乡村振兴战略实施意见，地方政府应制定有针对性、专业性和实效性的涉农培训计划。加强对农村人才培训的统筹管理，整合使用来自中组部、农业农村部、财政部、科技部等国家部委的有关培训资金，提高职业教育和培训资金的使用效益，加强对民间人才机构和培训学校的整合调整；发挥中华职业教育社、中国科学院、中国社会科学院、国家重点大学和优质职业院校的骨干带头作用，引入优质教师资源充实地方培训力量；调动地方院校的积极性，根据县、乡（镇）、村的实际需要，实施智力扶贫援助计划，对农村地区进行对口培训，增强农村人才队伍。

　　发挥地方人才资源，更多为"三农"服务。在农村人才缺乏的同时，县直机关和事业单位可能存在服务不足的问题。与"三农"关系密切的单位应增强服务意识，县直机关包括农业农村局、科技局、教育局、规划局、生态环境局、卫生局等部门，要更多地为农村提供专业技术支持。应考虑大力恢复或重建对农业生产影响较大的农业技术推广体系；农委、农业农村局应组织农民学习农产品市场信息分析技术；县级职教中心应组织人员，定期下乡为农民服务。

　　要实现乡村振兴，须有人才作支撑。一方面，要吸引外来人才进入农村；另一方面，加紧培养理论联系实际的人才后备队伍；同时，要挖掘现有的县域人才资源并充分发挥其作用。

# 乡村振兴战略促进高校改革发展<sup>*</sup>

为国家经济社会发展提供人才支撑是高等院校的根本任务，高校的活动都是围绕它展开的。这要求高校不断适应经济发展的需要，甚至在某些重要的历史时段，通过外部压力和内部改革来实现教育体制创新。乡村振兴战略作为国家发展的一项重大战略，客观上需要高等院校提供强大的人力支持。同时，高等院校应该借助乡村振兴战略，实现自我调整和改革创新，以更好地适应国内外形势变化和社会发展新要求。

## 一、乡村振兴意义重大

实施乡村振兴战略，是党的十九大作出的重大决策部署，是决胜全面建成小康社会、全面建设社会主义现代化国家的重大历史任务，是新时代"三农"工作的总抓手。坚持以人民为中心实施乡村振兴战略，对于解决当前我国社会主要矛盾、实现"两个一百年"奋斗目标和全体人民共同富裕具有重要意义。现在和未来几十年的中国发展历程，既区别于资本主义国家早期发展史，也区别于某些发展中国家历史，又不同于我国计划经济时期的发展情况。实施乡村振兴战略的主要目的，就是要在未来几十年中国工业化和城镇化发展过程中，避免农村凋敝、农业衰败、农民贫穷的局面出现，实现城乡共同发展、人民共同富裕。这充分体现了新时代中国特色社会主义的鲜明特征，同时揭示了乡村振兴的艰巨性。

党的十九大报告指出："实施乡村振兴战略。农业农村农民问题是关系国计民生的根本性问题，必须始终把解决好'三农'问题作为全党工作

---

* 本文原载于《中国高等教育》2020 年第 314 期。本文为河南省软科学研究计划项目"地方本科高校服务区域创新驱动发展战略研究"（202400410197）研究成果；河南省高等教育教学改革研究与实践项目"地方本科高校向应用型转变的战略研究与实践"（2019SJGLX024）研究成果；河南省高等学校人文社会科学重点研究基地黄淮学院应用型本科高校产教融合发展研究中心研究成果。

重中之重。"2018 年 1 月,《中共中央　国务院关于实施乡村振兴战略的意见》正式发布,明确了实施乡村振兴战略的总体要求和各方面举措保障。2018 年 9 月,中共中央、国务院印发《乡村振兴战略规划(2018—2022 年)》,部署重大工程、重大计划、重大行动,确保乡村振兴战略落实落地。此后,各地区陆续公布了其乡村振兴战略规划及实施方案,乡村振兴一年一个新进展。

　　长期以来,高校作为农业农村领域人才培养、科学研究、社会服务、文化传承创新、国际合作交流的重要力量,在服务新农村建设、精准扶贫等行动中发挥了重要作用。2012 年,教育部组织高校积极响应和落实党中央、国务院关于社会主义新农村建设的重要决策部署,联合科技部,先后在高校批准建设了 39 所新农村发展研究院,积极探索农、科、教相结合的综合服务模式,推动高校成为我国新型农村科技服务体系的重要组成部分,为新时代乡村振兴战略的实施积累了宝贵经验、奠定了人才基础。进入新时代,教育部落实党中央、国务院关于乡村振兴和农业农村优先发展的系列部署,围绕如何建机制、提能力、重实效,在 2018 年岁末印发了《高等学校乡村振兴科技创新行动计划(2018—2022 年)》,引导高校深度参与和主动服务乡村振兴战略的实施。行动计划对高校科技创新服务乡村振兴作出了总体设计和系统部署,计划通过五年左右的时间,逐步完善高校科技创新体系布局,强化高校科技和人才支撑能力,显著提升高校服务乡村振兴的质量,培养造就一支懂农业、爱农村、爱农民的人才队伍,使高校成为服务乡村振兴战略科技创新和技术供给的重要力量、高层次人才培养集聚的高地、体制机制改革的试验田、政策咨询研究的高端智库,为乡村振兴战略的实施提供坚实支撑和保障。行动计划出台后,各高校积极响应,贯彻落实中央和教育部要求,围绕产业振兴、人才振兴、文化振兴、生态振兴、组织振兴,进一步汇聚高校创新资源,深入推动农业全面升级、农村全面进步、农民全面发展。截至 2019 年 6 月,已经有 30 余家单位制定了服务乡村振兴工作方案,13 家单位成立了乡村振兴学院。

## 二、乡村振兴为教育改革带来新机遇

　　实施乡村振兴战略,关键在于人才。目前,农村人才匮乏是实际且严峻的问题，也是实施乡村振兴战略的阻力和难点。乡村振兴是一个长期性战略，它涉及农村的经济建设、政治建设、文化建设、社会建设、生态文明建设。面对这样艰巨、复杂和繁重的任务，没有农村各类人才队伍的支撑，乡村振兴是无法实现的。有关统计显示，农村各类人才占农村人口总量的比例很小，实用人才数量严重不足，现有人才中多数人是通过经验传授和自学成才，他们接受正规教育和培训较少，尚未获得系统的理论知识，这无疑限制了他们在乡村振兴中发挥作用。

在农业农村发展急需人才的同时，我国高校为乡村振兴提供人才支撑的作用发挥得还不够，一是包括农学专业在内的部分大学毕业生不愿意为乡村振兴服务，过度追求在大都市和省会城市就业，甚至不愿回到县城和乡镇工作，造成乡村人力资源长期净流出；二是大学毕业生的专业知识明显脱离实际需要，学生实践能力不足，学过的用不上，需要的没有学，难以胜任乡村振兴的实际工作。由此可见，乡村振兴人才供求关系发生较大变化，高等院校为乡村振兴提供人才支撑的作用发挥不够，这是我国高等教育面临的现实问题。

解决上述问题，需要继续推进高等教育改革。一是要明确，为乡村振兴提供人力资源不仅是农业院校的任务，而且是大部分高等院校的责任和任务。乡村振兴是一个农村全面发展的过程，急需各类专业的大学毕业生，但是部分非农高校对此认识不足。高校应从多方面、多层次培养农村人才队伍，以符合乡村振兴战略的各方面需求。二是要调整高校人才培养模式和方法，提高大学生分析和解决实际问题的能力。从现实情况来看，我国大部分高校仍然偏重于传统的课堂教学模式，推动产教融合进程不明显，没有形成地方发展特色和技术应用型特色，在一定程度上缺少理论联系实际的教学模式。三是高校要为地方经济发展提供人才支撑。不少地方高校鼓励大学生在大城市就业，引导大学生到基层、到艰苦地方锻炼成长的相关工作做得还不够。中西部地区中小企业发展急需人才，但是未得到高校有力支持，从而影响了地方经济社会发展。

乡村振兴战略赋予教育新使命。高等院校要适应乡村振兴战略的要求，就必须加大教育改革力度。近些年来，教育部一直在推动高校改革，建立高校分类体系，实行分类管理，推动产教融合和创办应用型技术大学，引导高校合理定位，克服同质化倾向，形成各自的办学理念和风格，在不同层次、不同领域办出特色。但教育改革中出现了一些难点和痛点。一方面，许多高校热衷于学校升格升级。同时，不少地方院校不太重视向技术应用型转变，部分本科高校、教师、学生对转型发展存有疑虑，人为设置了障碍，陈旧观念阻碍了教育改革。另一方面，高校教师缺乏改革积极性。调查显示，地方高校教师并不积极推动改革，其主要原因如下：一是教育改革必然要求创新，创新则需要付出许多努力，部分教师缺乏创新能力，无法适应教学创新要求。二是教育改革要求自我改变。推动教育改革，就必须克服阻力，这需要借助于制度创新，如果教师不能及时实现自我能力提升，他们为了自身利益就不会支持教育改革。三是教育改革带来结构变化，从产教融合到技术应用型学院，无论是办学模式还是教学方式都将发生许多变化。例如，应用型本科高校将启动学历证书＋若干职业技能等级证书制度试点，与这种制度相适应，可能引进学校与企业合办二级学院的模式。再如，应用型本科高校将从企业引进部分专业教师，以加强职业技术技能的教学力量。这无疑将打破传统的高校办学模式和二级学院结构，这也是部分院系不适应、不主动参与教育改革的重要原因。

由此可见，如果只有教育改革的顶层设计，却缺乏高等院校特别是院系两级的积极响应和改革实践，没有落实到学校的制度创新和组织创新，未激发高教改革主体有效参与，就会形成"一冷一热""雷声大雨点小"的不对称局面，教育改革就难以获得成功。教育改革要取得成效，必须重视高等院校的改革探索，形成上下结合的联动效应。

## 三、推动高校改革的对策建议

从某种意义上讲，改革就是一种自我革命，是自我否定也是自我发展。高等教育改革的主体是高等院校，改革难点也在高校内部。如何培育高校改革动能，构建改革创新的体制机制，调动干部教师改革积极性，将教育改革落实到行动上，是需要深入思考的问题。

一是积极培育高校的改革动能。教育改革需要有思想准备，包括学校领导、院系和教师三个层面。学校领导是推动教育改革的组织者，院系是中坚力量，教师是具体实施者。在高等院校内部，教育改革要达成多数人共识，首先要树立改革创新的思想观念，没有改革思想就不会有创新实践；其次要有一批志同道合的改革探索者，没有这种改革创新的力量，就很难打破现有的惯性思维、路径依赖和利益格局。从这个意义上讲，高校改革动能先要从思想培育和人才集聚入手，做好思想准备和人才准备。

二是着力推进高校制度创新。教育改革要有制度创新作为保障。高校要通过新的制度安排，调动干部教师投身教育改革的积极性，引导和鼓励他们从事教育改革的实践探索，克服制约高校改革的阻力障碍，扭转和改变高校改革进展缓慢的局面。制度创新包括办学模式、组织结构、教学方式等多个方面，具有整体性和系统性。

三是重点培育高校改革队伍。教育改革离不开改革者，从改革主体来看，应包括学校领导、院系领导和普通教师，这样才能形成自上而下和自下而上相结合的改革实践。将教育部的改革要求和实施计划贯彻落实到学校并形成改革实践，需要培育改革队伍。从改革实践上看，有计划地培育高校改革人才，可通过某种组织形式运作，形成从事教育改革的基干队伍。

乡村振兴战略不仅为高校改革提供了良好机遇，而且引发了倒逼高校改革的深入思考。高校应将外部压力转化为内部动力，从结构优化、制度创新、内生动力等方面，化解人才供给与需求之间的矛盾。人才培养是庞大的系统工程，教育改革更是艰难和复杂。本文提出如下几点对策建议：

（1）建立高校改革试验区。教育改革面临不少困难和障碍。进一步集中力量推进改革，建立改革试验区是一个好办法。教育行政部门可选择若干不同类型的高等院校作为改革试点，给予重点引导和支持，并赋予一定的改革创新试错权限，通过顶层设计与改革实践的有效结合，推进改革成果产出。

（2）构建政产学研合作模式。促进学校与政府、产业、科研机构合作，是高等教育改革的重要目标。但是三者各自的目标存在差异，不同类型高校的合作模式不同，因此，改革需要紧密协调三者关系，构建三者有效合作的新模式。比如，地方本科院校要加快向应用型转变，与地方政府和产业企业紧密合作，通过联合办分校、建基地和教学创新，为乡村振兴提供人才培养、技术输入、扶贫开发等方面的支持。

（3）集聚高校教育改革动能。高校教育改革需要一批志同道合的参与者。一是引导高校智库开展相关改革研究，发挥其研究专长，为高校改革建言献策。二是从新入校的博士研究生中选择一些政治素质和业务能力较强的人员，参加教育改革的创新实践活动，培养高校改革的新生力量。三是组建校属研究院、研究所，开展以产教融合为主题的研究，推动学校教育改革有序发展。

（4）推进高校体制机制创新。高校教育改革要有新的制度安排，这些制度涉及学校的教学评估、职称评定、奖励激励、淘汰机制、教学实践、科研评价、学生培养等方面。建立符合教育改革趋势的体制机制，逐步引入竞争和淘汰制度，鼓励教师干部参与改革，才能巩固高校改革创新成果，引导高校改革可持续发展。

（5）改变传统应试教学模式。高校应调动教师参与教学改革的积极性，提倡启发式教学方法，着重培养学生创新意识及能力。还应结合现代科学传播技术，在教材内容、讲课方式、实践活动等方面，推进课堂改革。例如，技术应用型学院可改革和调整有关课程，将原来学生集中实习期前移至有关课程，引入科研院所和企业的授课者，增强书本理论与技术运用之间的联系，培养大学生正确的就业观念；可加快推动互联网课堂教育，针对不同类别专业公共课，有计划地选择优秀教师授课，提高课堂实效。

## 参考文献

陆启越，余小波，刘萧华，2017. 改革开放以来我国高等教育改革的回顾与前瞻 [J]. 大学教育科学（3）.

# 污染治理是一场长期艰巨的攻坚战*

在新的历史时期，国家大力倡导和推进生态文明建设，对地方污染治理的力度不断加大，并实行最严格的生态环境保护制度。但是，各地生态文明建设进程差异较大，有的地方污染治理问题较多甚至虚假应付，与国家的生态文明建设要求相差甚远。中央环保督察组披露的部分环境污染案件，充分说明了我国污染治理不仅充满复杂性和艰难性，而且是一场长期的攻坚战。

## 一、地方环境污染仍然相当严重

中国青年网报道，首批中央环保督察"回头看"进驻河北等 10 省份。督察组进驻期间，约谈 2 819 人，问责 4 305 人；共计与 140 名领导干部进行个别谈话，其中省级领导 51 人，部门和地市级主要领导 89 人；走访问询省级有关部门和单位 101 个；调阅资料 6.9 万余份；对 120 个地（市、盟）开展走访督察。

截至 2018 年 7 月 7 日，督察组共收到群众举报 45 989 件，经过梳理分析，受理有效举报 38 165 件，合并重复举报后向地方政府转交办理 37 090 件。针对督察发现的"表面整改""假装整改""敷衍整改"等问题，经过梳理后陆续公开 50 余个典型案例。在这些案例中，督察组多次使用"督察现场令人震惊""真相变本加厉"等措辞，语气严厉程度也是前所未有的。

在中央督察组的严厉督办下，地方政府开始重视并查处有关环境污染的案件。其中，责令整改 22 561 家，立案处罚 5 709 家，罚款 51 062 万元，立案侦查 405 件，行政和刑事拘留 464 人，约谈 2 819 人，问责 4 305

＊ 本文原载于《民主与科学》2018 年第 5 期。

人。从各个被督察地方报送的情况看，河南省问责人数最多，边督察边问责多达1 015人；广东省拘留环保违法人员162人；江苏省处罚金额最高，近2.4亿元。

以上情况至少说明两点：一是部分地方领导的环保意识还没有转变到生态文明理念，依然坚守那种经济发展可以不顾环境保护的旧思维，习惯于原来的工作思路和方式，并用消极甚至弄虚作假对付督察，产生"表面整改""假装整改""敷衍整改"等问题。这次被约谈的省级领导和地市级领导多达140人。地方领导环保观念有问题，地方污染问题难以纠正也就不难理解了。二是地方企业不愿积极开展污染治理，甚至抵制企业参与治理污染。由于治理污染是一项系统性工程，不仅涉及治污技术、基建工程、设备管理、环保评估、专业培训、立项申请等多方面工作，而且治理污染的投资相当可观，许多中小企业（尤其是民营企业）即使安装了环保设备，为了节约环保设备的使用成本，也千方百计地减少使用。这就是我国推进生态文明建设和加大污染治理面对的两个最大的阻力和障碍。

## 二、地方环境污染深层原因分析

尽管地方污染治理的两个主要困难反映为领导观念和企业利益，但进一步分析发现，影响领导观念和企业利益的深层因素有很多种。如果不研究、不破解这些深层原因，就不可能真正地解决地方污染问题。

一是干部政绩观和考核指标。对于地方领导来说，不管是省市还是县级领导，追求晋升是其中一些领导的主要目标和动力。但是，职务晋升需要政绩支撑，没有政绩就没有晋升的基础。从这个意义上讲，要晋升就要有政绩，要政绩就要奋斗。地方干部奋斗的目标，大多还是经济发展指标排名。如果经济发展指标不能名列前茅，地方干部就很难获得晋升。于是地方干部不顾环保，追求地方经济发展速度。特别是欠发达地区，由于自身条件不佳，难以吸引优质环保企业投资，所以不得不牺牲环保，拼命也要发展有污染的产业，这也是某些中部地区省份污染问题严重的主要原因。

二是地方财政收入压力巨大。对于有些地方领导来说，他们认识和理解中央关于生态文明建设的大政方针，也愿意在本地区贯彻落实；但是，严峻的现实情况压得他们无法实施。例如,有的县域经济发展很不理想,有时地方财政收入只能维持政府机关和事业单位的行政费用和工资发放。如果关停并转污染企业,又没有其他可依赖的产业和企业,就难以保证政府机关和事业单位的正常运行,甚至可能引发社会不稳定事件发生。这种社会风险和不确定因素促使地方领导难下决心,保运行、保稳定自然成为地方政府的首选项目。在这种情况下很难指责地方领导不作为。对不同情况要作具体分析,这是解决地方污染问题的一个基本原则。

三是企业追求其利益最大化。从中国现实情况看,大多数企业依然追求利益最大化,企业利益最大化的形式就是收益最大化。但是,企业利益最大化并不等于公众利益最大化,尤其在环保方面,企业利益最大化往往是以牺牲社会公众的身体健康为代价。这种事件不仅发生在民营企业,而且也发生在国有企业;不仅发生在中小企业,而且也发生在大型国有骨干企业。这不仅仅是人的思想观念转变问题,更重要的是要放弃一部分经济利益。在市场经济条件下,许多人推崇金钱至上甚至不惜以身犯法,如果政府不采取强有力的政策措施,如果不严格处罚一些人,就难以制止企业的违法行为。

四是结成违法谋利的小集团。在现实社会中,最难解决的一个问题就是官商勾结,坑害人民群众。由于这种勾结往往是隐蔽状态,一些企业家千方百计地拉拢地方领导,通常是以节日礼金、子女婚礼、老人生日、出国购物、生病慰问等名目,以及使用不良娱乐、变相行贿和公开贿赂等方式,先将领导拖下水再提条件,最后结成官商勾结的利益共同体。在中原某大省调查中,干部群众反映某县有家污染产业,由于时有污染发生,环保效果较差,经常发生群众上访,因而社会效益也很差,而且企业上缴税收远不及政府治理污染的投资额。这样一家经济效益、社会效益和生态效益都很差的产业,地方领导为什么还要扶持?这里是否存在着其他原因?在调研时大家不约而同地提出了上述质疑。

五是尚未形成治污制约机制。仅仅依靠中央政府的监督和问责,远远解决不了全国各地的污染治理问题。中国地大人多情况复杂,还需建立地方自身有效治理机制,特别是建立科学、民主、法制的治污体制机制。具体来讲,就是要制约地方行政领导的环保不作为甚至乱作为的行为。例如,有关污染治理的重大问题,要建立公示和征求意见制度,要有群众对话和发言机制，要有专家评估论证制度，要经过地方人民代表大会批准。否则，仅仅依靠当地干部很难阻止地方污染乱象。

## 三、有关污染治理的政策建议

地方产业发展不是简单的产能扩张，而是实现转型提质和减少污染的问题。产业发展不仅要考虑经济因素，更要从经济、政治、社会、文化和生态文明方面综合考虑，在科学发展观指导下实现更好发展。对此，提出如下思考和建议。

### （一）充分发挥产业政策引导作用

在社会主义市场经济条件下，地方政府应发挥发展规划和产业政策的战略导向作用，支持传统产业优化升级，推进绿色低碳循环发展的经济体系建设，尤其是限制、改造和利用有污染的传统企业。从工业产业健康发展来看，综合国家环境保护政策、企业生产管理等情况，对于现有污染物的企业，产业政策应突出"重治理、慎发展、提质量、稳产量"方针。

（1）"重治理"是指继续加强产业企业的污染治理。按照中央提出的"加大生态系统保护力度"要求，我国污染治理标准逐年提高，污染产能呈现压缩趋势。但是，对那些作为污染治理重头戏的产业，绝不能有任何放松和懈怠，一定要强化"散乱污"企业的综合整治，深化工业污染治理，改变其被动接受检查督察的局面。

（2）"慎发展"是指这些产业规模要谨慎发展，重点是控制有污染的加工产能。加工过程将会产生污染，造成对人体健康有害的污染物。在国家严格控制污染物排放量并逐步减少排放量的前提下，除非污染治理技术有重大的开创性突破，否则不要轻易考虑增加这些产能。

（3）"提质量"是指这些产业的生产工艺、生产环境、管理水平和产品质量，应在现有基础上有较大提升。以中原某县为例，在 52 家皮革企业中，不同企业的生产管理水平和厂房设施状况存在较大差别。应贯彻"全面质量管理"理念，对于那些经营管理不善的企业，要进一步提高生产工艺水平，改善生产车间的卫生环境，提高皮具质量。

（4）"稳产量"是指在治污技术、污染物排放指标没有重大突破的情况下，稳定现有年产量生产，即严格控制产品加工数量。没有经过严格的科学论证，没有先进有效的治污技术，没有国家生态环境部门批准，任何轻率地增加产品数量的行为，都将会带来不可估量的损失。

### （二）建议开展科学、系统论证

工业发展不仅关系到环境保护、社会稳定等热点问题，而且涉及产业转型升级和重复建设等问题，因此，应该以习近平新时代中国特色社会主义思想为指导，强调发展必须是科学发展，坚持"五位一体"的总体布局，树立和贯彻"绿水青山就是金山银山"的理念。为此，建议对地方产业发展进行深入和系统性的研究，提出可行性论证报告。

（1）集中多方面专家进行研讨。充分发挥政府经济顾问、产业创新发展研究院、高等院校和其他研究机构的作用，集中产业经济、化学化工、环境保护、企业管理、基建投资、区域规划、社会管理等方面专家，对有污染的产业发展开展可行性分析，探讨各个方面、各种指标之间优化组合，探讨工业产业发展的最佳方案，选择产业可持续发展的路径。

（2）征求社会公众的意见建议。利用政府的信息传播渠道，征求社会公众的意见和建议，尤其是与产业发展有利益关联的各方，包括企业周边群众、企业负责人、县级政府、生态环境部门等。针对征集的意见和建议，进行针对性分析研究，吸取有价值的意见和建议，补充有关工作计划和方案。对于情绪化的反对意见，应在客观分析的基础上，做好说服教育工作和相应的针对性措施。

（3）编制产业发展可行性报告。在收集有关专家和各方群众意见的基础上，有关部门编制产业发展可行性报告，详细阐述该产业发展的政策依据、技术支撑、环保评估、企业生产、融投资情况、市场前景和不同意见等，并说明不利因素、主要障碍和解决方案。通过科学、民主的论证方式，制止没有科学依据和技术支撑的产业发展计划，推动地方工业产业健康、可持续发展。

### （三）注重污染治理机制建设

地方污染治理成效大小，主要取决于地方政府对污染治理的重视程度，以及污染治理机制建设程度。在相当程度上，一个有效的污染治理机制，可将地方政府的环保理念和治污决心，转化为地方政府的治污成效。

（1）发挥地方人大作用。地方人民代表大会是反映民意和监督政府的权力机构，要充分发挥地方人大执行国家有关环保法律法规的作用，并经上级人大授权，行使对产业发展和污染治理的监督权力，强化有关产业发展和污染治理的审查程序和问责制度。

（2）坚持政府直管治污监督。治污监管是政府不可推卸的政治责任，是代表国家行使保证人民健康的职责和权力。地方政府直属事业单位或直属企业负责监管排污情况，有利于地方政府时刻掌控污染物排放情况，及时发现和处理污染物超标问题。如果改变原有的政府下属单位直接监管模式，将监管责任转移至第三方民营企业，有可能发生为了自身利益而放松监管的现象，这样的案例数不胜数。

（3）政府、行业和企业共同治理。借鉴西方发达国家经验，即在成熟的市场经济国家，为解决小政府与大市场之间监管矛盾，构建政府监管、行业管理、企业自律三位一体的产业管理模式，既有利于调动行业组织的积极性，也有利于政府集中精力抓好重点环节，即政府通过指导扶持创建行业协会，增加企业之间互相检查的职能。

（4）对小企业实行兼并重组。面对具有污染的产业企业，政府应集中力量监管主要污染源，而企业数量过多（特别是小企业较多），极大地耗费了政府部门的管理精力。应对这些小企业兼并重组，以不断优化产业结构，提升产业整体实力。

# 如何在扶贫中体现全面发展的思想<sup>*</sup>

国家发展，民生为先。作为一个拥有 13.8 亿人口的东方大国，中国全面建成小康社会，必须解决欠发达地区的脱贫问题。我国"十三五"扶贫开发的目标是到 2020 年，稳定实现农村贫困人口不愁吃、不愁穿，义务教育、基本医疗和住房安全有保障。如何实现扶贫对象脱贫，需要科学的观念和方法。在提高贫困人群经济收入的同时，还要考虑贫困地区的政治发展、社会发展、文化发展和生态文明，使扶贫脱贫与小康社会发展有机衔接，与经济社会全面发展有机衔接。

## 一、坚持"五位一体"总体把握

党的十八大报告指出，建设中国特色社会主义，总体布局是经济建设、政治建设、文化建设、社会建设、生态文明建设五位一体。这是一个有机整体，其中经济建设是根本，政治建设是保证，文化建设是灵魂，社会建设是条件，生态文明建设是基础。只有坚持"五位一体"全面推进、协调发展，才能形成经济富裕、政治民主、文化繁荣、社会公平、生态良好的发展格局，把我国建设成为富强、民主、文明、和谐的社会主义现代化国家。显而易见，如果只重视某一个方面而忽视其他方面，就会影响我国经济社会发展的可持续性，这是在总结以往经验教训的基础上，深刻理解社会主义建设客观规律、贯彻落实科学发展观的一个新部署。

"五位一体"总体布局体现了科学发展观的深刻内涵，是当代中国促进人的全面发展的必然要求。要坚持以人为本的核心立场、全面协调可持续的基本要求和统筹兼顾的根本方法，始终把实现好、维护好、发展好最广大人民根本利益作为工作出发点和落脚点，从现代化建设全局的高度积

---

＊ 本文原载于《民主与科学》2017 年第 2 期。

极应对新矛盾、新问题，处理好当前与长远、局部与全局的关系，统筹城乡发展、区域发展、经济社会发展、人与自然和谐发展、国内发展和对外开放，努力促进生产关系与生产力、上层建筑与经济基础相协调，不断开拓生产发展、生活富裕、生态良好的文明发展道路。

"五位一体"涉及社会主义建设各方面的系统布局，包含了经济、政治、文化、生态、法治以及党建等诸多内容。这些方面之间相互联系、相辅相成、相互融合，每一部分的发展将会促进其他领域的发展，而每一领域的短板又将制约其他领域的发展。"五位一体"总体布局强调其中各个部分的相互联系和协调发展。同时，实践和理论都是不断发展的，只有经历发展过程才能实现内涵的不断丰富，以及科学性和实践性的不断统一。

"五位一体"作为贯彻科学发展观的一个新部署，对我国各项工作具有普遍的指导意义。同样，在扶贫攻坚这项宏大、艰巨的系统工程中，特别是地方扶贫面对各种具体、复杂的问题，更需要贯彻落实科学发展观，坚持"五位一体"总体把握，处理好经济发展与政治民主、文化发展、社会发展和生态文明之间的相互关系，这是更好地体现以人为本的发展思想，也是充分考虑我国经济社会的长远发展。

## 二、注意扶贫工作中的几个问题

扶贫是世界各国共同面临的问题，消除贫困成为国际社会和中国政府亟待解决的重要经济社会问题。我国减贫的效果十分显著，从1978年贫困人口2.5亿人减少至2016年农村贫困人口4 335万人。但是，我国还有4 000多万贫困人口，这相当于一个中等国家的人口数量，剩下的贫困人群大都是扶贫攻坚的"硬骨头"。其中，全国有10个省份各自需要易地扶贫搬迁人数不少于100万，全国易地扶贫总人数1 000多万，能否帮助4 000多万人摆脱贫困，这不仅关系到全面建成小康社会，而且关系未来我国人民共同富裕的发展进程。

为了更好地完成我国脱贫目标和全面建成小康社会，在不畏艰难、勇挑重担的同时，还需要用科学的思维、缜密的计划、深入的调研，调动和聚集社会各方面的智慧与力量，需要按照"五位一体"总体布局，解决地方扶贫攻坚中出现的一些问题，促进扶贫攻坚的健康发展。从我们调研的情况来看，以西南地区的易地扶贫搬迁为例，有些问题值得关注和研究。

## （一）扶贫统计精准度不足

对于易地扶贫搬迁的必要性和重要性，应该在精准统计的基础上，做出科学的分析和决策。例如，对于整体搬迁的行政村及自然村，应该做好地处山区的海拔高度、基础设施、公共服务建设等统计工作，这在技术上和统计处理上完全可以做到。但是，这些本来可以完成的统计资料几乎没有，造成了易地扶贫搬迁的科学性不足。另外，对外出务工人员收入缺乏直接的、有效的统计，这也影响了对扶贫对象的精确定位，从而造成扶贫对象不精准以及由此带来的一系列问题。

## （二）忽视对少数民族文化保护

有些地区易地扶贫搬迁涉及少数民族文化，包括少数民族的原住地、长期形成生活环境、风俗习惯、宗教信仰以及语言等，这不仅直接影响搬迁人群的心理变化，妨碍他们适应和融入新的社会环境，而且还涉及保护和传承少数民族文化的问题。在很多情况下，少数民族文化是不可再生的历史性宝贵财富，亟须保护。现在绝大多数地区的易地扶贫搬迁，几乎没有考虑如何保护和传承少数民族文化问题。贵州黔西南州已开始注意对少数民族文化的保护，并与中国艺术研究院签订有关少数民族非物质遗产保护的合作框架。

## （三）搬迁地区产业发展不同步

为了保证易地扶贫搬迁能够"稳得住、可持续"，必须解决移民搬迁后的就业问题，这需要有相应的产业发展作为支持。如果缺少产业支持，易地扶贫难以可持续，甚至可能落入返贫的"陷阱"。但是，有的地方政府要求群众从农村搬迁至城镇，但是当地二三产业发展不足，难以吸纳搬迁群众就业。同时，易地搬迁农民又没有分到新的承包地，这就造成易地搬迁群众就业困难，直接影响搬迁群众的积极性，以及搬迁后是否稳定生活的问题，甚至会产生新的社会不稳定因素。

## （四）存在易地搬迁中对象错位现象

在一些贫困山区，易地搬迁对象不是最需要搬迁的困难人群，而是生活条件相对较好的农村人群，特别是一些有外出务工人员的家庭。一般地讲，外出务工人员的家庭收入，已经高于现有的贫困线标准。为什么会出现这种情况呢？其主要原因是有些贫困家庭成员缺少文化或缺少其他技能，或者难以筹集搬迁需要的资金等，他们担心一旦迁出原住地，特别是脱离农业生产领域，难以找到或胜任新的工作岗位，不易维持新居住地相对较高的生活成本。而生活条件较好的农村群众愿意易地搬迁，因为他们不会担心非农就业和筹集搬迁资金问题，反而能够进一步改善生活条件和增加福利。

## （五）存在弄虚作假、贪污腐败现象

在社会价值观多元化和崇尚金钱至上的影响下，在政府主导的大规模投资建设工程中，一些干部内心滋生的贪腐欲望急剧膨胀，不可避免地会产生各种弄虚作假和贪污腐败情况。农村基层干部不仅掌握具体的操作权，而且由于基层民主制度不健全而易于化公为私。根据中央纪委和地方纪委的公开报道，农村干部利用扶贫贪污腐败的案件屡屡发生。同时，更多的是为了应付上级检查进展，采取弄虚作假的方式对付检查，例如，列出虚假的进展数字，实际上远未达到应该完成的扶贫工作，严重影响了扶贫脱贫的实际效果。

## （六）不善于调动群众的积极性

在一些地方扶贫工作中，出现"干部干、群众看"，以及干部工作十分辛苦，但群众不满意的情况。这不仅加深了干群之间的隔阂，而且容易形成社会不稳定因素。扶贫脱贫本是为人民群众办好事，但是思路和方法不对，结果就会相反。究其原因是在市场经济条件下，社会群体利益多元化和社会价值观多元化，客观上要求政府需要调整社会管理方式，即创新社会管理模式和引导群众有序参与管理，现在不少地方干部仍然不适应形势变化，仍习惯于计划经济时期的行政命令方式，这必然引起群众的反感和不合作态度。

## 三、解决扶贫中有关问题的主要思路

只有用科学发展观作指导，才能取得扶贫攻坚的良好效果。"五位一体"总体布局体现了科学发展观的深刻内涵，也是指导我国扶贫开发的重要思想。从"五位一体"出发，就是要把握经济、政治、社会、文化、生态等方面的相互联系、相辅相成、相互融合。在扶贫开发过程中，努力处理好各方面之间的关系，从整体上保证总体效益最大化，绝不能只顾某一个方面而放弃其他方面，否则会对未来发展留下后遗症。

首先，要树立科学的思想和观念。现在有些地方干部对科学发展观认识不深，不了解"五位一体"的科学内涵，不知如何应对新时期的社会变化，不会创新工作思路和工作方法，习惯于计划经济时期行政命令方式，不注意听取人民群众的意见。有些干部不做深入的调查研究，不了解群众不愿搬迁的真实原因，不认真解决易地扶贫搬迁的难点问题。例如，有些贫困户不愿迁出，其中，有人担心搬迁后就业困难，有的老人不适应新的生活环境，有的人感觉失去自己民族的精神文化，特别是迁出原住地容易隔断少数民族的文化渊源。只有统筹兼顾经济、政治、社会、文化、生态各方面关系，才能很好地解决上述问题。

其次，创新时代要求的工作方法。新的历史时期具有新的变化特征，要适应社会发生的新变化，客观要求创新工作机制和方法，最大限度地调动人民群众的积极性，让他们主动参与到改革和发展之中。扶贫开发是一项关系亿万人民的伟大事业，涉及千千万万人的切身利益，需要创造出社会各方参与的新机制和新方法。贵州省黔西南州在实践探索的基础上，总结出"四方五共"工作法，具有一定的典型性和启示意义。所谓"四方五共"是指在易地扶贫搬迁过程中，由政府、群众（搬迁户）、工商联（企业）和社会（民主党派、专家学者、社会团体、新闻媒体）组成的四个方面，让四方一起共商、共识、共建、共享、共担，通过民主协商形成共同认识，在共同认识基础上共同建设，出现问题后共同承担责任。这种"四方五共"工作法符合社会管理创新方向，有利于调动社会各方面的积极性，特别是利益相关方的参与热情，并在民主协商中解决矛盾和冲突。同时，发扬民主、集思广益有利于发现和解决问题，避免政府决策失误带来的损失。

再次，建立基层民主的监督机制。政府推动的大规模投资建设，必须有相应的监督机制，杜绝资金管理漏洞和腐败现象。这类政府投资的大型建设项目，具有两个明显的特点，一是投资建设金额巨大，二是干部管理权力较大。因此，不仅需要健全和完善相关管理制度，而且要加强农村基层民主监督制度和方法，特别是对于县级有关部门和乡镇、村级干部的监督管理。主要方法包括：组建由村民代表参加的民主监督，通过张榜公示方式履行公开公正，配合上级纪检、财政、审计部门检查，形成上级督查、群众监督、部门检查的监督机制，进一步压缩贪污腐败的可能空间，将权力关在制度监督的笼子里。

最后，加强政府的科学民主决策。科学发展观的精髓，在于用民主和科学的思想指导工作。"五位一体"总体布局更是明确要求，对经济社会发展需要把握总体平衡，兼顾各方面之间的相互关系。运用科学发展观，要求重视和发挥各类人才的聪明才智，尤其是专业技术人员和社会科学工作者，利用他们的专业知识和技术特长解决有关难题。为此，扩大和拓宽专家学者参与扶贫开发的平台渠道，有利于加强扶贫攻坚的科学民主决策。

## 四、国外有关经验的借鉴

借鉴国外农村建设和扶贫项目经验，可以开阔视野和拓展思路，有助于我们更好地完成脱贫目标和全面建成小康社会。根据已出版的书籍和新闻报道，以下一些经验值得关注。

### （一）强调奉献精神和自助精神

韩国新村运动开始时就强调两方面，一是地方官员为改善农民生活条件的奉献精神；二是需要培养农民的自助精神。当时的韩国政府领导人认为，官员和农民的态度转变是韩国农村现代化的重要因素。为了保证新村运动的成功，韩国政府组织并实施了两个不同层次的培训计划，一是高级官员和社会精英分子参加的新村运动培训，主要目的是从整个国家发展的高度，认识新村运动的重要性；二是村庄领导人和项目负责人参加的新村运动培训，帮助他们理清农村发展的思路，提高完成新村运动计划的工作能力。

在新村运动中地方官员要做的第一件事，就是在村庄中选择可以实施的具体项目。在村庄改造的许多项目中，选择可以通过村民的合作努力能够解决的项目，选出的项目再根据各个村庄的具体条件优先安排。在新村项目实施前，当地政府建议每个村庄组织一个村庄发展委员会，由5~10名成员组成，他们决定援助物质应该用于村中哪些地方。在一般情况下，村庄发展委员会负责人不是时任的村长，因为新村运动工作体现的是不计报酬的奉献精神。

### （二）鼓励群众参与移民安置计划

国际移民搬迁实践证明，为了推进移民搬迁顺利进行，政府部门应该努力创造良好的社会环境，积极引导移民群众认同搬迁，同时又不能大包大揽，以免抑制和抵消移民群众自发、自助、协同的创造性。促进贫困人群参与移民安置的过程，也是不断提高社会治理能力建设的过程。

印度 M. C. Halli 居民区体现了移民群众参与安置决策的过程。例如，移民群众对安置房屋的地点选择和建设要求被地方政府采纳，对燃气灶的要求也获得相关部门采纳。苏丹达尔富移民安置过程中，赋予搬迁移民足够的自主权利，包括每个家庭在居民区的位置，学校、医院等位置的选择，均征求移民群众的意见和建议，以满足搬迁移民的生活需要。在安置区新家园建设中，居民参与决策能够增强主人翁意识，有助于安置区建设工作顺利地推进。

### （三）注重移民就业能力的培养

易地扶贫不是简单地离开深山老林，更重要的是开发和培养移民的发展能力，即在新的安置区运用自己的能力和技能，实现脱贫致富的愿望和目标，而非长期依赖政府救助和接济进行生活（失去劳动能力和特殊情况者除外），这是摆脱贫困和防止返贫的关键所在。

美国福利政策改变是一个有益的启示。1996 年克林顿政府颁发了《个人责任和工作机会协调法案》，这是美国福利政策的一个转折点。当时新政策的目的是通过促进就业，鼓励公民个人承担责任。这项改革的最主要内容，就是用"贫困家庭临时救助"代替原来的美国社会保障法案，使救济从原来的无限制终身福利转变为一种有限制的临时福利，并将重点放在督促和帮助失业者再就业方面，使他们树立"以工作求自立"的理念，其目的是通过提高受助人的工作意欲和降低对福利救济的依赖，实现增加失业者的个人责任。改革之前，美国福利制度对贫困人口提供援助的方式是每月发放可兑换现金的支票或可作现金使用的其他票证。改革之后，美国政府大力增加为穷人提供的就业培训、文化教育、就业交通和孩子照顾等方面福利性开支，帮助人们提高自谋生活的能力。

巴西政府重视贫困人口的就业问题。由于大量农村剩余劳动力转移至城市，巴西城市低端劳动力失业情况严重。为此，在促进年轻人就业方面，采取两类主要措施：一是对未完成学业、未找到工作的年轻人，提供免费的职业培训，并为年轻人创业提供低息贷款；二是鼓励企业招收年轻人，企业招聘首次参加工作的年轻人，可以获得政府提供的政策性补贴。

### （四）重视扶贫搬迁计划和安置

易地扶贫搬迁是否获得成功的条件之一，是移民安置区的建设情况。这包括移民新居房屋、周边环境以及适当保留原来的生活习惯、民俗民风、宗教信仰、文化传承等，以消除移民搬迁带来的心理不适和恐慌压力。

土耳其通过《土地征用法》和《移民安置法》，提出对重新安置因修建大坝等基础设施造成移民的新战略，尽可能靠近原来家园的农村或城市的安置区，并确保移民生活水平的改善。在土地被征用过程中，首先要获得政府主管部门批准，其次是确定被征用土地的规模和边界，最后是由每个区评估委员会确定资产的价值。值得关注的是，评估委员会设有 5 名常设成员和 5 名临时成员，不包括国家水利工程管理局的官员。常设委员会中有 3 名技术专家（农业工程师和建筑工程师），另外 2 名是有影响的移民代表。

土耳其《移民安置法》规定，对一个家庭提供足以满足现有家庭人口规模的住房或宅基地；对手工业者和商人提供信贷，以便重建其生产场地和商店；确保农民有充足的土地、生活储备、农业设备及农作物种子等，保证农民继续从事农业生产。在土耳其，因基础建设而移民搬迁的人群中，大约 25％的家庭选择政府协助的移民搬迁安置，其余 75％的家庭倾向于自我安置，因为他们得到足够的土地补偿资金，用于重新安置的成本支出。苏丹政府为每个移民家庭留出足够的空间，用于建造居住房、粮食储藏室和菜园。另外，每个移民安置点都预留足够的空间，用于建设学校、医疗卫生室、办公场所和小型超市等，以满足搬迁移民的生活和发展要求。

虽然我们不能照抄照搬国外政策和做法，但是这些经验及其隐含的理念值得学习和借鉴。唯有与时俱进，不断学习和实践，坚持改革和创新，艰苦奋斗与拼搏，才能实现 2020 年扶贫目标和全面建成小康社会。

# 对农业基础论的再认识<sup>*</sup>

中国作为一个人口众多的发展中国家，农业问题尤为突出。我国实行改革开放后，邓小平特别关注和重视农业发展，他的农业思想深刻地影响着中国农业农村发展。早在 1962 年，邓小平在谈到恢复农业生产问题时指出："农业搞不好，工业就没有希望，吃、穿、用的问题也解决不了。"[1]在 70 年代中期，他刚恢复工作不久，就强调首先要抓好农业。他指出："确立以农业为基础、为农业服务思想。"[2]80 年代初期，他在规划国民经济战略目标时指出："战略重点，一是农业，二是能源和交通，三是教育与科学。"[3]他将农业发展放在国民经济发展战略重点的首位，并一再告诫人们："农业是根本，不要忘掉。"[3]1990 年，邓小平再次强调："农业问题要始终抓得很紧。"在邓小平看来，农业是整个国民经济乃至整个社会生存和发展的根本和基础，尤其是中国这样的发展中人口大国，农业的重要性极为显著。

## 一、农业在国民经济中的重要基础地位

### （一）中国国情决定农业的重要基础地位

邓小平的"以农业为基础"思想，深刻地揭示了经济发展的客观规律。我国国情最主要的四条：一是人多地少，耕地有限；二是人增地减，农业劳动力大量过剩；三是地区之间自然、社会经济条件与农业生产水平差异甚大；四是国家财力有限。客观存在的中国国情决定了农业的重要基础地位。

自古以来，"民以食为天"，一切国家和民族概莫能外。但是，由于各

　＊　本文来自国家社科规划办公室重大课题"邓小平经济思想与中国农村改革与发展研究"，课题主持人陈吉元、韩俊、刘振伟。此文为作者的独立成果，撰写于 1998 年。

国具体情况不同，解决吃饭问题的具体方式和农业的实际作用也各不相同。有的国家因人口较少，可以通过出口其他商品来换取大量农产品，以满足本国的需要。有的发达国家已进入农业现代化阶段，农业生产率很高，粮食已经自给有余，极力扩大农产品出口，并对农业生产给予一定的限制，以防止农产品过剩。我国的情况则不同，人口众多而耕地相对较少是基本特点，即用占世界 7% 的耕地种植农产品来养活占世界 22% 的人口。1978—1994 年我国人口净增 2.3 亿人，耕地却减少约 459 万公顷。虽然 1995 年、1996 年新增耕地面积大于耕地减少面积，但这两年全国人口净增 2 539 万。我国人均耕地面积从新中国成立初期约 0.18 公顷下降至 1995 年约 0.08 公顷，为世界平均水平 1/4。耕地减少的主要原因是国家基本建设占地和农村村镇住房建设占地。改革开放以来，乡镇企业的迅速发展，吸收了大量劳动力，1998 年乡镇企业从业人员达到 13 350 万人。但目前至少仍有 1 亿需要安排就业的劳动力沉淀在农业之中，农业的人地资源矛盾紧张局面仍未根本改变。这对农业集约化程度提高，对农民收入的增加，都构成明显的制约。

我国地域辽阔，地区之间自然条件、资源状况、地理环境和社会发展水平很不平衡，这决定着地区之间农业生产水平差异甚大，使地区间农村经济发展呈现明显的地域差异特征。从总体上看，东部地区由于历史原因和区位优势，加之国家政策的扶持，农村经济发展得更快一些，中西部地区则相对缓慢一些。这种差异不仅体现在反映农村经济整体发展水平的农业现代化水平、农业经济结构、农业基础设施建设及综合产出水平等方面，也体现在农民收入水平、农村市场化程度等方面。从各地区内部来看，农业生产水平高低的分布也不平衡，即使沿海较为发达省份的农村地区，也有贫困县乡。中西部地区农村人口占全国 60%，耕地占全国 2/3，产出全国粮食 60%、棉花 70% 和油料 2/3。由此可见，中西部地区农业占全国农业的比重较大。如果中西部地区与东部地区的农村经济发展差距不缩小，地区内部农村经济发展差距不缩小，则全国农业发展的整体水平就难以提高，这不仅影响农村经济持续稳定发展和农村小康目标的实现，而且会危及农村社会的稳定。

我国是一个发展中国家，人口多、基础差、底子薄。新中国成立后，国家百业待兴，大量基础设施亟待建设，国家在有限的财政收入中，需要用于各种建设项目的支出很多。当时中国正处于工业化初期阶段，推进工业化进程是社会主义建设的主要目标。因此，一方面国家不得不从农业中获取大量资金用于工业建设；另一方面国家财政用于农业的支出又很有限（表1）。据有关学者研究，我国从1952—1990年的近40年间，农业为工业化提供了11 594亿元的剩余积累，平均每年近300亿元，扣除国家财政用于农业的支出，农业剩余的净流出亦达1万亿元，平均每年约250亿元。在工业化起步之处，农业剩余在国民收入积累额中所占的比重达40％以上。[4]有关研究报告表明，1991—1996年的6年间，农村资金通过财政和金融两个渠道的净流出量达到7 072.8亿元，平均每年为1 178.8亿元。[5]直至1996年，我国的"农业保护率"（PSE）仍为负值，这表明我国仍继续从农业部门提取经济剩余。上述情况说明，国家用于农业投资的力度，与农业部门所承担的繁重生产任务相比，与农业部门对国民经济的巨大贡献相比，与农业生产发展迫切要求改善农业基础设施的实际需要相比，与广大农民盼望增加收入的要求相比，其差距仍然相当大。因此，高度重视和切实加强对农业的支持力度是非常必要的。

表1　1984—1997年农业支出占财政支出比例

| 年份 | 农业支出（亿元） | 农业支出占财政支出（％） | 年份 | 农业支出（亿元） | 农业支出占财政支出（％） |
|---|---|---|---|---|---|
| 1952 | 9.0 | 5.1 | 1985 | 153.6 | 7.7 |
| 1957 | 23.5 | 7.8 | 1986 | 184.2 | 8.4 |
| 1962 | 38.2 | 12.5 | 1987 | 195.7 | 8.7 |
| 1965 | 55.0 | 11.8 | 1988 | 214.1 | 8.6 |
| 1970 | 49.4 | 7.6 | 1989 | 265.9 | 9.4 |
| 1975 | 99.0 | 12.1 | 1990 | 307.8 | 10.0 |
| 1978 | 150.7 | 13.4 | 1991 | 347.6 | 10.3 |
| 1979 | 174.3 | 13.6 | 1992 | 376.0 | 10.1 |
| 1980 | 150.0 | 12.2 | 1993 | 441.4 | 9.5 |
| 1981 | 110.2 | 9.7 | 1994 | 533.0 | 9.2 |
| 1982 | 120.5 | 9.8 | 1995 | 574.9 | 8.4 |
| 1983 | 132.9 | 9.4 | 1996 | 700.4 | 8.8 |
| 1984 | 141.3 | 8.3 | 1997 | 766.4 | 8.3 |

资料来源：①吴亦侠主编：《中国发展全书·农业卷》，国家行政学院出版社，1997年版。②《中国财政年鉴（1998）》，中国财政杂志社，1998年版。

## （二）从中国经济发展看农业基础地位的重要性

农业的基础地位是通过农业对国民经济的重要作用来体现的。1957年初，毛泽东在省（自治区、直辖市）党委书记会议上的讲话中指出：第一，农业是人们生活资料的重要来源。农业关系到五亿农村人口的吃饭问题，农业关系到城市和工矿区人口的吃饭问题。第二，农业是工业原料的重要来源。只有农业发展了，轻工业生产才能得到足够的原料。第三，农业是工业的广阔市场。现在，我们建立了社会主义的农业经济，无论是发展轻工业还是发展重工业，农村都是极大的市场。第四，农业是出口物质的重要来源。农产品变成外汇，就可以进口各种工业设备。第五，农业是国家资金积累的重要来源。[6]

我国人口数量位于世界第一位，吃饭是个大问题。新中国成立后，尽管农业部门面临许多不利条件，但是广大农业生产者克服种种困难，用7％的世界耕地面积养活了占世界人口22％的中国人，我国主要农产品的总产量位于世界各国的前列（表2），从而取得了举世瞩目的伟大成就。正是因为农业解决了中国人的吃饭问题，才使社会稳定有了可靠的保证，国民经济的正常进行和稳定发展有了坚实的基础。

表 2　中国主要农产品产量在世界上的地位

| 项　　目 | 粮食 | 棉花 | 油料 | 糖料 | 肉类 | 蛋类 | 奶类 | 水产品 |
|---|---|---|---|---|---|---|---|---|
| 中国主要农产品总量（万吨） | 44 350 | 460 | 2 157 | 9 386 | 5 152 | 2 125 | 780 | 3 602 |
| 中国主要农产品产量占世界的份额（％） | 21 | 23 | 22 | 6 | 23 | 41 | 1 | 30 |
| 中国主要农产品产量在世界上的位次 | 1 | 1 | 2 | 3 | 1 | 1 | 15 | 1 |
| 中国主要农产品人均占有量（千克） | 402 | 3.7 | 17.9 | 77.8 | 42.7 | 17.6 | 6.5 | 29.9 |

资料来源：《半个世纪的中国农业》，南方日报出版社，1999。

农业不仅解决了人民的吃饭问题，而且直接为工业尤其是为轻工业提供了主要原料。据计算，我国农业提供的工业原料占全部工业原料的40％左右，约占轻工业原料的70％，其中纺织、造纸、酿酒、烟草、食品、糖、家具、皮革等产业原料都直接来源于农业，而轻工产品的60%～70%又销往农村市场，供农村居民消费。由此可见，没有农业的发展，就没有工业尤其是轻工业发展，当然也谈不上其他行业的发展。邓小平指出：中国经济能不能发展，首先要看农村能不能发展。

农业对国民经济发展的巨大贡献还体现在农村市场上。我国农村是一个广阔的工业品和日用消费品大市场。据国家统计局农调队1994年统计数据表明：当年农村商品（不含劳务）流入城市总额为31 700亿元，同期城市商品流入农村（不含在城市的农村人口在城市中的消费）总额为31 170亿元，农业净流出530亿元。当年城乡贸易总额为65 060亿元，其中农村向城市"出口"33 211亿元，从城市"进口"31 849亿元，这一贸易额占当年全国总产值的61%。这清楚地表明了农业对全国经济发展所起到的巨大市场贡献。

### （三）从中国农业大波折教训认识农业基础地位的重要性

新中国成立后，农业经济发展并非一帆风顺的，而是一个兼有蓬勃发展和曲折前进的历史过程。从1958—1992年，农业经济发生过三次大波折。其中，以第一次农业大波折，即以"大跃进"和人民公社化运动所造成的1959—1961年连续三年农业总产量大幅度下降所带来的后果和影响最为严重。现以第一次农业大波折为例，从经验教训的角度证实农业基础地位的重要性。

1958年开始的"大跃进"和人民公社化运动，引起国民经济若干重大决策失误和重要比例失调，1959年便开始发生了第一次农业大波折。这次大波折使农业经济各项主要指标全面呈现大幅度下降。其中：①全国农业总产值从1958年的550亿元，下降至1961年的405亿元（按1957年不变价格计算），即跌落到1952年的417亿元水平以下，等于倒退了近10年（图1）。②农作物产值由1958年的443.8亿元，下降为1961年的328.8亿元，比1952年的346.6亿元，还减少5.1%，也倒退了近10年。各种主要农作物产量1959—1961年大幅下降（表3）。③畜牧业产值1960年猛跌至24.9亿元，1961年有所回升也只有31.4亿元，均低于1949年33.7亿元的水平。

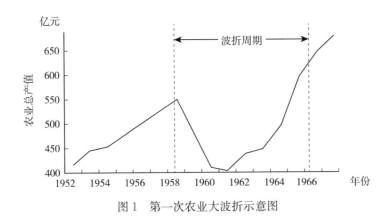

图 1　第一次农业大波折示意图

**表 3　主要农作物产量第一次大波折情况**

单位：万吨

| 项目 | 年份 | | | | | 1961 年跌落程度 |
| --- | --- | --- | --- | --- | --- | --- |
| | 1961 | 1952 | 1958 | 1959 | 1960 | |
| 粮食 | 16 392.0 | 20 000.0 | 17 000.0 | 14 350.0 | 14 750.0 | 1952 年水平以下 |
| 棉花 | 130.4 | 196.9 | 170.9 | 106.3 | 80.0 | 1951 年水平以下 |
| 油料 | 419.0 | 477.0 | 410.0 | 194.0 | 181.0 | 1949 年水平以下 |
| 糖料 | 759.0 | 1 563.0 | 1 215.0 | 986.0 | 501.0 | 1952 年水平以下 |
| 黄红麻 | 30.6 | 26.8 | 22.6 | 20.2 | 12.3 | 1951 年水平以下 |
| 烤烟 | 22.2 | 38.7 | 33.1 | 18.6 | 9.6 | 1951 年水平以下 |
| 蚕茧 | 12.3 | 11.8 | 12.5 | 8.9 | 4.2 | 1949 年水平以下 |
| 茶叶 | 8.2 | 13.5 | 15.2 | 13.6 | 7.9 | 1951 年水平以下 |
| 水果 | 244.0 | 390.0 | 425.0 | 398.0 | 284.0 | 1953 年水平以下 |

资料来源：农业部计划司编《中国农村经济统计大全》，中国农业出版社，1996 年版。

　　新中国农业的第一次大波折，给人民生活、社会主义建设和国民经济发展带来了严重后果和影响：①城乡人民生活陷入极端困难的境地。1960年与 1957 年相比，全国平均每人占有粮食由 306 千克将至 215 千克，减少 29.7％；棉花由 2.6 千克将至 1.6 千克，减少 38.5％；油料由 6.6 千克下降为 2.75 千克，减少 58.3％；生猪由 0.11 头下降为 0.07 头，减少 36.4％。②以农产品为原料的轻工业产值大幅下降。1960 年全国轻工业产值比 1959 年下降 15.4％，1961 年又比 1960 年下降 21.2％，1962 年再比 1961 年下降 9.1％。全部轻工业产值由 1959 年的 610 亿元，减少至 1962 年的 395.4 亿元。③出口贸易额锐减。农副产品出口额由 1958 年的 7.03 亿美元下降为 1961 年的 3.09 亿美元、1962 年的 2.89 亿美元，即减少 56％和 59％。④引起整个国家经济的大波折。全国社会总产值由 1960 年的 2 679 亿元下降为 1962 年的 1 800 亿元，按可比价格计算下降幅度为 40.1％。

为挽救农业第一次大波折造成的危机，中共中央和国务院于 1960 年下半年开始调整国民经济，大力加强农业方面应对措施。其主要步骤有：

（1）调整国民经济，大力加强农业。主要措施：①减少城镇人口，加强农业生产第一线力量。②大幅压缩基本建设投资，同时增加农业投资份额。③增加农业生产资料的生产和供应。④加强农田水利建设。

（2）进一步调整人民公社体制。中共八届十中全会通过了《农村人民公社工作条例修正草案》，规定人民公社的基本核算单位是生产队。这对纠正"一平二调"的弊病，恢复和发展农业生产起到了重要作用。

（3）调整农业经济政策。主要措施：①调减粮食征购任务和农业税负担。②调整家庭副业和集市贸易政策。③调整农副产品购销价格和政策。

经过几年的调整，农业基础地位得到了大大加强。1962 年扭转了连续 3 年农业经济波折的局面，到 1965 年农业总产值比 1958 年增加了 7.2％，全国经济形势有了明显好转。第一次农业大波折的教训说明，一旦农业出现问题，将会对人民生活水平和国民经济带来巨大的冲击和严重的后果。事实证明，我国国民经济每次出现大的波折，都是农业首先出现问题，而每次国民经济的调整和好转，都是首先以加强农业为前提，由此进一步证实了农业在国民经济中基础地位的重要性。

### （四）发展中国家的农业基础地位

中国作为一个发展中的人口大国，农业具有特殊的重要地位。然而，从一般意义上讲，发展中国家的农业是否都具有重要的基础地位，是否首先应该加强农业部门呢，回答是肯定的。这不仅是因为农业是一门弱质产业，需要政府的大力支持和保护，而且在发展中国家，创造和保护农产品剩余是工业化也是经济发展的先决条件。没有农业和农村的发展，发展中国家就难以实现工业化，国民经济就难以有较大的发展。即使缺乏坚实的农业基础作为支撑的工业获得成功，也会造成更严重的普遍贫困和不平等，失业现象会更为严重，最终造成国民经济发展的不平衡。

在西方经济学中，库兹涅茨关于农业部门对发展中国家经济发展具有四种形式的贡献，被称为是描述发展中国家农业重要作用的典型性分析。库兹涅茨的分析包括以下内容：

（1）非农业部门的增长强烈依赖于农业发展。农业在工业部门的增长中不仅保证粮食供应的稳定增长，而且还为工业生产提供了制造产品的原料。

（2）在经济发展过程中，特别是在经济发展的初期阶段，农业和农业人口是本国工业产品国内市场的主要组成部分。农业既是生产资料工业产品的国内主要市场，也是消费资料工业产品的国内市场。

（3）随着经济的增长和发展，农业在经济中的地位会降低，农业部门构成向其他经济部门投资的主要来源。同时，在经济发展过程中，农业剩余劳动向非农产业转移。

（4）通过出口农业产品和生产进口农产品，国内农业可以对平衡国际收支做出贡献。

从发展中国家的经济发展看，除了某些国家由于特殊原因，例如，小国人少或某种自然资源特别丰富，通过国际贸易方式进口主要农产品而借助于他国的农业发展外，绝大多数发展中国家的农业在国民经济中都具有举足轻重的作用。重视和加强农业生产发展，都有助于该国的国民经济发展和工业化进程；反之，轻视和放松农业生产都不利于国民经济发展和工业化进程，甚至一些发展中国家因农业问题而出现饥荒，进而引发社会动乱，其教训十分深刻。

非洲是世界上最贫穷的地区，也是因农业落后而多次出现粮食短缺以及社会政局不稳的地区。1982—1984 年，非洲因干旱引发了严重的粮食危机。在严重缺粮的 24 个国家，1983 年粮食产量比 1982 年减少 8%，比 1981 年减少 20%。许多国家出现粮食供不应求，严重危及该地区经济发展和社会稳定。造成当时非洲国家严重缺粮的主要原因有：①农业落后是根本原因。农业落后表现在农业人口多、农业生产效率低，不少地区甚至保留着原始的耕作方式，水利设施很差，基本上还是"靠天吃饭"。②人口增长迅速是原因之一。当时非洲的粮食增长率仅为 1.6%，大大低于人口增长率 3%。③连年严重干旱是直接原因。由于水利灌溉设施很差，抵御自然灾害的能力极弱。除此之外，一些非洲国家对农业发展重视不够，以及在农业政策方面存在问题也是很重要的原因。例如，政府每年财政预算中用于农业的投资少，粮食收购价格偏低，单一的农业结构未能改变。

非洲国家的情况说明，大多数发展中国家不仅农业落后，而且农业占国民经济的份额较大，农业与国民经济的联系非常密切。一旦农业出现问题就会严重阻碍经济发展和引发社会混乱。只有扎扎实实地搞好农业这一基础产业，才能推动工业化和国民经济发展。

### （五）西方国家经济发展中农业基础地位仍不可动摇

一些西方国家实现了农业现代化，农业生产效率达到了很高的水平，不仅解决了本国人口的吃饭问题，而且还有大量剩余农产品出口，无疑其农业生产能力远远超过发展中国家。同时，这些发达国家的农业经济发生了显著的变化。最明显的变化有：从产业结构来看，农业在整个国民经济中的比重持续下降。1950 年联邦德国农业占国内生产总值的 10.4%，到 1973 年则下降至 2.8%；20 世纪 50 年代，英国农业占国内生产总值的 6%，到 1997 年也降到 2.8%。从农村人口来看，1910 年美国农业人口为 32%，到 1990 时降到 2%左右，几年后约占 1.8%。

虽然发达国家的农业在整个国民经济中的比重持续下降，但是这并不意味着农业不重要，也不说明农业的基础地位可以削弱，实际上西方国家农业基础地位仍然十分重要，可从以下几方面来理解：

（1）主要农产品（粮食、肉类、禽蛋、奶类、蔬菜、水果、水产品等）仍是人类生存不可缺少的食物，而且具有不可替代性。无论是发展中国家的人们，还是发达国家的人们，都不能离开粮食等主要农产品而生存，农业生产是人类赖以生存的最基本的物质生产。

（2）在近现代历史上，西方国家都先于对其他经济部门而较早地干预农业，制定和推行一系列帮助和促进农业发展的政策和措施，如农业立法。西方国家对农业的保护措施和支持政策都十分明显。例如，美国政府在农业上长期采取支持价格和稳定收入政策，采取对外实行粮食推销政策，并且不惜与其他国家（包括其盟国）经常发生贸易摩擦。

（3）西方国家农村人口的减少，一方面是农业生产率极大提高所造成，另一方面农业作为一个大的产业，分工日益细分化，从农业生产部门中转移出来一部分劳动力，进入与农业密切相关的部门，如农产品加工、运输、仓储，以及农产品贸易、农产品服务支撑体系、农业科技推广等部门。以农业最发达的美国为例，从事农业及相关产业的劳动力共 2 000 万左右，其中，从事种植业生产 380 万人，占 19%；从事生产资料供应业的有 40 万人，占 2%；从事农产品加工业的有 360 万人，占 16%，从事农产品市场销售的有 1 040 万人，占 52%；从事棉纺业及其他相关农业的有 220 万人，占 11%。另外，农忙时临时雇工约 300 万人。由此可见，一旦农业出现问题，首先遭受损失的不仅仅是农业生产部门，还有与农业生产联系密切的相关部门。

（4）西方国家现代农业的一个特点，是农业生产的高产量、高质量和高效率，农业生产效率的高低并不主要用投入农业劳动力的数量来衡量，而是体现在农业科技含量的高低、农业基础设施完备的程度、农业机械化程度的高低以及农业劳动者素质的高低上。美国农业生产效率已达到惊人的程度，一个农业生产者能养活 98 个本国人和 34 个他国人，这样的高效率也是独一无二的。

（5）西方国家的农业份额占国民经济份额不多，一方面是因为农产品价格低，特别是农业原料的附加值很低，无法与工业产品尤其是无法与应用高新技术制造而成的工业产品相比较，这是不同部门的生产性质和特点所决定的；另一方面，西方国家农业份额的绝对值仍然较高。以美国为例，美国年国民生产总值位于世界第一，虽然其农业产值只占 2%，但仍有 1 000 多亿美元，绝对值相当可观。

上述情况表明，西方国家的农业份额下降及农业生产人口减少，并不意味着农业基础地位的改变。这些国家的农业已成为一门综合性产业，在一定意义上，可以说西方国家的农业基础地位更加明显，所以西方国家的经济仍离不开农业。农业的重要性在于解决人类的生存问题，这是其他任何部门产生和发展的前提，也是国民经济发展的基础。人类在长期发展过程中形成的遗传特点，只能消化动植物的蛋白质、核酸、糖分、脂肪之类的有机分子，这是其他物质无法代替的，而且植物合成蛋白质、核酸、脂肪的能力非常强，同时成本又极低。所以，人类将来也还是离不开农业。

## 二、现阶段我国农业的重要基础作用

### （一）农产品的有效供给是国民经济稳定发展的重要基础

农业是国民经济的基础，其基础地位最终通过农业的重要作用来体现。保证农产品特别是粮食的有效供给，是实现并保证国民经济"高增长、低通胀"发展格局的重要基础，这是因为：①我国是一个发展中的人口大国，我国人均食品支出占生活费用支出的50%左右，农产品及以农产品为原料的食品仍是我国人民的主要消费对象。②我国从计划经济向社会主义市场经济转轨，农产品和多数生活消费品价格已由市场调节。由于市场机制的作用，粮食产量对粮价和物价形成的影响明显增大。上述说明了农业生产波动会较大地影响物价总水平，进而影响宏观经济的稳定发展。1979—1996年我国粮食产量变化与粮价、物价总水平变化的关系证实了上述分析（表4）。

表4 粮食产量变化与粮价、物价总水平变化的关系

| 年份 | 粮食总产量（万吨） | 比上年增（减）产幅度+（−）% | 零售物价指数（%） | 物价涨幅同上年相比+（−）% | 粮食价格指数（%） | 粮价涨幅同上年相比+（−）% |
|---|---|---|---|---|---|---|
| 1979 | 33 212 | 8.974 | 102 | 1.3 | 130.5 | 29.8 |
| 1980 | 32 056 | −3.480 7 | 106 | 4 | 107.9 | −22.6 |
| 1981 | 32 502 | 1.391 3 | 102.4 | −3.6 | 109.7 | 1.8 |
| 1982 | 35 450 | 9.070 2 | 101.9 | −0.5 | 103.8 | −5.9 |
| 1983 | 38 728 | 9.246 8 | 101.5 | −0.4 | 110.3 | 6.5 |
| 1984 | 40 731 | 5.172 | 102.8 | 1.3 | 112 | 1.7 |
| 1985 | 37 911 | −6.923 5 | 108.8 | 6 | 101.8 | −10.2 |
| 1986 | 39 151 | 3.270 8 | 106 | −2.8 | 109.9 | 8.1 |
| 1987 | 40 298 | 2.929 7 | 107.3 | 1.3 | 108 | −1.9 |
| 1988 | 39 408 | −2.208 5 | 118.5 | 11.2 | 114.6 | 6.6 |
| 1989 | 40 755 | 3.418 1 | 117.8 | −0.7 | 126.9 | 12.3 |
| 1990 | 44 624 | 9.493 3 | 102.1 | −15.7 | 93.2 | −33.7 |
| 1991 | 43 529 | −2.453 8 | 102.9 | 0.8 | 93.8 | 0.6 |
| 1992 | 44 266 | 1.693 1 | 105.4 | 2.5 | 105.3 | 11.5 |
| 1993 | 45 649 | 3.124 3 | 113.2 | 7.8 | 116.7 | 11.4 |
| 1994 | 44 510 | −2.495 1 | 121.7 | 8.5 | 146.6 | 29.8 |
| 1995 | 46 662 | 4.834 9 | 114.8 | −6.9 | 129 | −17.6 |
| 1996 | 50 454 | 8.126 5 | 106.1 | −8.7 | 105.8 | −23.2 |

资料来源：国家统计局《中国统计年鉴》(1979—1997)，中国统计出版社，1979—1997。

从表4可知：①粮食产量波动与粮价、物价波动之间存在着较强的关联度。例如，1990年粮食总产量比上年增产9.49%，粮价涨幅与上年相

比为－33.7％，物价涨幅与上年相比为－15.7％，零售物价指数102.1％；1996年粮食总产量比上年增产8.13％，粮价涨幅与上年相比为－23.2％，物价涨幅与上年相比为－8.7％，零售物价指数为106.1％；在1991年粮食总产量减产，1992年和1993年粮食增产幅度较小的情况下，1994年粮食产量比上年减产2.5％，粮价涨幅与上年相比为29.9％，物价涨幅与上年相比为8.5％，零售物价指数为121.7％。

据统计，在1985—1996年间，推动物价总水平上涨的因素中，食品价格的上涨大约接近70％。②粮食产量变化对物价总水平的拉动力明显加大。1985年以前农产品及其他生活消费品基本上是国家计划价格，粮食产量的变化对物价总水平的影响不太大。1985年以后，农产品和多数生活消费品已由市场调节，粮食产量对粮价和物价的影响明显增大。例如，1979—1985年，粮食产量在＋9.25％至－6.92％的幅度波动，粮价涨幅在＋29.8％至－22.6％的幅度波动，物价总水平（以零售物价指数为代表）在108.8％至101.5％的幅度波动；1986—1996年，粮食产量在＋9.49％至－2.49％的幅度波动，而粮价涨幅在＋29.9％至－33.7％的幅度波动，零售物价指数在121.7％至102.1％的幅度之间波动。由此可见，在市场机制作用下，粮食产量变化对物价总水平的拉动力明显加大。

有关研究表明，农业产值增长速度对商品零售价格指数的影响系数是负值（－0.46），这表明农业产值每增长1个百分点，使商品零售价格指数下降约0.5个百分点，即农产品数量较快增长，对商品零售价格指数的上涨起到平抑作用。事实再次证明，农业的确是国民经济的基础产业，如果农业不能持续稳定发展，就会引起物价上涨，以致引发严重的通货膨胀，进而影响国民经济的持续、健康发展。所以说，切实加强农业地位，确保农产品的有效供给，是保持国民经济健康运行的重要条件。

### （二）开拓农村市场是为工业发展提供市场的重要途径

我国人口众多，其中农民又占绝大多数，因此农业生产发展和农民收入增加的状况，就决定了农村购买力的高低，并在很大程度上影响着整个国民经济的运行质量和速度。

首先，农业生产发展，农民收入增加，必然会推动农村生活资料的消费。农民人均收入与乡村社会消费品零售额成正比关系，即农民人均收入增长幅度大，乡村社会消费品零售额的增长幅度也大。例如，1991年农民人均收入的增长幅度为3％，乡村社会消费品零售额的增长幅度为10％。另外，我国农村生活资料消费市场存在着巨大的潜力。这种有待开发的潜力既表现在城乡居民人均消费水平的差距上，又表现在东、中、西农村居民消费之间的差距上。以1996年为例，城镇居民人均社会消费品零售额为4 879元，农村居民人均社会消费品零售额为1052元，不足城镇居民的1/4；1996年东部、中部、西部地区农村人均社会消费品零售额分别为1 416元、889元和677元，东部农村的人均社会消费品零售额是中部农村的1.6倍，是西部农村的2.1倍。

其次，农业生产发展，农民收入增加，必然会推动生产资料的消费。随着农业生产结构的调整，农业科技含量的加大，农民在生产活动中的资本物质投入将持续增加，这为农业生产资料销售开辟了广阔的前景。只要生产出符合农村经营特点和农业生产发展需要的适销对路的农业生产资料来，农村生产资料消费市场的潜力就会进一步发挥出来。

### （三）农业发展为国民经济结构调整创造重要条件

农业是国民经济的基础，是其他各部门产生和发展的前提，也是各部门结构调整和优化的条件。农业的发展不仅为农村产业结构调整提供了前提条件，而且为整个国民经济结构调整和优化创造了重要条件。

农业是农村的主要产业，农业对农村产业结构调整起着关键性作用。一方面，农业是农村工业、建筑业、运输业、采矿业和各种服务业发展的基础和前提。只有当粮食生产发展，农民收入增加了，才可能用积累的资金投入加工业等其他行业。而加工业发展了，农产品附加值提高了，农民收入增加幅度就会进一步增大，就会带动建筑业、运输业和商业的发展。以我国乡镇企业发展最早的苏南地区为例，苏南地区乡镇企业初期的发展资金，来源于该地区农业长期稳定高产所获得的农业上的原始积累。根据原苏州地区8个县（市）的统计资料，全地区农村在1957年到1979年的22年里，集体每年提留额（包括公积金和公益金）由2 000万元增长到2.15亿元，增长了9.75倍。社队用集体积累，加上从土地、劳动力、厂房、设备方面为工业提供条件，以农养工，促使农村工业很快走上发展高潮。

另一方面,随着农业生产力和商品经济的发展,农业产业化经营发展很快。农业产业化以产加销一条龙、贸工农一体化经营为主要特征,促进农业的专业化生产和协作,从而促进了农村各行各业的发展,带动了整个农村地区经济的发展和繁荣。以河北省馆陶县为例,1996 年馆陶县还是河北省的贫困县,之后大力发展以蛋鸡产业化为主的多种经营,通过产业化经营,带动了加工业、运输业、建筑业、商业、饲料业、畜医药、包装业、服务业等各行业发展,既实现了农业稳定发展和农民收入增加,又使得一大批农村剩余劳动力转移到其他行业,从而取得了明显的社会效益和经济效益。

农业为整个国民经济结构调整和优化创造重要条件。首先,农业为经济结构调整提供原料支持。农业为工业特别是轻工业的发展提供了大量的原料,这为加快与人民生活密切相关的轻工业发展提供了有力支持。农产品加工业已成为国民经济的重要支柱,以农副产品为原料的加工业产值占轻工业产值的比重已超过 60%,以农副产品为原料的轻工业占全部工业产值的比重近 1/3。其次,农业为经济结构调整提供了资金和劳动力支持。从农业支持工业来看,1952—1990 年,我国农业为工业发展提供了 11 594 亿元的剩余积累,平均每年近 300 亿元。当时,全国已转移农业剩余劳动力 1.3 亿,为发展农村第二、三产业提供了人力资源。再次,农业为国民经济结构调整提供创汇支持。农业是我国的重要创汇产业,特别是沿海发达地区对外开放不断扩大,出口创汇农业发展较快,这对引进高新技术和先进设备,加快国民经济结构调整起到有力的支持。

### (四)农业发展是维护农村稳定,进而促进全国稳定的重要前提

我国人口众多,其中农村人口又占全国人口的绝大多数。因此,只有农业生产发展,农民收入增加,农民才能安居乐业,农村社会才能稳定。农村稳定了,就为整个国家的稳定奠定了基础。近几年,农业连续丰收,农民手中粮食充足,农村形势较好,这是我国社会安定的重要基础。如果没有农业的发展,没有农业劳动生产率的提高,就没有农村社会稳定。一旦农村不稳定,城市的稳定也难以保证,也就没有整个国家的稳定。古今中外,因农业出现问题而导致社会动乱、政权更迭、社会生产力遭受严重破坏的例子不乏其数。从这个意义上讲,加强农业基础地位,增强农业基

础作用，就是强化社会稳定的基础。

农业发展为社会稳定提供了重要的物质支持。农业生产的根本目的就是保证食品的供给。我国正处于计划经济向社会主义市场经济转换的关键时期，由于经济体制的变更，诸多经济利益需要重新调整，所以存在各种各样的社会问题。农业生产发展比较顺利，就能够保证农产品的有效供给，有助于化解各种社会矛盾，处理社会问题就有了基础。改革开放以来，我国社会一直保持稳定的一个重要原因，就是农业基本上保证了粮食、肉、奶、蛋及蔬菜等农副产品的供应。

农业的发展为解决经济体制转换过程中出现的矛盾，承担了一定的社会成本。例如，国有企业增效减员，部分职工下岗是难以避免的。虽然，做好国有企业下岗职工基本生活保障和再就业工作，关系到改革、发展和稳定的大局，但限于国家财力，无法由国家完全负担。农业生产发展，农产品供给充足，就会有效地平抑市场食品价格，进而平抑物价总水平，这就有利于下岗职工基本生活保障和再就业工作的顺利进行。事实证明，加强农业的基础作用，对维护社会稳定确实起到了重要作用。

## 三、加强农业的基础地位是我国的一项根本性战略

### （一）农业仍是我国国民经济的薄弱环节

在我国国民经济中，农业仍然是最薄弱的环节。这不仅是指农业本身是一门弱质产业，要经受自然和市场双重风险，而且与西方国家农业相比差距很大；同时，与国民经济其他产业发展相比较，农业发展较为缓慢。农业作为国民经济的薄弱环节，主要表现在农业劳动生产率低、农业基础设施差、农民素质偏低、农业剩余劳动力多、农业机械化水平低等方面。

**1. 农业劳动生产率较低，与发达国家相比差距大**

长期以来，我国农业基本上处于小生产的落后状态，与工业生产的高速发展极不适应。1991—1994 年，农业与工业的年均增长率之比高达1∶5.4，这在世界上是少见的。工业的超高速增长与农业的低速徘徊形成尖锐矛盾。从农业劳动生产率的国际比较来看（表5），我国农业劳动生产率与发达国家相比，其差距甚大。

表5　农业劳动生产率的国际比较（1996 年）

| 农业劳动生产率 | 国家或地区 | | | | | | |
|---|---|---|---|---|---|---|---|
| | 全世界平均 | 中国 | 美国 | 日本 | 法国 | 意大利 | 加拿大 |
| 每个农业劳动力平均负担的可耕地（公顷） | 1.05 | 0.18 | 51.55 | 1.08 | 17 | 4.68 | 118.28 |
| 每个农业劳动力平均生产的谷物（千克） | 1 570 | 837 | 93 901 | 3 952 | 60 786 | 12 320 | 161 872 |
| 每个农业劳动力平均生产的肉类（千克） | 165 | 115 | 9 612 | 896 | 6 154 | 2 443 | 8 635 |

资料来源：《世界经济年鉴（1998）》，经济科学出版社，1999。

**2. 农业基础设施薄弱，制约农业生产发展**

我国是水灾和旱灾频繁发生的国家，旱涝灾害占自然灾害总量的 70%，其中旱灾又占 70%。但是，我国水利和农田灌溉基础设施十分薄弱，农业排涝和灌溉能力不强，靠天吃饭现象依然存在。农村常年受灾面积在 5 000 万公顷左右，大致占农作物总播种面积的 1/3，成灾率在 50% 以上，农业基础设施不足问题在相当程度上影响了农业生产发展。

**3. 农民素质偏低，农业剩余劳动力仍较多**

我国农民受教育程度和文化水平低，思想观念相对落后。据 1995 年统计，我国农村劳动力中，文盲半文盲占 22.25%，小学水平占 45.15%，初中占 28.15%，高中仅占 4.45%，全国农民平均受教育程度为 3 年。与美国相比差距十分明显，80 年代美国农民中 81% 具有高中文化程度，90 年代末美国农民绝大多数已达高中以上文化程度。我国农业劳动生产率的提高不仅取决于农业自身的发展，而且很大程度上取决于非农产业的发展，即通过非农产业的发展转移出大量农业劳动力。我国农民素质偏低，不仅影响农业生产技术进步，而且阻碍非农产业发展和剩余劳动力转移。

**4 农业机械化水平低，农业科技水平落后**

我国农业生产方式仍然停留在分散、细小、传统状态，基本上是以每个农户为生产单位，生产经营规模小，无法进行大规模的机械化耕作。农业机械水平与发达国家相比，差距较大（表6）。以农用拖拉机为例，1995 年我国农用拖拉机为 688.4 千台，是印度的 50.8%，法国的 52.5%，日本的 33.6%，美国的 14.3%。我国平均每台拖拉机负担的耕地面积为

133.62 公顷，而世界平均为 51.98 公顷。我国农业科技转化率低，1997 年只有 30%～40%，一些发达国家已达到 70%～80%。1996 年我国在农业增长中科技进步贡献率为 39% 左右，而发达国家在 60% 以上。我国农业科技总体水平要落后于发达国家 10～15 年，特别是在水资源和化肥的有效利用技术、农产品加工技术、畜禽饲养技术等方面存在较大差距。

**表 6　主要农业机械拥有量及所负担的土地面积的国际比较**（1995 年）

| 国家 | 农用拖拉机拥有量（千台） | 收割机拥有量（千台） | 平均每台拖拉机负担的耕地面积（公顷） | 平均每台收割机负担的谷物面积（公顷） |
|---|---|---|---|---|
| 中国 | 688.40 | 63.00 | 133.62 | 1 421.70 |
| 美国 | 4 800.00 | 662.00 | 38.70 | 90.06 |
| 日本 | 2 050.00 | 1203.30 | 1.94 | 1.95 |
| 法国 | 1 312.00 | 154.00 | 13.96 | 53.91 |
| 英国 | 500.00 | 47.00 | 11.86 | 67.68 |
| 意大利 | 1 470.00 | 50.20 | 5.51 | 84.20 |
| 加拿大 | 740.00 | 155.00 | 61.38 | 117.81 |
| 澳大利亚 | 315.00 | 56.50 | 152.85 | 270.58 |
| 印度 | 1 354.90 | 3.60 | 122.59 | 28 061.97 |
| 巴西 | 735.00 | 48.00 | 72.79 | 411.50 |

资料来源：世界经济年鉴编辑委员会编：《世界经济年鉴（1998）》，经济科学出版社，1999。

### （二）增加农业投资，加强农业基本建设

加强和保护我国农业的基础地位，其重要措施之一是增加农业投资。其中，农业基本建设投资尤为关键，如农村水利、交通、电力等设施以及农产品商品基地建设等，这些大都属于农民和地区组织无力兴办的基础性设施投资。农业基本建设在相当程度上决定着其他农业经营性投资的效益。需要强调的是，我国农业基础设施脆弱，根本原因在于：长期以来我国农业基本建设投资总量不足、欠账较多，农业基建支出占国家财政支出中份额很低就能说明（表 7）。有关研究指出，无论是发达国家还是发展中国家，尽管各国国情和工业化道路不同，但在人均国民收入为 300～1 000 美元时，农业基建投资份额基本上都稳定在 8.5%～11.3%。在表 7 中，我国农业基建投资远远低于参照世界各国普遍经验确定的投资份额的推算值。因此，加强农业基础设施建设是改善我国农业的脆弱处境，强化

农业在国民经济中重要基础地位的主要措施之一。

加强农业基本建设主要体现在农村水利建设、公路建设、电力建设以及农产品商品基地建设等方面。"水利是农业的命脉",农业生产离不开水源。加强水利建设,这不仅可以改变目前我国仍未从根本上摆脱的靠天吃饭的局面,增强抵御自然灾害的能力,保证粮食的有效供给,而且是实现农业生产结构调整、促进农业经济发展的前提条件。有关研究表明,1980—1997年全国粮食总产量和农田有效灌溉面积变化的统计分析证实两者呈现高度密切相关,相关系数为0.86。[7] 在1980—1997年期间,农田有效灌溉面积每增加1万公顷,粮食总产量可增加17万吨。加快公路等交通设施建设,可为发展农业生产和农村商品经济创造必要的条件,为改变老、少、边地区和落后山区的贫困面貌发挥积极作用。加强农村电力建设,既为农业生产提供充足的动力支持,也有助于进一步开拓农村消费市场。

**表7 我国财政支出中农业基建支出的情况**

| 年份 | 财政支出<br>(亿元) | 基建支出<br>(亿元) | 农业支出<br>(亿元) | 农业基建支出<br>(亿元) | 农业基建支出占<br>财政支出比例(%) |
|---|---|---|---|---|---|
| 1980 | 1 228.83 | 346.36 | 149.95 | 48.59 | 3.95 |
| 1981 | 1 138.41 | 257.55 | 110.21 | 24.15 | 2.12 |
| 1982 | 1 229.98 | 269.12 | 120.49 | 28.81 | 2.34 |
| 1983 | 1 409.52 | 344.98 | 132.87 | 34.25 | 2.43 |
| 1984 | 1 701.02 | 454.12 | 141.29 | 33.63 | 1.98 |
| 1985 | 2 004.25 | 554.56 | 153.62 | 37.73 | 1.88 |
| 1986 | 2 204.91 | 596.08 | 184.20 | 43.87 | 1.99 |
| 1987 | 2 262.18 | 521.64 | 195.72 | 46.81 | 2.07 |
| 1988 | 2 491.21 | 494.76 | 214.07 | 39.67 | 1.59 |
| 1989 | 2 823.78 | 481.70 | 265.94 | 50.64 | 1.79 |
| 1990 | 3 083.59 | 547.39 | 307.84 | 66.71 | 2.16 |
| 1991 | 3 386.62 | 559.62 | 347.57 | 75.49 | 2.23 |
| 1992 | 3 742.20 | 555.90 | 376.02 | 85.00 | 2.27 |
| 1993 | 4 642.30 | 591.93 | 440.45 | 95.00 | 2.05 |
| 1994 | 5 792.62 | 639.72 | 532.98 | 107.00 | 1.85 |
| 1995 | 6 823.72 | 789.22 | 574.93 | 110.00 | 1.61 |
| 1996 | 7 937.55 | 907.44 | 700.43 | 141.51 | 1.78 |
| 1997 | 9 233.56 | 1 019.50 | 766.39 | 159.78 | 1.73 |
| 1998 | 10 798.18 | 1 387.74 | 1146.52 | 460.70 | 4.27 |

资料来源:《中国财政年鉴(1999)》,中国财政杂志社,1999。

农产品商品基地就是根据各地自然和经济条件，建立起各具特色的、劳动生产率高、商品率高、商品量大、适合生态平衡要求的、能在短期内为市场提供各类农产品商品的专业化生产地区。至 1997 年底，我国共建商品粮基地县 833 个，优质棉基地县 241 个，油料基地县 42 个，糖料基地县 57 个，商品瘦肉型猪基地县 462 个。由于我国经济发展水平还比较低，在短期内不可能集中大量资金用于农业建设。加强农产品商品基地建设，就是集中有限的资金用于农产品增产潜力最大、商品量最多的地区，这是增加农产品商品供应，促进农业生产合理布局的重要途径。

### （三）发展农村教育，走科教兴农的道路

21 世纪农业发展，要用高新技术改造传统农业。依靠科技和教育大幅度地提高农业生产的科技含量，已成为世界农业发展的新趋势。由传统农业向现代农业转变，由粗放经营向集约经营转变，必然要求农业科技有一个大的发展，进行一次新的农业科技革命。振兴农业和农村经济，实现跨世纪的发展目标，就要坚持科教兴农的战略，而科教兴农的战略基础是提高农业劳动者的素质。

发展农村教育是落实科教兴农方针，提高农村人口素质的关键。改革开放以来，我国农村教育事业取得了令人瞩目的成就。但从总体上讲，我国农村教育仍然比较落后。在农村义务教育方面，全国农林牧副渔劳动力有 4.6 亿人，其中文盲和半文盲有 1 亿人，占 22.7%，小学文化程度有 2 亿人，占 45.4%。1993 年全国农村劳动力平均受教育程度为 6.76 年，有近 20% 的 6~11 岁农村儿童因各种原因而失学或辍学。[8] 义务教育作为新一代农业劳动者必备的文化要求，是农村职业教育、技术培训的基础。农村义务教育的落后，必然会影响农村职业教育、技术培训和农业科技推广的效果。

在农业职业教育和技术培训方面，除各地农村开展的职业教育和农业生产技术培训外，农业部重点推出了"绿色证书"制度，主要对象是具有初、高中毕业文化程度的乡村农业社会化服务体系人员、村干部、专业户、科技示范户及一些技术性较强岗位的从业农民，培养和形成农民技术骨干队伍。但与发达国家农业教育、科技发展水平相比，差距很大。现在美国有 100 多所以农科为主的赠地大学，美国农民中绝大多数人已具有高

中以上文化程度，并有一批具有学士和硕士文凭的农民。美国农业教育和农业科技已达到了很高的水平，农业生产者具有良好的文化和技术素养，并转化为现实农业生产力。我国农村职业教育和成人教育还很薄弱。全国约半数的行政村没有建立农民文化技术学校，农村劳动者的年培训率只有20%左右。在广大的农村，人才培训模式、教育内容和教学方法等不能适应我国农村长远发展和国家现代化建设的需要。

农业科研和技术推广是农业科学技术转化为生产力的关键环节。新中国成立后，我国农业科技事业有了很大发展。从总体上讲，农业科技状况不适应农业发展的要求。农业科技成果大都表现为：常规性科技成果多，高新技术成果少；一般性科技成果多，突破性的、具有重大开发价值的应用科技成果少；局部性成果多，重大的、影响全局的成果少；科技成果鉴定的多，生产中转化率高和应用范围大的成果少。

至1999年上半年，全国地区以上机构从事农业科技活动的人员近8万人，其中研究生占2%，本科生占20%，大专生占10%，中专生（包括高中生）占12.5%，其他占55.5%。全国县以上各类农业推广站职工总数为70万人，其中中专以上学历占57%；乡镇各类农业推广站人员87万人，其中，中专以上学历占11.4%，初中及初中以下文化程度的占到64%。[8] 由此可见，农业科技队伍的整体素质较差。不少农业科研单位的整体实验设备较落后，很难适应许多重大的、高难度的农业科研工作。

我国农业科技和教育发展受到的制约因素主要有：①农村义务教育工程尚未引起全社会的足够重视。教学条件较差，教师文化素质低，教师队伍不稳定。在经济欠发达地区，甚至还存在挪用教育经费的现象。②农业科技、教育投入严重不足。世界各国平均农业科研投资约占农业总产值的1%，一些发达国家已超过5%，而我国只占0.2%左右。③农业科技、教育体制不完善。农业科技、教育机构和学科设置不合理，重复、分散研究的现象严重，协作攻关能力不强，使有限的投入未能产生应有的效果。④农业推广机构和队伍不稳。近几年，不仅一些地方的农业技术推广机构被撤并，而且更多的机构由于缺乏经费而难以开展工作，造成科技人员流失，推广队伍不稳定。

依靠科技进步和提高劳动者素质，促进农业生产发展，应做好以下几方面工作：①要在农业科技、教育投入上有实质性进展。发展农业科教事业、推进新的农业科技革命是一项开创性的大工程，必须有强大的投入作保证。尽快改变农业科教投入偏低的状况，拓宽投资渠道，争取更多的农业科教投入。②要加强科研攻关，加快农业科技成果转化。紧紧围绕制约农业发展的重大科技难题，集中力量组织攻关、重点突破。加强农业教育、科技、生产相结合。③要加强现有科技成果的推广转化。大力发挥国家推广体系的骨干作用，利用和发挥各种民间科技组织的力量，形成以国家技术服务部门为龙头、各方面共同参与、覆盖全国的农业技术推广网络。④要在提高农民的文化科技素质方面有实质性进展。加快普及农村义务教育，大力发展农业中专和职业技术教育，实施农业技术培训工作，培养农村各类科技人才和技术能手，大幅度提高农业劳动者接受新技术的能力。

### (四) 加入 WTO 与保护农业的基础地位

保护和加强农业的基础地位，这不仅是国内经济协调发展的要求，同时也是面对全球经济一体化带来压力的要求。全球经济一体化将各国经济发展紧密地联系在一起，农产品国际贸易自由化的新趋势就是这种联系的表现形式之一。在市场开放的条件下，如果一个国家的农业较弱，则该国就难免会受到国际农产品市场的冲击，尤其是发展中的人口大国。加强农业的基础地位，保护本国农业发展，成为每个国家面临的重要现实问题。

加入 WTO 后，我国农业所受到的影响是双重的，利弊兼有。从长远看，这不仅符合我国由计划经济向社会主义市场经济转变的改革方向，也完全符合我国的经济贸易体制融合于世界经济结构大框架的需要。从近期看，扩大开放国内农产品市场，可能会对国内农业生产，主要是对部分粮棉主产区带来一些负面影响。因此，既要充分利用加入 WTO 的条件，扩大对外贸易并享受 WTO 成员的有关待遇，又要按照 WTO 的规则，对农业实施有效的保护。

中国农业加入 WTO 带来益处的同时，也带来了一定的冲击。由于中国在一些农产品的生产上已无优势可言，加入 WTO 后，中国进口这些农产品的压力较大。90 年代以前，中国粮食和棉花的价格水平均低于国际市场水平，有较强的竞争优势。但近 10 年来，中国粮食生产成本和价格增长较快，小麦、玉米、大豆、棉花、油料、糖料等大宗农产品的国内价格已高出国际市场价格两成以上，失去了以往的竞争优势。

尽管中国农业具有较强的自给自足性，总体上不易受到明显的冲击，即使在完全自由贸易的条件下，中国粮食的自给率也难以低于70%～80%。但具体到一些地区及农民，这种冲击就不容忽视，比较突出的是小麦、玉米和大豆主产区。一方面，这些产品的进口增加会给这些地区的生产造成直接的压力；另一方面，加入WTO后，中国玉米的流通格局就可能发生变化，南方一些需要饲料粮的省份可能直接从国际市场进口玉米而不再从北方调拨玉米。这两方面的因素都会造成农民收入下降，尤其是单纯种植粮棉而且收入水平又较低的农民。

加入WTO会给国内农业带来一定的冲击，所以对农业实施有效保护、加强农业的基础地位就更显重要。但这种农业保护的方式并不等同于国内现行的方式，而是要按照WTO的规则进行调整。由于WTO规则限制对农业的直接价格支持和投入补贴，而"绿箱"政策则不受限制。"绿箱"政策措施具体包括：①政府的一般性服务，如科学研究、技术培训和推广、基础设施服务等。②为食品安全而建立的公共储备。③作物保险与收入安全计划。④环境保护和贫困地区的援助。⑤结构调整援助等。"绿箱"政策的存在，实际上仍为政府支持农业生产保留了相当大的空间。因此，我们应该用足"绿箱"政策，将农业新增财力通过"绿箱"政策流入到农业生产中，使其成为WTO框架下我国支持农业生产发展的主要方式。

我国农业支持政策应与"绿箱"政策相协调，重点突出：①加强农业基本建设。②推广和普及农村教育。③增加农业科技投入。④加大农业综合开发力度。⑤开展农业保险业务。其中加强农业基本建设、推广和普及农村教育和增加农业科技投入已在前文中有所论述，这里不再重复。农业综合开发对提高农业综合生产能力有很大的作用，从1998年以来，全国通过农业综合开发，新增粮食生产能力250亿千克，占全国同期粮食增量的40%，还新增棉花生产能力57.6万吨，油料146万吨，肉类90多万吨，糖料1 527万吨。因此，要增加农业综合开发资金，加大农业综合开发力度。农业作为承担双重风险的弱质产业，特别需要保险业的支持。要积极推进保险体制改革，成立政策性农业保险公司，国家财政对其实行保费补贴。

调整和优化农业生产结构，既是国内农业发展的迫切要求，也是适应世界贸易自由化趋势的需要。在 WTO 框架下，我国农业生产结构调整的方向是：除保证粮食以外，其他农产品原则上都应按照比较优势来进行生产，即适当让出部分农产品的国内市场，把不具备竞争优势的农产品生产减少到最低安全水准，同时将生产这些产品的资源转向有竞争优势的农产品生产上，大力发展具有比较优势的产品，以扩大具有竞争优势产品的国际市场，形成国内有限资源的合理配置，确保农产品的有效供给和农民收入稳定增长这两个基本目标。

## 参考文献

［1］中共中央文献编辑委员会．邓小平文选：第 1 卷［M］．第 2 版．北京：人民出版社，1994.

［2］中共中央文献编辑委员会．邓小平文选：第 2 卷［M］．第 2 版．北京：人民出版社，1994.

［3］中共中央文献编辑委员会．邓小平文选：第 3 卷［M］．第 2 版．北京：人民出版社，1994.

［4］冯海发，李薇．我国农业为工业化提供资金积累的数量研究［J］．经济研究，1993（3）.

［5］中国社会科学院农村发展研究所．农村经济绿皮书·1996 年中国农村经济发展年度报告兼析 1997 年发展趋势［M］．北京：中国社会科学院出版社，1997.

［6］毛泽东．毛泽东选集：第 5 卷［M］．北京：人民出版社，1977.

［7］农业部信息中心．我国农业基本建设主要情况［R］．1999.

［8］农业部软科学委员会．中国农业和农村经济规律性问题研究［M］．北京：中国农业出版社，1998.

# 后　记

　　"三农"研究是一个社会大课题，它不仅涉及许多领域和学科，而且彼此相互关联与影响，这激发了我的研究兴趣，并为此努力近30年。1994年，我考取中国社会科学院研究生院农业经济系，攻读博士学位，开始进入"三农"领域，师从刘文璞、孙潭镇研究员，并得到时任农业经济系主任丁泽霁研究员的指导。1997年毕业后，到农发所从事研究工作，得到了张晓山、韩俊等历任农发所领导的指导和帮助。进农发所之初，主要从事农产品国际贸易和农产品期货研究，后逐渐拓展到其他农业经济和农村社会领域。

　　2004年，我与农发所同事来到河北青县，与时任县委书记赵超英等商谈有关推进农民合作组织发展的合作项目，很快就进入当地农村调查。可以说，从那时起我就投入农村改革发展实践之中。2008年11月起，我又在青县挂职担任县委副书记4年多。时任农发所所长张晓山研究员专门叮嘱，要向实践学习，要向地方干部群众学习。我有机会亲身参与农村基层体制改革和创新实践，已不再仅仅是学者的纸上谈兵，而是注重理论研究与基层实践的结合和创新，并从实践活动中提炼新的观点和思想。

　　2016年，在时任农发所所长魏后凯、党委书记潘晨光的领导下，参与智库筹建工作，并担任中国社会科学院城乡发展一体化智库秘书长，从事组织学术活动、调查研究、编辑论文集和研究专报等工作，实施和完成上级布置的科研任务。

　　在社科院农发所工作期间，我有机会多次出国考察，出访地区既有发达国家也有发展中国家，这为拓展研究视野、提升理论水平、探寻发展规律、了解前沿动态，提供了极为有利的条件。特别是农产品国际贸易研究问题，我经常是带着研究任务出访，到出访国开展学术研究并收获颇丰。

　　2018年4月，我接受时任黄淮学院谭贞校长的热情邀请，参与创建驻马店产业创新发展研究院，不久担任驻马店市人民政府首届经济智囊委员会成员，更多地参与地方调查研究活动，更好地学习地方改革创新经验。

多年来我的科研成果大致有几类：研究论文、学术著作、内参报告、农村绿皮书、报刊文章、课题报告和智库专报等。其中，我撰写的内参报告获得党和国家主要领导同志的肯定性批示，专著和论文获得中国社会科学院优秀成果奖、商务部优秀研究成果奖等，内参报告获得中国社会科学院优秀对策信息类特等奖，1999—2018 年我参加了农村绿皮书撰稿任务。

本书主要内容有：农业基础论和粮食安全，论述农业的基础作用和重要性；农业竞争力和农产品国际贸易，阐述改革开放条件下农业发展的新格局；农村改革与实践探索，强调乡村治理的时代要求和创新特征；农村建设和全面发展，突出"五位一体"总体布局；国外农业发展经验借鉴，注重遵循农业发展规律。需要说明的是，由于多种原因，仅选择了有代表性的学术论文，并非全部的学术成果。本书如有不妥之处，敬请批评指正。

在我从事科研工作和社会调查中，得到了中国社会科学院多位院所领导、前辈和同事们的指导帮助，得到了许多地方领导和朋友们的支持和帮助，得到了黄淮学院领导和产业研究院同事们的支持与帮助，得到了中国农业出版社等出版单位的许多帮助，得到了中央有关部委的支持和帮助，借此机会一并表示衷心感谢。

翁　鸣

2023 年 10 月 30 日于北京